KB175177

스위스
직접민주주의의 이해

스위스
직접민주주의의 이해

초판인쇄 2022년 1월 28일
초판발행 2022년 1월 28일

지은이 최용훈(kareiski@daum.net)
펴낸이 채종준
펴낸곳 한국학술정보(주)
주 소 경기도 파주시 회동길 230(문발동)
전 화 031-908-3181(대표)
팩 스 031-908-3189
홈페이지 http://ebook.kstudy.com
E-mail 출판사업부 publish@kstudy.com
등 록 제일산-115호(2000. 6. 19)

ISBN 979-11-6801-292-9 93340

Switzerland Direct Democracy

스위스 직접민주주의 이해

최용훈 지음

머리말

세계에서 가장 잘 사는 국가 중 하나인 스위스(제네바)에서 2016년 8월부터 2018년 8월까지 2년간 일할 기회를 가졌다. 한반도의 1/5에 불과한 스위스가 4개의 국어를 사용하면서도 1848년 연방창설 이후 분리되지 않고, 정치적 안정을 토대로 연방을 유지해온 비결이 궁금했다. 특히 1인당 국민소득이 8만 달러에 달할 정도로 경제 발전을 이룬 원천이 무엇인지 알고 싶었다. 스위스 현실을 면밀하게 들여다보면서 국민(주민)투표, 코뮌총회, 란츠게마인데 등 직접민주주의가 정치적 안정과 경제 발전을 초래한 요인 중 하나라고 보았다.

제네바에 거주하면서 1년에 3~4차례 국민투표가 실시되는 현장을 목격했다. 또한 이웃을 통해 국민투표 관련 자료를 확보하고, 우편투표 등 다양한 투표방법을 관찰했다. 국민투표일에 학교에 설치된 투표소를 방문해 투표현장을 살펴봤고, 국민투표 찬 · 반 운동이 신문광고 등을 통해 생활 속에서 조용하게 실시됨을 알았다. 옥외게시판에 게재된 국민투표 벽보나 언론매체에 실리는 찬반 의견을 통해 정치적 의견이 표출됐던 것이다. 아울러 글라루스 칸톤을 방문해 집회형 직접민주주의인 란츠게마인데 개최 현장을 지켜봤다. 란츠게마인데는 장엄하게 진행되는 직접민주주의의 시험장이자 지역 축제의 한 장면 같았다.

이 책은 2년 동안 스위스에서 목격한 직접민주주의 현장에 관한 이론적 기술서이다. 스위스 직접민주주의에 관한 그동안의 연구결과를 기본적 토대로 하고, 스위스에서 보고 들은 내용과 국내외 문헌 등을 참고해 스위스의 직접민주주의를 정리했다. 스위스에 직접민주주의가 도입된 연혁과 특징을 소개하고, 주요 사례를 서술했다. 또한 의무적 국민투표, 선택적 국민투표, 국민발안 등 직접민주주의의 유형에 따른 적용대상, 의결요건, 절차 등을 기술했다. 특히 1848년부터 2021년 11월까지 실시된 모든 국민투표 안건과 투표결과를 별첨으로 제시했다. 그 밖에 란츠게마인데, 주민소환, 법률 주민발안 등과 직접민주주의 운동방법을 서술했다.

처음에는 스위스의 직접민주주의 운동을 기술하면서 연관된 주제인 선거와 정당제도를 이 책에 모두 담으려고 했다. 하지만 분량상 한계와 일관된 주제 서술의 어려움으로 인해 스위스 직접민주주의에 집중했다. 직접민주주의 운동방법과 밀접하게 연관된 선거와 정당제도는 추후 발간될 책에서 다룰 것이다.

스위스의 직접민주주의를 기술하면서 아무도 관심을 갖지 않을 주제를 선구적으로 연구하신 분들의 노력과 성과에 감사를 표한다. 필자보다 일찍 스위스 직접민주주의를 연구한 책과 논문 등이 아니었더라면 이 책이 쉽게 집필되지 못했을 것이다. 향후 이 분야에 관심 있는 분에게 도움이 될 수 있도록 본문에 담지 못한 내용과 출처는 책 말미에 있는 미주에 실었다.

최신 자료를 바탕으로 정확하게 서술하려고 노력했지만, 내용상 오류나 잘못된 점이 있다면 전적으로 필자의 책임이다. 여전히 부족한 내용이지만 스위스의 직접민주주의를 전반적으로 이해하는 데 도움이 된다면 필자가 보낸 지난 5년의 시간이 의미가 있을 것이다. 이 책을 펴내는 데 있어 많은 도움을 주신 모든 분들에게 깊은 고마움을 전한다.

2021년 12월 여의도 국회에서

최용훈

차례

머리말 4

제1장 직접민주주의 일반론

제1절 직접민주주의 개요 14
1. 직접민주주의 의의 14 2. 각국의 직접민주주의 15

제2절 스위스 직접민주주의 개요 25
1. 유형 25 2. 적용 범위 26 3. 준 직접민주주의 28

제3절 직접민주주의 연혁 30
1. 두 개의 정치적 문화 30 2. 아래로부터 시작된 직접민주주의 31

제4절 직접민주주의의 효과 및 실시 현황 37
1. 직접민주주의 효과 37 2. 직접민주주의 실시 현황 39

제2장 의무적 국민투표

제1절 개요 46
1. 개념 46 2. 도입 연혁 47

제2절 적용 대상 및 의결요건 49
1. 적용 대상 49 2. 의결요건 51 3. 이중다수결 52

제3절 실시 현황 및 주요 사례 54
1. 실시 현황 54 2. 주요 사례 54

제3장 선택적 국민투표

제1절 개요 58

1. 개념 58 2. 도입 연혁 59

제2절 적용 대상 및 의결요건 65

1. 적용 대상 65 2. 의결요건 67

제3절 실시요건 및 절차 68

1. 실시요건: 100일 내 유권자 5만 명 또는 8개 칸톤의 국민투표 요구 68

2. 서명 명부 작성 70 3. 국민투표 실시 73

제4절 실시 현황 및 효과 73

1. 실시 현황 73 2. 효과 75

제5절 주요 사례 77

1. 국제조약 관련 77 2. 원자력 관련 에너지법 77 3. 두 차례 이상 제기된 안건 78

제4장 국민발안

제1절 개요 82

1. 개념 82 2. 도입 연혁 83

제2절 적용 대상 및 의결요건 86

1. 적용 대상 86 2. 의결요건 88

제3절 실시요건 및 절차 ······ 90
1. 실시요건 90 2. 절차 94

제4절 실시 현황 및 효과 ······ 111
1. 실시 현황 111 2. 효과 114

제5절 주요 사례 ······ 115
1. 실시 사례 115 2. 여러 차례 제기된 국민발안 118

제5장 법률 주민발안, 주민소환, 란츠게마인데

제1절 법률 주민발안 ······ 126
1. 개요 126 2. 제네바 칸톤의 법률 주민발안 127
3. 연방 차원의 법률 국민발안 논의 129

제2절 주민소환 제도 ······ 130
1. 의의 130 2. 도입 연혁 131 3. 요건 132 4. 실시 사례 133
5. 칸톤별 주민소환제도 134 6. 주민소환 성공사례: 아르가우 칸톤 137

제3절 란츠게마인데 ······ 140
1. 의의 140 2. 심의 사항 141 3. 아펜첼이너로덴 칸톤의 란츠게마인데 142
4. 글라루스 칸톤의 란츠게마인데 144

제4절 코뮌 주민총회 ······ 147
1. 의의 147 2. 취리히 칸톤의 킬히베르크 코뮌 주민총회 147
3. 그라우뷘덴 칸톤의 스크올 코뮌 주민총회 149

제6장 직접민주주의 운동

제1절 참여자 및 투표일 ······ 154
1. 참여자 154 2. 국민투표일 154

제2절 직접민주주의 운동방법 ······ 155
1. 직접민주주의 운동 155 2. 직접민주주의 운동과 투표결과 158

제3절 투표방법 ······ 159
1. 투표소 투표 159 2. 우편투표 160 3. 전자투표 161

제4절 직접민주주의 참여율(투표율) ······ 162
1. 시기별 투표율 162 2. 40% 투표율 164

제5절 직접민주주의 비용 ······ 166
1. 개요 166 2. 직접민주주의 실시 비용 167 3. 직접민주주의 비용과 투표결과 168

[별첨 1] 1848년부터 2021년 11월까지 스위스 직접민주주의 실시통계 ······ 170

참고문헌 ······ 189

미 주 ······ 196

찾아보기 ······ 228

감사의 말 ······ 231

표와 그림 차례

[표 1] 법률의 폐지를 요구하는 이탈리아 국민투표 주요 사례 ··· 18
[표 2] 스페인 국민투표 주요 사례 ··· 23
[표 3] 스위스 연방 26개 칸톤 현황(2021) ··· 27
[표 4] 연방 차원의 국민 참여와 직접민주주의 수단 ··· 29
[표 5] 연도별 직접민주주의 발전 ··· 37
[표 6] 1848~2021.11.까지 유형별·시기별 국민투표 현황 ··· 41
[표 7] 1947~2011년 시행된 국민투표 유형별 비율(8년 단위) ··· 43
[표 8] 유형별 국민투표 실시 현황(1848~1992년) ··· 44
[표 9] 의무적 국민투표의 분류 ··· 46
[표 10] 국민과 칸톤의 투표결과가 상반돼 부결된 의무적 국민투표 ··· 53
[표 11] 선택적 국민투표의 분류 ··· 58
[표 12] 종전 헌법 규정과 2003년 개정헌법 규정 비교 ··· 65
[표 13] 1874~2012년 선택적 국민투표 ··· 74
[표 14] 1990년대 이후 실시한 선택적 국민투표 주요 사례 ··· 79
[표 15] 국민발안의 분류 ··· 82
[표 16] 국민과 칸톤의 의견이 불일치해 부결된 국민발안(1848~2021년) ··· 89
[표 17] 제출된 국민발안과 철회된 국민발안(1891~2010년) ··· 109
[표 18] 국민발안 통계(1891~2012년) ··· 112
[표 19] 1891~2010년에 실시한 국민발안 현황 ··· 113
[표 20] 주요 국민발안 사례 ··· 117

[표 21] 주민소환제도를 실시 또는 폐지한 칸톤 ········ 133
[표 22] 유권자의 정보 습득 매체 ········ 157
[표 23] 국민투표 안건에 따른 사회민주당과 중도민주연합의 반대 비율 ········ 158
[표 24] 10년 단위별 국민투표율 추이 ········ 162
[표 25] 2010년 이후 국민투표율(스위스 전체 및 제네바 칸톤) ········ 163

[그림 1] 연방헌법 전부개정 국민발안 심의 절차 ········ 96
[그림 2] 국민발안 형식과 범위에 따른 연방헌법 개정 절차 ········ 98
[그림 3] 개정 주체에 따른 연방헌법 전부개정 절차 ········ 99
[그림 4] 2018년 11월 25일 국민투표 안건에 대한 연방내각(좌)과 칸톤 정당(우)의 입장 ········ 104
[그림 5] 아펜첼이너로덴 칸톤 란츠게마인데 전경 ········ 143
[그림 6] 2018년 5월 6일 글라루스 칸톤 란츠게마인데 전경 ········ 146
[그림 7] 2017년 5월 21일 국민(주민)투표 설명자료(안내문) ········ 156
[그림 8] 2018년 국민투표 모습(제네바 칸톤) ········ 160
[그림 9] 국민투표 찬반 벽보(주거지, 도로변) ········ 166

직접민주주의 일반론

제1절 직접민주주의 개요

1. 직접민주주의 의의

장 자크 루소(1712~1778)는 한 사람의 생각이 다른 사람의 마음을 거쳐 나오는 경우 들어가는 것과 나오는 것은 항상 다르다고 했다. 따라서 어떤 형태의 대표이든 여론을 왜곡할 수밖에 없다고 한다. 이런 이유로 루소는 공직선거만이 국민이 원하는 것을 찾아내는 유일한 방법이 돼서는 안 된다고 했다.[1] 장 자크 루소는 '민주주의 정부는 국민이 언제든 모일 수 있고, 각 시민들이 다른 사람들을 쉽게 알 수 있는 그런 작은 국가에 적당하다'라고 강조했다.

루소의 관점에서 18세기 이전의 스위스 산악 칸톤[2]처럼 아주 작은 국가들만이 이상적인 형태의 직접민주주의를 실시할 수 있었다. 국민이 선출한 대표가 국민의 의사를 제대로 대변하지 못하는 경우 국민이 다음 선거를 기다릴 필요 없이 국민투표 등을 활용해 정부와 의회의 결정에 참여하고, 직접 통제권을 행사한다. 이로써 대의민주주의의 대표성 실패를 극복할 수 있고, 정부의 대응성과 책임성은 향상된다. 다시 말해 대의민주주의는 국민투표 등 직접민주주의에 의해서 보완될 필요가 있다.

직접민주주의를 작은 규모로 실현하기 위해 국민투표가 시작됐고, 의회민주주의의 필요에 맞추어 변형됐다. 국민투표(referendum)라는 용어는 라틴어에서 기원하는데 '다시 짊어지고 오다'라는 의미를 가진다. 국민의 의사를 묻고 투표에 따른 다수 의견을 '다시' 정책과 법률에 반영시키는 것이 국민투표의 핵심이기 때문이다.[3] 국민투표를 통해 주권자인 국민의 의사를 직접 확인할 수 있다는 점에서 직접민주주의의 필요성이 인정된다.

직접민주주의는 국민이 최종적인 결정권을 가짐으로써 정치 엘리트에게 권력이 집중되는 것을 막을 수 있고, 이는 정치 엘리트와 국민 간의 권력분립을 뜻한다. 직접민주주의에서는 모든 문제가 토론되고 지속적으로 논의되고 설득을 거쳐 타협되는 과정을 거치기 때문에 갈등과 부패 가능성도 현저하게 줄어든다.[4] 또한 심리학적으로 볼 때 국민투표는 찬성 또는 반대표를 던진 모든 국민에게 카타르시스를 경험하게 함으로써 국민을 하나로 통합하는 기능을 한다. 국민적 동의를 필수 조건으로 하는 직접민주주의는 다수의 지배가 아닌 소수의 지배법칙을 도입한 것이라 하겠다.

직접민주주의는 '대의민주주의라는 자동차에 달린 브레이크와 가속페달이다'라는 비유로 표현된다.[5] 정치인이 국민투표라는 브레이크와 국민발안이라는 가속페달을 통해 대의민주주의라는 자동차를 운전한다는 것이다. 즉 연방의회를 통과한 법률안에 대한 선택적 국민투표를 통해 "제동(브레이크)" 효과를 가져오고, 국민발안은 정책당국이 간과하는 문제를 새로운 정치적 이슈로 만들고, 여론을 형성하는 "혁신(가속페달)" 역할을 한다.

2. 각국의 직접민주주의

국민투표는 고대 그리스, 로마 시대부터 시행됐다. 고대 그리스 아테네에서 성인 남자는 광장에 모여 중요 사항을 결정했는데, 이를 민회라 불렀다. 평의회는 민회에 모인 사람 중 제비뽑기로 500명을 선발해 구성했고, 이들이 법안을 제안했다. 민회는 법안을 다수결로 결정하고 고위직을 선출했다.[6]

1778년 미국 매사추세츠주에서 주 헌법 채택을 위해 처음 주민투표가 실시됐으나 부결됐고, 2년 뒤인 1780년 주민투표에서 가결됐다. 프랑스에서는 프랑스대혁명 이후 1800년에 새로운 헌법에 대한 국민투표가 실시됐다. 1802년에는 나폴레옹을 종신 집정관으로 승인하기 위해, 1804년에는 나폴레옹을 황제로 승인하기 위해 국민투표가 각각 실시됐다.

현재 유럽 대부분의 국가와 유엔가입 국가의 1/3이 다양한 형태로 직접민주주의를 실시한다.[7] 국민투표를 10번 이상 실시한 국가로는 스위스, 호주, 이탈리아, 프랑스, 아일랜드, 덴마크, 뉴질랜드 등이 있고, 우리나라도 1948년 정부수립 후 6

번의 국민투표가 실시됐다. 미국, 네덜란드, 이스라엘, 인도, 일본은 전국 차원에서 국민투표를 실시한 적이 없다.

미국은 연방헌법에서 국민투표에 관한 명시적 규정이 없고, 해석상으로도 국민투표가 허용되지 않기에 연방 차원에서 국민투표, 국민발안, 국민소환이 실시된 사례가 없다. 다만 주 차원에서는 주민투표와 주 의원 소환제도가 있다.[8]

독일 헌법에서 인정하는 국민투표는 연방 영역의 재편성을 위한 조치가 필요한 경우로 한정되지만(독일 헌법 제29조, 제118조), 실제로 국민투표가 실시된 사례는 없다.[9] 독일은 1990년 통일 국면에서 연방에 새롭게 편입된 5개의 구 동독 주에 직접민주주의적 제도를 도입해 모든 주와 자치단체는 주민투표를 도입했지만, 연방 차원의 국민투표나 국민발안은 없다. 2005년에 독일의 사회민주당 및 녹색당을 중심으로 각 주의 헌법을 비준할 때 국민투표를 실시하자는 의견이 있었으나, 기독교민주동맹 등의 반대로 이루어지지 않았다.[10]

가. 호주

호주는 헌법개정에 관한 국민투표(referendum)와 중요 정책에 관한 국민투표(plebiscite)가 실시된다. 국민투표 절차는 「1984년 국민투표(절차규정)법」[11]에서 상세하게 규정한다. 투표권자는 영연방 시민으로서 연방선거의 선거인명부에 등록된 18세 이상의 국민이다(국민투표법 제4조). 또한 국민투표는 연방선거와 동일하게 의무사항이고, 기권죄로 유죄선고를 받으면 50 호주 달러의 벌금을 낸다(국민투표법 제45조).

호주 헌법에서 헌법개정에 관한 국민투표는 의무적이다(호주 헌법 제128조 제1문). 헌법개정안은 상원의원과 하원의원의 절대 과반수로 가결된다. 연방의회의 헌법개정안 의결 후 2~6개월 이내에 헌법개정에 관한 국민투표가 실시된다(호주 헌법 제128조 제2문). 국민투표는 총독이 발하는 투표 영장에 따라 실시되기 때문에 과거에는 상원과 하원에서 가결된 헌법개정안이 국민투표에 부의되지 않은 사례도 있었다. 양원 중 한 곳에서만 헌법개정안을 가결할 경우 총독이 개헌안을 국민투표에 회부할 수도 있다(호주 헌법 제128조).

헌법개정안에 관해 양원의 의사가 불일치하는 경우 즉, ① 한쪽 의회에서 가결한 것을 다른 쪽 의회에서 부결하거나, ② 가결 여부 결정을 미루거나, ③ 먼저 가결한 내용과 다르게 다른 쪽 의회에서 수정안을 가결한 경우가 있다. 한쪽 의회가 3개월 내에 다른 쪽 의회가 제안한 헌법개정안을 절대 과반수로 가결했지만, 다른 쪽 의회가 다시 ①, ②, ③의 대응을 할 때 총독은 내각의 조언을 받아 한쪽 의회가 2회차로 가결한 개정안을 국민투표에 회부할 수 있다(호주 헌법 제128조 제3문).

헌법개정에 관한 국민투표는 이중다수결을 얻어야 의결된다. 즉, 연방 전체의 국민투표에서 과반수 찬성과 과반수 주에서 찬성(6개 주 중 4개 주)을 얻어야 한다. 이 경우 주 투표에서 주민의 과반수 찬성을 얻어야 해당 주가 찬성한 것으로 본다(호주 헌법 제128조 제5문). 개정항목별로 투표하는 관행에 따라 2010년까지 44개의 헌법개정안에 대해 국민투표가 실시됐고, 그중에서 8개 개정안이 가결됐다.[12]

호주 정부는 중요 국가정책에 대한 국민의 의사를 확인하기 위해 국민투표를 실시한다. 이러한 국민투표는 투표에 관한 법률을 근거로 실시되고, 임의적이며 자문적인 성격을 가지기 때문에 헌법개정 국민투표와 달리 투표 의무가 없다. 2010년까지 중요 국가정책에 관한 국민투표는 3번 실시됐다. 1916년과 1927년에 각각 해외파병을 위한 징병제 도입에 관해 실시됐지만 부결됐다. 1977년 국가(國歌)의 선택에 관한 세 번째 국민투표가 실시됐는데, 찬성 · 반대가 아닌 4개의 선택지 중에서 1개를 기표하는 방식이었다.

나. 이탈리아

이탈리아는 1970년대 이후 서유럽 국가 중 스위스 다음으로 빈번하게 국민투표를 실시한 국가이다. 이탈리아의 국민투표는 법률 폐지를 위한 국민투표, 구속적 효력을 갖는 헌법개정 법률과 헌법적 법률에 대한 국민투표, 자문적 성격의 국민투표로 구분할 수 있다.[13]

이탈리아 헌법 제75조에 따르면 유권자 50만 명 이상 또는 5개 주 의회가 요구하는 경우 법률 또는 법률의 효력을 가진 조치를 폐지하기 위한 국민투표를 실시할 수 있다. 다만, 예산, 세금, 사면에 관한 법률, 국제조약을 비준하는 법률에 대해서는 국민투표를 요구할 수 없다(법률 폐지를 위한 선택적 국민투표). 또한 헌법개정 법률과 헌법적 법률은 재적의원 5분의 1, 유권자 50만 명, 5개 주 의회의 요구를 얻어 해당 법률 공고 후 3개월 이내에 국민투표에 부칠 수 있다(헌법적 법률에 대한 선택적 국민투표, 이탈리아 헌법 제138조). 이는 국민이 의회를 통과한 법률을 대상으로 국민투표를 요구할 수 있는 취소적 국민투표[14]이다.[15]

이탈리아는 1970년대에 3건, 1980년대에 12건, 1990년대에 31건 등 2019년 현재까지 총 73건에 대한 국민투표를 실시했다. 이를 유형별로 구분하면 법률 폐지를 위한 선택적 국민투표 67건, 헌법적 법률에 대한 선택적 국민투표 4건, 특별 국민투표 2건이다. 이 중에서 26건은 가결되고, 18건이 부결됐으며 29건은 투표율이 저조해 무효로 선언됐다. 예컨대 1970년 이탈리아 의회가 이혼을 합법화하자 이에 반대하는 가톨릭교회와 보수단체에서 1974년에 이혼법을 폐지하자는 국민투표를 제기했다. 국민투표결과 부결됐고, 이혼법을 유지했다.[16] 1990년대 초에는 선거제도 개혁에 관한 국민투표가 가결됐다.

[표 1] 법률의 폐지를 요구하는 이탈리아 국민투표 주요 사례

구분	내용	결과
1974년	이혼의 폐지	부결
1978년(2건)	정당에 대한 공공자금조달 폐지와 새로운 법률 집행의 강화, 시민권리를 축소하는 공공명령의 개선	모두 부결
1981년(5건)	2건은 낙태에 관한 사항 3건은 사형제 폐지, 70년대 비상명령에 관한 제한규정 및 화력 무기능력의 폐지에 관한 사항	모두 부결
1985년	유동적 임금 규모에 대한 삭감의 폐지	부결

구분	내용	결과
1987년(4건)	해외에 원자력발전소 설치를 위한 에넬(Enel) 가능성의 폐지, 원자력발전소를 지을 수 있도록 정부가 지방에 대해 한 허가의 폐지, 반대하는 지방에 대해서 원자력발전소를 설치할 기회의 폐지, 각료에 대한 특별한 사법절차와 법관의 책임을 부정하는 법률의 폐지	모두 가결
1990년	사냥 제한, 타인의 토지에서 사냥 금지, 살충제사용의 금지	정족수 미달
1991년	하원의원 선거 1 선호투표제 선택 (비례대표제, 개방형 명부 및 다수선거구제)	가결
1993년(8건)	연성 마약의 소지 비범죄화, 상원 선거법 변경(비례대표제 변경), 주 은행장의 임명, 환경통제, 정당의 공공자금조달 폐지 및 일정한 부서의 폐지	모두 가결
1995년(12건)	무역조합의 자유화에 관한 4건, 텔레비전 서비스에 관한 4건, 무역규제삭제 2건, 법원에 관한 1건, 지방 선거법에 관한 1건	5건은 가결, 7건은 부결
1997년(7건)	언론인에 관한 명령 및 노동정책부의 폐지, 양심적 거부의 한계 폐지, 타인토지에서의 사냥 금지, 사유화된 회사의 정부 권한 폐지 및 2건의 사법 관련 사항	정족수 미달
1999년	비례대표제 완전 폐지	정족수 미달
2000년(7건)	정당의 공공자금조달, 비례대표 전면폐지, 해고, 무역조합 및 사법에 관한 3가지 사항	정족수 미달
2003년	해고 및 사유재산에 전기선 통과	정족수 미달
2005년(2건)	줄기세포연구에 관한 일정한 행위 제한, IVF에 대한 인공수정 제한규정의 폐지에 관한 4가지 사항	정족수 미달
2009년	선거제도에 관한 3가지 사항항목	정족수 미달
2011년(4건)	수도공급의 사적 관리의 의존에 관한 규정의 폐지, 수도공급 관련 자본투자금회수, 이탈리아에서의 원자력발전소 건설, 수상과 각료의 형사공판 출석의 합법적 제한에 관한 사항	모두 가결
2016년	이탈리아 해안 12마일 이내의 탄화수소 추출을 위한 가스와 오일 시추를 허용하는 법의 폐지	정족수 미달

또한 4건의 헌법개정에 관한 국민투표가 실시돼 2건이 가결됐다. 2001년 실시된 지역 권한 및 분권을 강화하는 내용의 헌법개정안은 가결됐다. 2006년에 지방권한의 강화, 연방법에 대한 상원의 책임, 국가권력에 대한 하원의 책임, 의원정수 축소, 모든 헌법개정에 대한 국민투표, 정부와 총리의 권한 강화 등을 내용으로 하는 헌법개정에 관한 국민투표가 실시됐지만 59%의 반대로 부결됐다. 2016년 12월 4일에는 의회의 임명권 개선, 상원 기능 축소(상원 입법권 박탈하고 자문기구화) 및 상원 정수 감축(315명에서 100명으로), 국가 · 지방 · 행정기구 개혁을 내용으로 하는 헌법개정안이 부결됐다.

2020년 9월 21일에는 의원정수를 945명에서 600명으로 345명 감축하는 방안이 찬성 69.4%로 국민투표에서 가결됐다. 의원정수 축소는 헌법개정 사안이라는 이탈리아 헌법재판소 해석에 따라 국민투표가 실시됐고, 코로나 19임에도 불구하고 투표율은 54%에 달했다.[17] 이에 따라 다음 총선이 있는 2023년부터 상원의원은 315명에서 200명으로, 하원의원은 630명에서 400명으로 줄어든다.[18]

특별 국민투표는 2번 실시됐다. 1946년 사보이아 왕국을 유지할지 또는 공화국을 창설할지에 대한 특별 국민투표를 실시해 왕정을 폐지하고 공화국을 수립했다(국가형태에 관한 국민투표). 또한 1989년 유럽연합 가입에 관한 투표가 실시돼 가결됐다(자문적 성격의 국민투표).

다. 프랑스

프랑스에서 국민투표는 헌법개정에 관한 국민투표와 법률에 관한 국민투표로 구분된다. 2008년 헌법개정에 따라 국민과 연방의원 공동으로 법률에 관한 국민투표제도가 도입됐다. 국민발안제도는 아직 헌법에 수용되지 않았다.

헌법개정에 관한 국민투표는 프랑스 헌법 제89조에서, 법률에 관한 국민투표는 프랑스 헌법 제11조 및 제88조의 5에서 각각 규정한다. 2013년 국민투표 절차 등 세부사항을 규정한 법률이 제정됐다.[19] 투표권자는 18세 이상의 프랑스 국민이다.

헌법개정에 관한 국민투표는 헌법개정안이 의원발의인지, 정부 제출인지로 구분되고, 의원발의 헌법개정안과 정부 제출 헌법개정안은 양원이 의결한 이후 국민투표에 회부된다. 다만, 대통령이 양원합동회의를 소집해 의회에 제출한 헌법개정안은 양원합동회의에서 유효투표 5분의 3 이상의 찬성을 얻은 경우에 승인되고, 국민투표에 부치지 않는다(프랑스 헌법 제89조). 국민투표는 유효투표의 과반수를 얻어야 가결된다(프랑스 선거법 L 제558-44조).[20]

법률에 관한 국민투표는 정부 제출법률안(① 공권력 조직에 관한 법률안, ② 국가의 경제, 사회 또는 환경정책과 그와 관련된 공공서비스 개혁에 관한 법률안, ③

제도의 운영에 영향을 주는 조약의 비준 동의 법률안)과 유럽연합 가입조약의 비준 동의를 요청하는 정부 제출법률안을 대상으로 한다(프랑스 헌법 제11조, 제88조의 5).

프랑스 헌법 제11조에 따르면 ①~③의 정부 제출법률안은 정부의 제안 또는 양원의 공동제안에 기반을 두고 국민투표에 부칠 수 있다. 그리고 유럽연합 가입조약의 비준 동의를 요청하는 정부 제출법률안은 대통령이 국민투표에 부친다(프랑스 헌법 제88조의 5). 또한 2008년 헌법개정에 따라 ①~③의 법률안은 유권자 10분의 1의 지지를 얻어 연방의원 5분의 1에 의해 발안된 이후 일정 기간[21] 의회에서 심의되지 않으면 국민투표에 회부된다(프랑스 헌법 제11조 제3~6항).

1945년 이전의 국민투표는 통치자의 지위를 정당화하기 위한 수단으로 사용됐다.[22] 1958년 이래 프랑스 헌법 제11조에 따른 법률에 관한 국민투표 8건, 프랑스 헌법 제89조에 따른 헌법개정에 관한 국민투표 1건(2000년 대통령 임기 단축)을 합해 9건의 국민투표가 실시됐다.[23] 2019년 2월 마크롱 대통령이 노란 조끼 시위를 겪으면서 2019년 봄에 의원 숫자를 줄이고 연임제한을 정하는 국민투표를 실시하겠다고 말한 바 있었다.[24]

라. 영국

성문헌법이 존재하지 않는 영국은 국민투표를 부정적으로 인식했다. 국민투표는 의회에 법적 주권이 있다는 전통적인 의회주의 원칙에 맞지 않는 것으로 보았기 때문에 국민투표를 자문적 성격으로 인식한다.

영국은 1940년부터 1948년까지 국민투표를 한 번 실시했고, 1975년 초에 유럽경제공동체(EEC[25])잔류 여부에 대한 국민투표를 실시했다. 당시 일반적인 국민투표와 그 절차를 정한 법률이 아닌 1975년 국민투표에 관한 절차만을 규정한 「1975년 국민투표법」에 근거해 국민투표를 실시했고, 투표율 64.5%, 찬성 67.2%, 반대 32.8%로 해당 안건은 가결됐다. 또한 영국은 「2015년 유럽연합(EU) 국민투표법[26]」

에 따라 2016년 6월 23일 브렉시트에 관한 국민투표를 실시했다. 투표결과 전체 유권자 4,650만 명 중 72.2%가 참가해 51.9%가 EU 탈퇴에, 48.1%가 EU 잔류에 표를 던짐에 따라 유럽연합 탈퇴를 결정했다.[27]

한편 2015년 「의원에 대한 주민소환법」[28]이 제정돼 의원이 ① 1년 이하의 징역형을 선고받는 경우(1년 초과는 자동 자격상실), ② 하원에서 10일 이상의 직무정지를 받는 경우,[29] ③ 2009년 의회윤리법에 따른 부정한 비용청구로 유죄판결을 받는 경우, 해당 지역구에서 청원관(Petition Officer)의 관리하에 주민소환을 청원할 수 있다. 주민소환 청원에 대해 6주간 '유권자의 10%'가 동의하는 경우 주민소환이 실시된다.

예를 들어 2018년에 북아일랜드(North Antrim)에서 이안 페이슬리(Ian Paisley Jr.) 의원에 대한 소환요구가 처음 제출됐다. 소환 사유는 이안 페이슬리 의원이 스리랑카 정부로부터 고액의 가족 휴가비를 받고, 이를 미리 밝히지 않은 채 스리랑카 인권 관련 활동을 했다는 점이다. 하원은 이안 페이슬리 의원의 직무를 1949년 이래 가장 긴 30일간 정직시켰다. 다만, 주민소환 요구안은 유권자의 9.4%만 서명함으로써 10% 서명 요건을 충족하지 못해 소환요구는 이루어지지 못했다.[30]

또한 2019년 영국 동부 피터버러(Peterborough) 선거구의 피오나 오나산야(Fiona Onasanya)에 대한 소환요구가 제출됐다. 피오나 의원은 과속운전에 단속됐으나 운전면허 벌점을 피하고자 거짓말을 했다가 경찰기만죄로 기소됐다. 1심에서 3개월의 형을 받았고, 1년 이하의 징역형이 최종 확정돼 두 번째 주민소환 대상이 됐다.[31]

마. 스페인

스페인 헌법에 따르면 주요한 정치적 결정은 국민투표에 부칠 수 있다(스페인 헌법 제92조 제1항).[32] 국민투표는 총리의 제안과 하원의 승인을 받은 후 국왕이 공표한다(스페인 헌법 제92조 제2항). 또한 헌법개정 시 필수적 국민투표를 실시한다(스페인 헌법 제167조, 제168조). 법률안 제출권은 내각, 하원 및 상원에 있지만, 유권자 50만 명 이상의 요구로 법률안 제출을 요구할 수 있다. 이 경우 조직법, 국제관계, 사면권에 관한 법률안 요구는 허용되지 않고, 국민발안의 행사방법 및 요건은 법률로 규율한다(스페인 헌법 제87조 제2항 · 제3항).

스페인은 권위주의 프랑코 체제에서 두 번의 비민주적인 국민투표가 시행됐다. 1975년 프랑코 사후 두 번의 국민투표를 통해 1976년 정치개혁 프로그램과 1978년 새 헌법을 승인해 민주정치로 전환했다. 1986년에 실시된 국민투표를 통해 스페인의 NATO 잔류가 이루어졌고, 2005년 2월 20일에 EU 조약안에 대한 국민투표가 실시돼 가결됐다(76.73% 찬성).[33] 2017년 10월 카탈루냐 지역에서 카탈루냐 독립과 관련된 주민투표가 실시됐으나, 스페인 중앙정부는 이를 불법으로 규정하고 인정하지 않았다.[34]

[표 2] 스페인 국민투표 주요 사례

연도	내용	연도	내용
1947년	스페인 왕위승계법(가결)	2005년	유럽연합 헌법
1966년	스페인 조직법(가결)	2006년	카탈루냐 헌법개정
1966년	스페인령 사하라 조직법	2007년	안달루시안 헌법개정
1976년	스페인 정치개혁	2008년	바스크 국민투표
1978년	스페인 헌법개정	2009-2011년	카탈루냐 독립
1986년	나토가입		

바. 우리나라의 경우

우리나라의 경우 헌법개정안은 국회가 의결한 후 30일 이내에 국민투표에 부쳐 유권자 과반수 투표와 투표자 과반수 찬성을 얻어야 채택된다(헌법 제130조 제2항). 헌법개정안에 대해서는 5차례(62년, 69년, 72년, 80년, 87년) 실시됐고, 1975년에는 대통령 신임과 연계해 유신헌법 찬반을 묻는 국민투표가 실시됐다. 대통령은 외교, 국방, 통일 등 국가 안위에 관한 중요 정책을 국민투표에 부칠 수 있지만(헌법 제72조), 아직 실시된 적은 없다.

우리 헌정사에선 1954년 헌법(헌법 제3호)에 유권자 50만 명(당시 유권자의 6%)의 찬성으로 헌법개정에 대한 국민발안제도를 규정했다.[35] 1972년 12월 유신헌법(헌법 제8호)으로 인해 국민발안제도가 헌법에서 삭제될 때까지 18년간 국민발안제도는 형식적으로나마 존재했었다.

한편, 2018년 3월 26일 대통령이 국회에 제출한 헌법개정안은 국민이 법률안을 직접 발의할 수 있는 국민발안제도를 도입했다.[36] 법률안 국민발안의 요건과 절차 등은 법률로 정하도록 하여 별도의 법률제정을 필요로 했다. 종전 헌법에 규정된 국민발안과 비교해보면 발안 대상이 헌법개정에서 법률안으로 변경됐고, 국민발안제도를 시행하기 위해서는 법률제정을 요구한다는 점에서 차이가 있다.

대통령이 제출한 개헌안은 2018년 5월 24일 본회의에 상정됐으나 의결정족수 미달로 '투표 불성립'이 선언됐다.[37] 또한 2020년 3월 6일 여야 의원 148명이 제출한 헌법개정안은 유권자 100만 명[38] 이상이 헌법개정을 제안할 수 있는 국민발안제도를 도입했다.[39] 국민발안제 도입을 위한 헌법개정안은 2020년 5월 8일 본회의에 상정됐으나, 의결정족수(194명) 부족으로 개헌안은 부결됐다(투표 불성립).[40]

2004년 「주민투표법」이 제정됐지만 주민투표 요건과 대상의 한정으로 이 법에 따라 주민투표가 실시된 경우는 지난 17년간 단지 12건이었다.[41] 이러한 주민투표 청구요건 등 주민투표에 관한 내용을 개선하기 위해 「주민투표법」 개정안, 「주민소환에 관한 법률」 개정안이 2021년 12월 현재 국회에 계류 중이다.[42]

우리나라는 세종대왕이 1430년 공법(貢法)이라는 세법 시안에 대해 백성에게 찬반의사를 물은 역사적 전통을 가지고 있다. 국민투표의 제도적 진입장벽을 완화하고, 직접민주주의를 제고하기 위해 헌법에 대한 국민발안을 허용한 헌법개정안은 의미가 있었다. 더욱이 헌법에 대한 국민발안만을 허용한 스위스에 비해 법률안에 대한 국민발안제도는 혁신적으로 생각된다.

향후 헌법개정이 다시 논의될 경우에는 직접민주주의를 확대하는 방향 차원에서 법률안뿐만 아니라 헌법에 대한 국민발안도 허용해야 할 것이다. 아울러 국민발안에 필요한 서명자 수는 '진입장벽'과도 같으므로 향후 중요하게 논의해야 할 사항이다.

제2절 스위스 직접민주주의 개요

1. 유형

스위스연방 차원에서 실시되는 직접민주주의는 국민투표(의무적 국민투표, 선택적 국민투표) 및 국민발안이 있다. 국민투표는 의회나 내각이 제안한 조치를 거부하거나 찬성할 수 있는 권리로서 국가적으로 중요한 쟁점에 대해 국민이 투표를 통해 찬성 또는 반대 결정을 내린다.

국민투표가 국민의 요구나 서명 등의 조건 없이 직접 실시되는 경우를 의무적 국민투표,[43] 일정 수 이상의 국민이 요구하는 경우를 선택적 국민투표[44]라고 한다. 국민발안[45]은 연방의회가 국민이 원하는 법률을 제·개정하지 않을 때 일정 수 이상의 국민이 법률안을 제안할 수 있는 입법조치적 권리이다.

연방 차원에서 실시되는 의무적 국민투표는 연방헌법[46] 제140조, 선택적 국민투표는 연방헌법 제141조, 국민발안은 연방헌법 제138조 및 제139조를 각각 근거로 한다.[47] 국민투표의 의결정족수 요건은 연방헌법 제142조에서 규정한다. 국민투표와 관련된 구체적 절차는 「정치적 권리에 관한 연방법」,[48] 「의회법」[49] 등에서 규정한다.[50] 국민투표에 관한 개별 규정을 통합한 국민투표에 관한 연방법은 없고, 일반적인 국민투표법을 제정하자는 논의도 없었다.

직접민주주의의 대상은 안건별로 임시로 결정되는 것이 아니라 사안의 중요성에 따라 연방헌법, 연방법률, 연방 결정, 조약 등으로 나누어지며, 그 대상과 요건에 따라 국민투표의 유형이 결정된다.[51] 연방 차원의 국민투표에 참여할 수 있는 유권자는 18세 이상의 성인으로(연방헌법 제136조 제2항), 연방 차원의 국민투표는 외국인에게 허용되지 않는다. 다만, 일부 칸톤은 칸톤 또는 코뮌 차원의 주민투표에서 외국인의 참정권을 인정한다.

2. 적용 범위

스위스는 26개 칸톤, 2,172개 코뮌이 하나의 연방을 구성하고, 직접민주주의는 연방, 칸톤, 코뮌에서 각각 적용된다. 칸톤은 연방과 독립된 지방정부로서 우리나라의 도(道)와 비슷하다. 연방은 칸톤의 자치권을 존중한다(연방헌법 제47조 제1항). 각 칸톤은 독자적인 헌법을 가지고 연방의 권한으로 열거된 사항을 제외하고는 칸톤의 권한을 자주적으로 행사한다. 칸톤은 관할 구역 내에서 고유의 입법권, 사법권, 행정권, 조세권 등 높은 차원의 자치권을 가진다(연방헌법 제3조, 제43조).[52]

칸톤은 20개의 일반적인 칸톤과 6개의 반칸톤[53]으로 구분된다. 반칸톤은 옵발덴, 니트발덴, 바젤슈타트, 바젤란트, 아펜첼아우서로덴 및 아펜첼이너로덴 칸톤으로 연방헌법에 규정돼 있다(연방헌법 제142조 제4항). 6개 반 칸톤은 상원의원을 1명 선출한다는 점에서 2명의 상원의원을 선출하는 일반 칸톤과 비교된다.

스위스 중앙에 위치했던 운터발덴 칸톤은 1291년 스위스 서약자 동맹 창설 전에 가운데의 삼림 지역을 중심으로 상류 지역은 니트(저지역) 발덴 칸톤, 하류 지역은 옵(고지역) 발덴 칸톤으로 나뉘었다(1340년).[54] 아펜첼 칸톤은 1597년 8월 28일 종교적인 이유로 구교(가톨릭)를 지지한 아펜첼이너로덴과 신교(기독교)를 지지한 아펜첼아우서로덴으로 분리됐다.[55] 바젤 칸톤은 농촌지역과 도시지역 간 갈등 이후 1833년 바젤슈타트(도시 바젤)와 바젤란트(농촌 바젤)로 분리됐다.[56] 아래의 표는 칸톤별 언어, 인구, 규모 등을 정리한 것이다.

[표 3] 스위스 연방 26개 칸톤 현황(2021)

<table>
<tr><th>연번</th><th colspan="2">칸톤 명칭</th><th>약칭</th><th>칸톤 수도</th><th>연방 가입</th><th>인구(명, 2020년)</th><th>면적(㎢)</th><th>공용어</th><th>코뮌(개)</th></tr>
<tr><td>1</td><td colspan="2">취리히(Zürich)</td><td>ZH</td><td>취리히</td><td>1351</td><td>1,553,423</td><td>1,729</td><td>독일어</td><td>162</td></tr>
<tr><td>2</td><td colspan="2">베른(Bern)</td><td>BE</td><td>베른</td><td>1353</td><td>1,043,132</td><td>5,960</td><td>독일어, 프랑스어</td><td>339</td></tr>
<tr><td>3</td><td colspan="2">루체른(Luzern)</td><td>LU</td><td>루체른</td><td>1332</td><td>416,347</td><td>1,494</td><td>독일어</td><td>80</td></tr>
<tr><td>4</td><td colspan="2">우리(Uri)</td><td>UR</td><td>알트도르프 (Altdorf)</td><td>1291</td><td>36,819</td><td>1,077</td><td>독일어</td><td>19</td></tr>
<tr><td>5</td><td colspan="2">슈비츠(Schwyz)</td><td>SZ</td><td>슈비츠</td><td>1291</td><td>162,157</td><td>908</td><td>독일어</td><td>30</td></tr>
<tr><td>6</td><td>옵발덴 (Obwalden)</td><td rowspan="2">운터발덴 (Unterwalden)</td><td>OW</td><td>자르넨 (Sarnen)</td><td>1291</td><td>38,108</td><td>491</td><td>독일어</td><td>7</td></tr>
<tr><td>7</td><td>니트발덴 (Nidwalden)</td><td>NW</td><td>슈탄스 (Stans)</td><td>1291</td><td>43,520</td><td>276</td><td>독일어</td><td>11</td></tr>
<tr><td>8</td><td colspan="2">글라루스(Glarus)</td><td>GL</td><td>글라루스</td><td>1352</td><td>40,851</td><td>685</td><td>독일어</td><td>3</td></tr>
<tr><td>9</td><td colspan="2">추크(Zug)</td><td>ZG</td><td>추크</td><td>1352</td><td>128,794</td><td>239</td><td>독일어</td><td>11</td></tr>
<tr><td>10</td><td colspan="2">프리부르(Fribourg)</td><td>FR</td><td>프리부르</td><td>1481</td><td>325,496</td><td>1,671</td><td>프랑스어, 독일어</td><td>128</td></tr>
<tr><td>11</td><td colspan="2">졸로투른(Solothurn)</td><td>SO</td><td>졸로투른</td><td>1481</td><td>277,462</td><td>790</td><td>독일어</td><td>107</td></tr>
<tr><td>12</td><td>바젤슈타트 (Basel-Stadt)</td><td rowspan="2">바젤 (Basel)</td><td>BS</td><td>바젤</td><td>1501</td><td>196,735</td><td>37</td><td>독일어</td><td>3</td></tr>
<tr><td>13</td><td>바젤란트 (Basel-Landschaft)</td><td>BL</td><td>리슈탈 (Liestal)</td><td>1501</td><td>290,969</td><td>518</td><td>독일어</td><td>86</td></tr>
<tr><td>14</td><td colspan="2">샤프하우젠(Schaffhausen)</td><td>SH</td><td>샤프하우젠</td><td>1501</td><td>83,107</td><td>298</td><td>독일어</td><td>26</td></tr>
<tr><td>15</td><td>아펜첼아우서로덴 (Appenzell AusserRhoden)</td><td rowspan="2">아펜첼 (Appenzell)</td><td>AR</td><td>헤리자우 (Herisau)</td><td>1513</td><td>55,309</td><td>243</td><td>독일어</td><td>20</td></tr>
<tr><td>16</td><td>아펜첼이너로덴 (Appenzell InnerRhoden)</td><td>AI</td><td>아펜첼</td><td>1513</td><td>16,293</td><td>172</td><td>독일어</td><td>6</td></tr>
<tr><td>17</td><td colspan="2">장크트갈렌(Sankt Gallen)</td><td>SG</td><td>장크트 갈렌</td><td>1803</td><td>514,504</td><td>2,031</td><td>독일어</td><td>77</td></tr>
<tr><td>18</td><td colspan="2">그라우뷘덴(Graubünden)</td><td>GR</td><td>쿠어 (Chur)</td><td>1803</td><td>200,096</td><td>7,105</td><td>독일어, 이탈리아어, 레토로망스어</td><td>101</td></tr>
<tr><td>19</td><td colspan="2">아르가우(Aargau)</td><td>AG</td><td>아르가우</td><td>1803</td><td>694,072</td><td>1,404</td><td>독일어</td><td>210</td></tr>
<tr><td>20</td><td colspan="2">투르가우(Thurgau)</td><td>TG</td><td>프라우엔펠트 (Frauenfeld)</td><td>1803</td><td>282,909</td><td>992</td><td>독일어</td><td>80</td></tr>
<tr><td>21</td><td colspan="2">티치노(Ticino)</td><td>TI</td><td>벨린초나 (Bellinzona)</td><td>1803</td><td>350,986</td><td>2,812</td><td>이탈리아어</td><td>111</td></tr>
<tr><td>22</td><td colspan="2">보(Vaud)</td><td>VD</td><td>로잔 (Lausanne)</td><td>1803</td><td>814,762</td><td>3,212</td><td>프랑스어</td><td>308</td></tr>
<tr><td>23</td><td colspan="2">발레(Valais)</td><td>VS</td><td>시옹 (Sion)</td><td>1815</td><td>348,503</td><td>5,224</td><td>프랑스어, 독일어</td><td>122</td></tr>
<tr><td>24</td><td colspan="2">뇌샤텔(Neuchâtel)</td><td>NE</td><td>뇌샤텔</td><td>1815</td><td>175,894</td><td>802</td><td>프랑스어</td><td>27</td></tr>
</table>

연번	칸톤 명칭	약칭	칸톤 수도	연방 가입	인구(명, 2020년)	면적(㎢)	공용어	코뮌 (개)
25	제네바(Geneva)	GE	제네바	1815	506,343	282	프랑스어	45
26	쥐라(Jura)	JU	들레몽 (Delémont)	1979	73,709	839	프랑스어	53
합계	스위스(Switzerland)	CH	베른		8,670,300	41,291	독일어, 프랑스어, 이탈리아어, 레토로망스어	2,172

자료: 최용훈(2020: 6-8), 연방통계청 홈페이지 참조[57]

코뮌[58]은 스위스연방의 3단계 행정체제(연방-칸톤-코뮌) 중 가장 낮은 수준의 행정체제로서 우리나라의 시 · 군 · 구와 유사하다. 코뮌은 지역 주민이 부업 또는 자원봉사로 코뮌의 업무에 종사한다. 코뮌의 수는 연방이 출범한 1848년에는 3,205개, 1960년 3,095개, 1994년 3,013개로 오랫동안 3,000개 이상이었다. 그러나 2000년 2,899개, 2021년 12월 현재 2,172개로 2000년 이후 727개 코뮌이 감소했다.[59] 오랜 기간 코뮌합병이 적었다는 사실과 비교해 보면 1990년대 중반 이후 중요한 변화이다.[60]

3. 준 직접민주주의

국민은 최고의 정당성을 가지기 때문에 직접민주주의에서 가장 중요한 문제를 결정한다. 연방헌법은 스위스 국민이 주권자이며 궁극적으로 최고 정치 권력이라는 것을 선언한다(연방헌법 제136조). 국민의 뒤를 이어 연방의회가 두 번째 위치를 차지한다. 연방의회는 입법기관으로서 중요한 결정, 특히 연방법률을 제 · 개정할 입법권을 가진다. 대부분의 경우 연방의회의 결정은 최종적이지만 그 결정은 국민의 사후판단에 따르도록 유보돼 있다. 따라서 유권자는 연방의회가 의결한 연방법률에 대해 선택적 국민투표를 제기할 수 있다.

마지막으로 민주적 정당성이 낮은 연방내각[61]은 중요하지 않은 사안에 대한 의결권을 가진다. 연방내각은 중요도가 상대적으로 낮지만 실질적인 문제에 대해 행정규칙 형식으로 결정을 내린다. 연방의회도 의회 결정 형식으로 단순한 사항을 판단한다. '중요하지 않은' 사안에 대한 연방내각과 연방의회의 결정은 최종적 성격을 지니고, 국민의 국민투표 요구 대상은 아니다. 결국 국민은 '가장 중요한' 사안을 결정하고(국민투표 및 국민발안), 연방의회는 '중요한' 사안을 결정하며(선택적 국민투표), 연방내각은 '중요하지 않은' 사안을 최종적으로 결정한다.

[표 4] 연방 차원의 국민 참여와 직접민주주의 수단

결정의 종류	법의 형태	심의기관	국민 참여 수단
가장 중요한 사안	연방헌법 개정	연방의회	의무적 국민투표, 국민발안
중요한 사안	연방법률, 연방 결정(연방결의)	연방의회	선택적 국민투표
중요하지 않은 사안	단순한 의회 결정, 규칙	연방의회, 연방내각	없음

자료: Wolf Linder/Mitarbeit von Rolf Wirz(2014: 154).

사안에 따라 국민이 직접 결정하거나, 국민을 대신해 연방의회나 연방내각이 결정하는 스위스식 민주주의를 '반 직접민주주의' 또는 '준 직접민주주의(semi-direct democracy)'라고 부른다.[62] 순수한 의미의 직접민주주의는 국민 스스로가 법률을 만들고, 권력분립의 원칙이 존재하지 않는다. 따라서 현실 세계에서 직접민주주의는 적용될 여지가 없지만, 종종 직접민주주의로 불린다. 이런 점에서 볼 때 스위스 정치 권력의 행사는 직접민주주의적이지만, 연방내각, 연방의회, 국민의 의사 결정 과정은 준 직접민주주의적이다.

직접민주주의를 통해 승자독식의 다수민주주의가 타협과 동의에 의한 화합민주주의로 전환되고, 정치 사회적 안정을 얻었다. 스위스의 국토가 좁기 때문에 국민투표가 일상화되고, 제도화됐다고 보기 힘들다. 국토의 크기가 아니라 국민의 의지와 역사에 내재화된 정치적 특성과 관련이 있고, 건국 이래 지금까지 유지해 온 직접민주제와 이를 바탕으로 한 공동체 의식을 빼놓을 수 없다.[63]

직접민주주의에 대한 스위스 국민의 애착은 대단하다. 1991년 여론조사에서

응답자의 14%만이 국민투표를 제한하고, 의회의 권한을 강화하자는 견해에 찬성했다. 스위스 국민은 국민투표와 국민발안을 스위스의 자랑으로 여기고, 자신들의 정체성으로 간주한다.[64]

제3절 직접민주주의 연혁

1. 두 개의 정치적 문화

직접민주주의의 연혁과 관련해서는 두 가지 주장이 있다.[65] Blickle의 연속이론에 따르면 직접민주주의가 란츠게마인데[66]와 같은 의사결정기구에서 유래된 것으로 본다. 고대 아테네 민회, 뉴잉글랜드 마을 회의(town meeting)와 더불어 란츠게마인데는 주민이 직접 참여하는 의사결정기구였다.

서유럽 게르만족은 전사들로 구성되는 시민총회(Burgerversammlung)에서 남성 전사들이 참여해 중요한 안건을 결정했다. 봉건 정부 아래에서 고통받던 13세기 유럽 다른 곳들과 달리 스위스 산악 칸톤에서는 주민들의 총회(란츠게마인데)가 번성했다.[67] 1230년부터 우리 칸톤에 란츠게마인데가 존재했다는 증거가 있다.[68] 1291년에는 우리, 슈비츠, 운터발덴 등 3개 칸톤이 동맹서약서[69]를 체결해 산악공동체 연합을 이루었다.

1294년에 처음으로 투표자격을 갖춘 남성이 란츠게마인데에 참석해 거수로 투표했다. 중세시대 말부터 코뮌 자치가 있었다는 점에서 직접민주주의는 이런 전통에서 비롯된다고 한다. 예를 들어 소들을 언제 알프스 초원으로 몰고 갈지 등 초원의 활용과 관련해 공동체가 모여서 의사 결정을 했다. 1848년 스위스연방의 창시자들은 주민참여와 집단의사결정을 중시했던 칸톤의 전통을 존중했다. 1848년 연방 수립 이후 란츠게마인데를 실시하지 않는 모든 칸톤은 칸톤헌법에 주민투표, 학교위원회 위원 선출 등 직접민주주의제도를 이식했다.

Blickle의 연속이론에 대해서는 란츠게마인데가 현재 2개 칸톤(글라루스, 아펜첼이너로덴)에서만 개최될 정도로 집회민주주의가 쇠퇴했다고 지적한다.

Kolz의 비연속이론에 따르면 스위스 직접민주주의는 프랑스 혁명과 루소의 사상에서 그 유래를 찾을 수 있다고 한다. 이는 직접민주주의가 프랑스로부터 유래된 것으로 보는 견해와 맥을 같이한다. 혁명이 일어난 프랑스는 1797년 후반 스위스를 침공했다. 뒤떨어진 정치 질서로부터 스위스를 자유롭게 한다는 구실로 중앙 알프스의 전략적 통로에 대한 통제권과 베른에 있는 금고를 소유하려는 의도였다.

프랑스(나폴레옹) 침공 이후 스위스를 중앙집권화하려는 1798년 헬베티아 공화국[70] 헌법은 스위스 관습과 맞지 않는 강제적 요소가 많았지만 시민권 등 직접민주주의의 기틀을 마련했다. 1802년 6월 헬베티아 공화국의 두 번째 헌법을 대상으로 전국적인 국민투표가 처음 실시됐다.[71] 기권표는 찬성으로 간주될 것이라는 사전 공표가 있었기에 찬성 72,500표, 반대 92,500표, 기권 167,000표로 헬베티아 공화국 헌법(중재헌법, Mediation)이 가결됐다.[72]

이처럼 스위스 최초의 국민투표는 직접민주제 특성을 가진 1793년의 프랑스 자코뱅 헌법[73]을 스위스 국민이 받아들인 것이다. 프랑스 자코뱅 헌법은 주민들이 최초로 헌법을 표결한 1778년 미국 매사추세츠 주 모델에 직접적인 영향을 받았다. 이런 점에서 미국과 프랑스 혁명의 직접민주주의 정신이 헬베티아 공화국을 통해 스위스에 수입돼 발전시킨 것이다.[74]

결론적으로 스위스 칸톤의 직접민주주의는 2개의 정치적 문화, 즉 중세적 란츠게마인데의 전통과 프랑스 혁명 이후 직접민주주의적인 사상의 확산을 토대로 한다.[75]

2. 아래로부터 시작된 직접민주주의

연방 차원에서 실시된 국민투표는 칸톤에서 운영했던 제도의 모방에서 비롯된 측면도 있다. 1830년대에 칸톤에서는 국민투표와 국민발안 같은 직접민주주의 제도가 실시됐고, 1860년대 민주화운동을 통해 아래로부터 시작돼 점차 연방 차원으로 확대 · 발전됐다. 칸톤에서 시작된 상향식 모델의 특성상 칸톤은 새로운 제도의 효과를 확인할 수 있는 유용한 시험장 역할을 했다. 1848년 이후 173년 동안 많은 문제를 국민투표로 해결했고, 전 세계에서 실시된 국민투표의 약 50%가 스위스에서 이루어졌다.[76] 이처럼 스위스의 직접민주주의는 정치체제의 중요한 특징 중 하나로 자리 잡았다.

가. 1830년대: 칸톤 차원의 주민투표 확산

1830~1833년에 칸톤 차원의 주민투표와 주민발안이 확산한 배경으로 칸톤 리더십에 대한 불만을 들 수 있다. 1815년 스위스는 나폴레옹 지배로부터 벗어나 칸톤 연합으로 복귀했지만 비민주적인 요소가 많았다. 칸톤의 많은 지도자들이 민주주의 정신을 배신하고 귀족이 되거나 독재 정치를 했다.

이러한 비민주적 칸톤 리더십에 대항하기 위해 주민투표가 요구됐다. 주민투표는 집회형 칸톤 총회(란츠게마인데)나 코뮌의 주민총회를 대체할 수 있는 수단으로 여겨졌다. 인구 증가로 집회형 칸톤 총회는 비현실적인 것이 됐기 때문이다. 이 문제에 대한 해결책으로 칸톤 차원에서 주민투표와 주민발안이 폭넓게 채택됐다. 예컨대 1848년 슈비츠 칸톤 및 추크 칸톤은 란츠게마인데를 중단하고 주민투표를 채택했다.

한편, 1830년 프랑스 7월 혁명에 영향을 받아 프리부르 칸톤을 제외한 모든 칸톤에서 개혁 지향적인 '자유주의파'[77]가 지배세력이 됐고, 민주주의적 개혁이 시작됐다. 새로운 리더십은 칸톤 차원의 주민투표를 확립시켰고, 칸톤헌법을 승인하기 위한 절차로 의무적 주민투표를 거쳐야 한다는 공감대가 형성됐다.[78] 1830년대의 베른, 루체른, 샤프하우젠, 아르가우, 장크트갈렌, 보, 바젤 칸톤에서는 칸톤헌법의 제 · 개정을 위해서는 칸톤의 의무적 주민투표가 실시돼야 한다고 칸톤헌법에 규정됐다.[79] 이처럼 자유주의파 칸톤 정부는 칸톤헌법 개정과 직접민주주의를 통해 새로운 권력 구조를 합법화했다.

또한 1830년대 칸톤 차원에서 직접민주주의가 확산한 또 다른 이유는 주민투표를 통해 정치적으로 안정적인 기반을 유지한 후 연방으로 진출하려는 정치인의 야망이 합해졌기 때문이다. 아울러 정치적 소수파(가톨릭)가 권력을 견제하는 수단으로 주민투표를 활용했다. 많은 칸톤에서 자유주의파가 정권을 잡았지만, 정치적 소수파는 주민투표로 이득을 얻을 수 있다는 사실을 알게 됐다.

귀족에게는 투표권이 있지만, 투표권이 없는 많은 평민이 있었다. 평민들은 강한 종교적 성향과 보수적 성향을 가졌기 때문에 참정권만 확대되면 보수파는 권력을 장악할 수 있었다. 결과적으로 보수파는 투표권 확대와 주민투표의 범위 확장을 주장했다.[80] 특히 자유주의파가 지배한 칸톤에서 소수파(가톨릭)는 권력의 분산, 칸톤의 주권을 주장하면서 주민투표권을 적극적으로 옹호했다.

1830년부터 1847년까지 진행된 자유주의적 갱생 운동(Regeneration)[81]은 칸톤 주민의 직접적인 정치참여를 제도화했다. 칸톤헌법에 대한 의무적 주민투표와 칸톤헌법 개정에 관한 주민발안 제도가 도입됐고, 칸톤법률에 대한 선택적 주민투표가 부분적으로 도입됐던 것이다. 1848년 이후에는 주민투표를 거치지 않은 칸톤헌법은 하나도 없었다(1848년 연방헌법 제6조 제c항).

나. 칸톤의 거부권: 1831년 장크트갈렌 칸톤

1831년 처음으로 장크트갈렌 칸톤에서 거부권(volksrecht)을 도입했다. 거부권은 유권자의 서명을 토대로 칸톤의회가 통과시킨 칸톤법률안의 효력을 정지시키는 제도이다. 초기의 거부권 가결은 주민의 단순 과반수를 필요로 했다.

거부권은 프랑스 혁명 이후 새로운 사상의 전파, 유권자들의 규합을 통한 새로운 분위기를 배경으로 도입됐다. 1831년 1월 13일 목요일에 장크트갈렌 칸톤에서 헌법총회가 개최됐다. 직접민주주의의 도입을 지지하는 600명의 사람들이 성당 광장에 모였다. 농민 중 일부는 스틱으로 무장을 했다. 이로 인해 이 날을 Sticks Thursday로 칭한다. 이와 같은 무장 위협과 폭력적 분위기 속에 주민들의 참여는 허용하되, 거부권 요건을 엄격하게 규정한 절충안이 장크트갈렌 칸톤헌법에 반영됐다.[82]

1831~1861년 동안 장크트갈렌 칸톤에서 통과된 194건의 칸톤법률 중 단지 40건의 법률안이 거부권 대상으로 상정됐지만, 4건만이 칸톤 주민의 거부권으로 부결됐다. 거부권은 아주 낮은 비율로 실시됨에도 불구하고 거부권을 통해 칸톤 주민들은 칸톤법률에 대한 통제가 가능하게 됐다. 30년 동안 장크트갈렌 칸톤에서 실시된 거부권 성공률이 낮은 이유는 거부권을 행사하고, 가결하기 위한 요건을 갖추기 어려웠기 때문이다.

거부권은 코뮌 차원에서 거부권을 행사할지(코뮌 총회 개최 요구)와 시민의 투표라는 2단계 절차로 진행됐다. 먼저 50명의 시민이 칸톤법률안을 거부할 수 있는 코뮌 총회의 개최를 요구하고, 칸톤법률을 찬성 또는 반대할지를 결정한다. 의결을 위해서는 45일 이내에 코뮌 총회의 단순 다수결과 코뮌에 거주하는 주민의 절대 과반수라는 엄격한 두 가지 요건(이중다수결)이 필요했다. 코뮌 총회에 참석하지 않은 주민은 찬성으로 간주됐다. 1832년 바젤란트 칸톤, 1834년 루체른 칸톤, 1845년 보 칸톤, 1848년 슈비츠 칸톤 등으로 거부권이 확산됐다.

거부권은 연방법률에 대한 선택적 국민투표 형식으로 변경돼 1874년 연방 차원에서 수용됐고, 거부권을 도입한 장크트갈렌 칸톤에서는 처음으로 정당이 등장했다.[83] 거부권 추진을 위해서는 서명에 필요한 충분한 인력과 조직이 필요했고, 사람들이 모인 느슨한 조직은 점차 정당으로 변화했던 것이다.

다. 칸톤헌법, 칸톤법률에 대한 주민발안

칸톤헌법 개정에 관한 주민발안은 칸톤 주민들이 칸톤헌법의 전부 개정을 요구할 수 있는 권리였다. 초기형태의 주민발안은 1830년 이후 몇몇 칸톤헌법에 처음 규정됐다. 아르가우, 투르가우, 샤프하우젠 칸톤에서는 유권자의 절대다수 요구로, 루체른과 바젤 칸톤에서는 유권자의 2/3 이상 요구를 통해 칸톤헌법을 전부 개정할 수 있었다. 그러나 칸톤헌법 개정을 위한 주민발안 요건이 상당히 엄격해 칸톤헌법 개정은 쉽지 않았다.

1838년 장크트갈렌 칸톤에서는 10,000명의 유권자가 칸톤헌법 개정을 요구하는 주민발안을 제기할 수 있고, 그다음 단계에서 주민투표가 실시됐다(2단계 절차).[84] 다른 칸톤과 달리 주민발안을 제기할 수 있는 요건이 상당히 완화됐다. 당시의 보수적 공법학자들은 주민발안을 극도로 위험하고 불안정한 혁신이라고 보았으나, 칸톤 주민의 불만이 폭력적인 방식으로 확산하는 것을 방지하는 방안으로 차츰 인정됐다.[85] 이에 따라 칸톤헌법 개정을 위한 주민발안은 모든 칸톤에 도입됐다.

칸톤법률에 대한 주민발안은 1845년 보 칸톤헌법을 통해 처음 도입됐다. 칸톤법률 주민발안은 새로운 제도가 아니고 1793년 지롱드 헌법에서 콩도르세[86]가 비슷한 제도를 제안한 바 있다. 또한 1794년 제네바 칸톤헌법에도 청원권에 따라 주민 700명이 그들의 대표(칸톤의원)로 하여금 유권자 총회에 법안을 제출할 수 있도록 했다(제네바 칸톤헌법 제34조, 정치적 권리에 관한 제네바 칸톤법 제107조 · 제108조).

보 칸톤에 도입된 혁신적인 칸톤법률 주민발안은 1845년 보 칸톤의 수도인 로잔에서 발발한 정치 혁명과 보 칸톤에 근거를 둔 독일계 장인들이 이끈 사회주의 운동의 영향을 받았다.[87] 1845년 보 칸톤헌법에 규정된 칸톤법률 주민발안 제도는 8,000명의 주민들이 칸톤법률(칸톤 결정)에 대해 주민발안을 제기하고, 이를 칸톤 주민투표에 부칠 수 있도록 한 것이다. 보 칸톤의 칸톤법률 주민발안은 칸톤법률의 개정 또는 폐지 절차로서의 역할을 했다.

1845년 보 칸톤에서 칸톤법률에 대한 주민 발안을 도입한 이래 아르가우, 바젤란트 등 10개 칸톤의 헌법에서 칸톤법률에 대한 주민발안이 새롭게 규정됐다.[88]

칸톤법률에 대한 주민발안은 1912년까지 3개 칸톤(루체른, 프리부르, 발레)을 제외한 모든 곳에서 널리 시행됐다. 지금은 모든 칸톤에서 칸톤법률에 대한 주민발안을 실시한다. 또한 전체 칸톤의 1/3은 칸톤법률 개정 시 의무적으로 주민투표를 실시하도록 '칸톤법률에 대한 의무적 주민투표'를 규정한다.

라. 1860년대: 민주화운동

1848년 연방헌법 제정으로 스위스 연방이 탄생했고, 1860년 이후 정치적 권리 확대를 원하는 국민의 요구가 분출됐다. 근본주의자, 사회주의자 등은 1860년대 집권 자유주의파에 대항해 직접민주주의의 확대를 요구했다. 직접민주주의를 통해 연방정부와 지배세력을 견제할 수 있기 때문이다. 1860년대 칸톤에서 진행된 민주화운동은 칸톤헌법을 전면 개정하자는 논의로 이어졌고, 칸톤 민주화의 기본적인 토대를 완성했다. 또한 란츠게마인데가 실시되지 않은 칸톤에서는 칸톤법률에 대한 주민투표 제도를 도입했다.[89]

1860년대의 민주화운동[90]을 배경으로 뇌샤텔과 보 칸톤은 재정 문제에 한정해 1858년과 1861년에 각각 의무적 칸톤법률 주민투표를 도입했다. 1863년에 바젤란트 칸톤은 '모든 칸톤법률'을 대상으로 의무적 칸톤법률 주민투표를 도입했다. 독일어권 칸톤인 취리히, 투르가우, 베른, 졸로투른 칸톤은 1869년에 '중요한 칸톤법률'에 한정해 '의무적 칸톤법률 주민투표'를 도입했다. 1870년에 아르가우 칸톤도 중요한 칸톤법률을 대상으로 의무적 칸톤법률 주민투표를 받아들였다.

의무적 칸톤법률 주민투표가 가장 발전한 칸톤은 주민투표의 대상이 되는 안건을 연 1회 또는 2회로 법률로 지정한 일자에 투표한다. 예컨대 베른 칸톤은 전년도에 칸톤 의회에서 의결한 중요한 칸톤법률을 대상으로 5월 첫째 일요일에 주민투표를 실시했다.[91]

이처럼 칸톤의 민주화운동 확산, 개신교(프로테스탄트)의 직접적인 정치참여 움직임 등은 1874년 연방 차원에서 연방법률에 대한 선택적 국민투표를 도입하게 만들었다.[92] 이로써 스위스 연방 차원의 대의민주주의는 오늘날의 준직접민주적 정치체제로 진화됐다.

[표 5] 연도별 직접민주주의 발전

연도	내용
1291년	슈비츠, 우리, 운터발덴 칸톤을 통합하는 동맹서약서 체결: 산악공동체 연합
1798년	프랑스의 스위스 침공: 스위스를 중앙집권 국가화하는 헬베티아 공화국 헌법 강요, 선택적 헌법국민투표 허용
1802년	스위스에서 최초의 전국적 국민투표: 중재헌법(Mediation) 가결
1830년대	칸톤차원의 칸톤헌법에 대한 의무적 주민투표 및 칸톤헌법 개정을 위한 주민발안, 칸톤법률에 대한 선택적 주민투표 도입
1847년	존더분트(Sonderbund) 전쟁. 급진적인 개신교 칸톤의 승리
1848년	연방헌법 제정: 연방 차원의 의무적 국민투표와 헌법 전부개정 국민발안 명시
1860년대	다수의 칸톤에서 칸톤법률에 대한 의무적 주민투표 도입, 칸톤법률 개정을 위한 주민발안 도입
1874년	연방헌법 전부개정: 연방 차원의 선택적 국민투표 도입
1949년	긴급연방법률에 대한 의무적 또는 선택적 국민투표 도입
1977년	국민발안에 필요한 서명인원을 5만 명에서 10만 명으로 조정 선택적 국민투표에 필요한 서명인원을 3만 명에서 5만 명으로 상향조정
1987년	국민발안과 연방의회의 대안에 '이중 찬성' 제도 도입
2003년	선택적 국민투표 회부 조약 명확화, 서명수집 기한 명시(100일 이내)

제4절 직접민주주의의 효과 및 실시 현황

1. 직접민주주의 효과

직접민주주의는 정치적 안정, 정당의 분권화를 촉진하고, 국제적 통합을 억제한다. 직접민주주의를 통해 정부 정책에 대한 찬성과 반대를 표출하면서 국민의 불안이나 갈등을 토론으로 변화시켜 정치적 불안을 예방한다. 이처럼 직접민주주의는 합리적 결정을 위한 제도로서 서로 다른 생각들이 교류되고 민주적으로 논의돼 갈등과 대립보다는 타협과 대화를 통해 새로운 해결책을 찾게 돼 사회가 안정된다. 한편으로는 국민의 불만과 갈등이 사전에 해결되기 때문에 스위스 정치에는 극적 생동감이 없다는 지적이 있다.

정당은 직접민주주의와 밀접한 관련이 있다. 정당은 국민발안을 통해 국민의 관심을 얻기 위해 특정 주제를 정치적 의제로 만들 수 있고, 유권자를 이끌어 가기도 하며, 국민에게 호소하며 영향력을 행사하려 한다. 특히 녹색당 등 군소 정당들은 '하나의 주제 운동'을 통해 성장했다. 직접민주주의는 정당의 중앙집권화를 억제한다. 중앙집권화된 정당 조직이 없어도 국민투표를 통해 일반 국민을 신속하고 용이하게 동원할 수 있고, 대중동원을 위한 강력하고 거대한 중앙당이 필요하지 않기 때문이다.

한편으로 직접민주주의는 정당의 영향력을 약화시킨다. 연방의회에서 정당이 내린 중요한 결정이 국민투표를 통해서 무력화될 수 있기 때문이다. 그만큼 선거에 관여하는 정당의 지위는 약화하고, 국민투표에서 전문적으로 조직화된 단체와 경쟁 관계에 있으며, 재정적으로 강력한 동원력을 갖는 이익집단이 정당을 압도할 때도 있다. 아울러 정당은 국민투표와 국민발안을 통해 여당과 야당의 역할을 동시에 수행한다. 예를 들면 사민당이 연방내각에 참여함에도 불구하고 연방내각이 추진하는 친유럽 정책에 대해 취리히 칸톤의 사회민주당이 반대하는 식이다.

또한 직접민주주의는 스위스의 국제적 통합을 가로막았다. IMF와 세계은행 가입(1992.5.17.) 가결을 제외하고는 UN 가입(1986.3.6.), 유럽경제지역(EEA) 가입(1992.12.6.), UN 평화유지 활동에 스위스 군대 파견(1994.6.12.)이 각각 부결되는 등 고립주의적 대외정책을 유지했다. 이는 대외 개방정책으로 인해 직접민주주의가 약화할 것을 우려하고 국제사회의 통합을 불신한 데 연유한다.[93] 1990년부터 2000년까지 실시한 89건의 국민투표 대상 안건을 분석한 바에 따르면 개방 · 전통 간 대립 요인이 투표 행위에 미치는 영향은 1990~2000년에는 평균 3%에 불과했지만, 2002~2008년에는 12%에 달할 정도로 대외정책, 이민 및 망명 정책에서 개방과 전통 간 대립이 강하게 나타났다.[94]

국민의 직접적인 정치참여로 국민이 조세 세율 과정에 개입함에 따라 연방과 칸톤의 채무를 줄였고,[95] 재정확대에 대한 보수적인 접근이 이루어졌다. 경제적 효율성에 관한 칸톤 간 비교조사(1982~1993년)에서 직접민주주의를 실시하는 칸톤이 그렇지 않은 칸톤에 비해 1인당 국민소득과 관련한 생산성이 5.4~15% 더 높은 것으로 나왔다.[96] 또한 직접민주주의를 실시하는 도시는 그렇지 않은 도시에 비해 10%의 쓰레기 처리비용 절감을 보여주었다. 칸톤 차원에서는 직접민주제를 시행하는 칸톤은 그렇지 않은 칸톤에 비해 1980~1998년 동안 공공지출이 평균 19% 감소한 것으로 나타났다.[97]

국민투표 부결로 3명의 연방각료가 사퇴했다. 1891년 연방각료인 연방 우편 및 철도부 장관인 에밀 벨티(Emil Welti)가 스위스 철도 국유화를 제안한 법률안이 국민투표(1891. 12. 6.)에서 국민의 68.9%가 반대해 부결됐다. 에밀 벨티 장관은 그 당시 가장 유명한 정치인 중의 한 명이었으나, 국민투표 부결에 따라 연방장관을 사퇴했다. 이는 스위스 정치체제에서 드문 경우에 해당한다.[98] 1934년에는 법무 · 경찰부 장관인 하벌린(Heinrich Haberlin)은 법질서 보호와 관련한 법률안이 연방각료회의에서 가결됐지만 국민투표(1934. 3. 11.)에서 부결되자 사퇴했다. 1953년에는 재무부 장관인 막스 베버(Max Weber)가 연방정부 예산재편과 관련된 안건이 국민투표(1953. 12. 6.)에서 부결되자 그 직을 사임했다.[99]

2. 직접민주주의 실시 현황

가. 국민투표 찬 · 반 현황

국민투표결과는 국민의 연방정부에 대한 지지 또는 거부로 해석될 수 있다. 연방국가 수립 초기 20년 동안에는 국민투표 안건의 80%가 부결됐다. 헌법 개정을 목표로 한 의무적 국민투표와 국민발안만이 가능했던 1848~1873년에는 거의 모든 안건이 부결됐다.

1874년 선택적 국민투표가 도입된 이후 의무적 국민투표의 찬성률이 빠르게 높아졌고, 평균적으로 연방헌법 개정안 10건 중 7건 이상을 수용했다. 예컨대 1874년부터 1908년까지 17건의 연방헌법 개정안이 의무적 국민투표 안건으로 회부됐고, 12건은 가결되고(70.6%), 29.4%에 해당하는 5건의 연방헌법 개정안은 국민투표에서 부결됐다. 20세기 초반에 국민투표 부결 비율은 25~30%로 급격히 감소하다가 20세기 후반과 21세기 초에 이르면서 20%를 유지했다.[100]

제2차 세계대전이 끝난 이후 연방 당국에 대한 지지율은 매우 높은 수준으로 유지됐고, 국민투표에 대한 지지율은 75%를 상회했다. 즉 4건의 국민투표 중 3건의 비율로 국민의 찬성을 받았고, 이는 연방내각 및 연방의회에 대한 지지로 여겨졌다. 특히 국민발안의 경우 제안자(유권자)가 아닌 연방내각의 입장에 동조해 90%의 국민발안이 부결됐고, 연방내각이 제출한 의무적 국민투표 안건은 75%가 가결돼 두 부문에서 연방 당국에 대한 지지율이 높았다. 선택적 국민투표에 대한 지지율은 상대적으로 높지 않았다(평균 60%). 오랜 기간 국민투표 횟수가 증가한 상황에서도 1960년대 이래로 국민투표 5건 중 약 4건이 가결되는 등 유권자는 점점 더 긍정적으로 연방정부(연방의회)에 동조하면서 투표에 참여한 것이다.

1951~1980년에 35회의 국민투표가 150건을 대상으로 실시됐고, 1981~2015년에 125회의 국민투표가 295건을 대상으로 실시됐다. 1991~2012년에 198건을 대상으로 국민투표가 실시됐는데, 안건의 주제는 사회정책 57건, 법치주의 34건, 환경 및 기반시설 37건, 재정 문제 16건, 외교 15건, 경제 15건, 국방 13건, 교육 · 문화 · 언론 11건이었다.[101] 투표안건의 급증은 환경, 에너지, 복지국가, 신기술 등에서 새로운 문제가 제기되거나 유럽연합 가입 여부 등 국제정세의 변화를 배경으로 한다. 이러한 문제를 해결하기 위한 대안을 찾는 과정에서 국민투표의 증가로 이어졌고, 한편으로는 정치 엘리트가 내린 결정에 대한 시민사회의 강한 도전이었다.

1848년부터 2021년 11월까지 지난 173년 동안 의무적 국민투표 224건, 선택적 국민투표 200건, 국민발안 226건, 국민발안 대안 16건을 합해 모두 666건에 대한 국민투표가 실시됐다(누적). 이는 연평균 3.8건의 국민투표가 실시된 셈이고, 666건 중 찬성 314건, 반대 352건으로 반대가 더 많았다.

[표 6] 1848~2021.11.까지 유형별 · 시기별 국민투표 현황

구분	의무적 국민투표			선택적 국민투표			국민발안			국민발안의 대안						합계 (의회 대안 포함)			순 합계 (의회 대안 제외)
										원래 국민발안			연방의회 대안						
	찬성	반대	소계	찬성	반대	소계	찬성	반대	소계	찬성	반대	소계	찬성	반대	소계	찬성	반대	소계	
1848~1870	2	8	10													2	8	10	10
1871~1880	2	2	4	3	5	8										5	7	12	12
1881~1890	3	1	4	2	6	8										5	7	12	12
1891~1900	6	3	9	3	7	10	1	4	5							10	14	24	24
1901~1910	4	1	5	3	1	4	1	2	3							8	4	12	12
1911~1920	8		8	2	1	3	1	1	2	1				1	1	12	3	15	14
1921~1930	7	2	9	1	4	5	2	10	12		1	1	1		1	11	17	28	27
1931~1940	7		7	2	7	9		5	5		1	1	1		1	10	13	23	22
1941~1950	4	3	7	4	3	7	1	6	7							9	12	21	21
1951~1960	13	7	20	4	7	11		7	7		2	2	1	1	2	18	24	32	40
1961~1970	12	2	14	4	4	8		7	7							16	13	29	29
1971~1980	33	8	41	11	7	18		16	16		6	6	3	3	6	47	40	87	81
1981~1990	18	5	23	6	6	12	2	25	27	1	1	2		2	2	27	39	66	64
1991~2000	28	7	35	25	11	36	2	31	33		1	1		1	1	55	51	106	105
2001~2010	11	5	16	23	5	28	5	29	34	1	1	2		2	2	40	42	82	80
2011~2020	10	2	12	18	8	26	4	42	46	-	-		-	-	-	32	52	84	84
2021	-	-	-	5	2	7	2	4	6	-	-		-	-	-	7	6	13	13
계	168	56	224	116	84	200	21	189	210	3	13	16	6	10	16	314	352	666	650

자료: 스위스 연방통계청 홈페이지, https://www.bfs.admin.ch/bfs/de/home/statistiken/politik/abstimmungen.assetdetail.11807431.html (2021. 12. 13. 최종 확인).

나. 국민투표 빈도 등

국민투표 빈도는 시기별, 연도별로 다르다.[102] 1874년 선택적 국민투표가 도입된 이후 1884년까지 첫 10년 동안 18건을 대상으로 국민투표가 실시됐다. 1875년까지는 매년 한 차례 국민투표가 실시됐으나, 1876년에 처음으로 국민투표가 4월과 7월 각각 1건씩 두 차례 실시됐다. 1891년에는 3월, 7월, 10월(2건), 12월에 국민투표가 실시됐다.

20세기부터는 거의 매년 국민투표가 실시됐다. 1년에 한 번도 국민투표가 실시되지 않은 연도는 1901년, 1904년, 1909년, 1911년, 1916년, 1932년, 1936년, 1943년에 불과했다. 1952년에는 3월(2건), 4월(1건), 5월(1건), 7월(1건), 10월(2건), 11월(2건)에 9건에 대한 국민투표가 실시됐다.

국민투표를 실시할 때 의무적 국민투표, 선택적 국민투표, 국민발안 등 서로 관련이 없는 안건을 묶어 함께 투표에 부친다. 예를 들면 1987년 4월 5일 실시된 국민투표 중 1건은 난민에게 정치적 망명을 허용하는 망명법 개정안, 1건은 외국인을 규율하는 외국인 관련법 개정, 1건은 '이중찬성' 절차 도입에 관한 연방헌법 개정안, 1건은 모든 군사 지출에 대해 국민투표를 요구하는 내용의 국민발안이었다.[103]

지금까지 1회의 국민투표에 가장 많이 회부된 안건은 9건이었다. 예컨대 1866년 1월 14일에 연방헌법 개정을 위한 의무적 국민투표 안건 9건을 대상으로 국민투표가 실시됐고, 2003년 5월 18일에 연방법령에 대한 선택적 국민투표 2건과 국민발안 7건을 합해 9건에 대해 국민투표가 실시됐다. 호주, 이탈리아 및 미국의 여러 주를 제외하고 서로 관계없는 사안들을 이렇게 하나의 특정 국민투표일에 동시에 투표하는 것은 흔치 않다.

1970년대 국민투표 횟수가 급증했고, 국민투표의 절반 이상(60%)이 지난 40년간 실시됐다. 이 시기 의무적 국민투표는 전체 국민투표 횟수의 40%를 차지하고, 선택적 국민투표와 국민발안이 각각 29%와 31%로 비슷한 비중으로 나타났다. 의무적 · 선택적 국민투표와 국민발안 간 비율은 1945년부터 1980년대까지 비교적 안정적으로 유지됐으나, 1990년대부터 선택적 국민투표 및 국민발안에 비해 의무적 국민투표가 감소했다. 1995~2003년에는 약 절반가량의 국민투표가 국민발안을 통해 이루어졌고, 2003~2011년에는 국민발안의 비중이 감소했다.

[표 7] 1947~2011년 시행된 국민투표 유형별 비율(8년 단위)

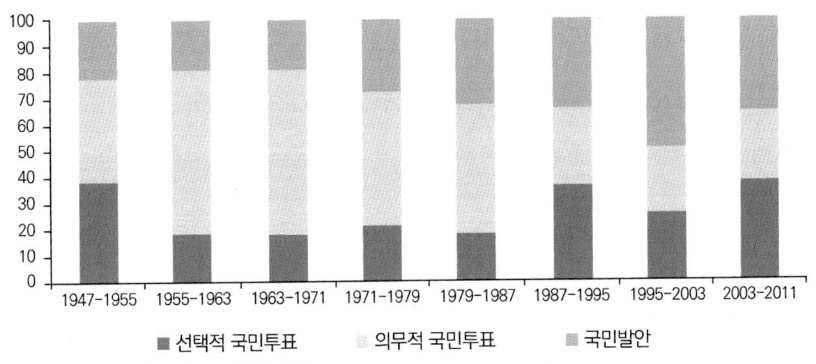

자료: Pascal Sciarini/Anke Tresch (2014: 499).

또한 최근 10여 년 동안 연방 차원의 국민투표 빈도가 높아지는 추세이다. 우파 정당(스위스국민당)과 좌파 정당(사회민주당)이 대립하는 가운데 국민이 국민투표를 통해 의사를 적극적으로 표출하기 때문이다.[104] 2011년에는 2월에 단 한 차례 국민투표가 실시됐지만, 2012년에는 3월에 5건, 6월에 3건, 9월에 3건, 11월에 1건으로 총 12건에 대해 국민투표가 실시됐다. 2013년에는 11건, 2014년에는 12건, 2015년에는 6건, 2016년에는 13건, 2018년에는 10건, 2021년에는 13건에 대해 국민투표가 실시됐다.

유권자는 매년 2~4차례 실시되는 국민투표를 통해 연방 차원에서 국민투표에 회부되는 10여 건 내외의 안건과 칸톤 · 코뮌에서 회부되는 주민투표 안건에 대해서도 투표를 실시한다. 그 결과 유권자는 평균적으로 매년 20~30건에 대해 투표권을 행사하고, 연방정부, 칸톤정부, 코뮌 집행부가 마련한 국민(주민)투표 안건 설명서를 읽는 데 많은 시간을 투입한다.[105]

한편 유형별, 주체별 국민투표 실시현황을 살펴보면, 1848~1992년까지 실시된 국민투표는 연방의회 대안을 포함해 모두 398건이었다[106]. 연방헌법 개정안에 대한 국민투표는 138건 실시됐고, 2건을 제외한 136건은 연방헌법 일부 개정을 위한 국민투표였다. 연방헌법 개정안에 관한 국민투표는 71%의 가결률을 보였다.

연방헌법 개정을 위한 국민발안은 106건이 제기됐고, 2건을 제외한 104건이 연방헌법의 일부 개정을 위한 국민발안이었으며, 9.4%인 10건만 가결됐다. 연방의회는 27건의 대안을 제시했고, 17건이 가결됐다(가결률 63%).

연방법률에 대한 선택적 국민투표의 경우 제출된 112건 중 53건이 가결돼 47.3%의 찬성률을 보였고, 국제조약에 대한 의무적 국민투표는 4건 중 2건이 가결됐다. 긴급입법에 관한 국민투표는 11건이 실시돼 모두 가결됐다. 연방내각이 주도한 연방헌법 개정안, 연방법률, 국제조약, 긴급입법에 관한 국민투표는 연방내각의 지지 여부로 해석될 수 있는데, 265건 중 164건이 가결돼 61.9%의 지지를 보였다. 국민이 제기하는 국민발안이 불과 9.4%의 지지를 받은 것과 비교된다.

[표 8] 유형별 국민투표 실시 현황(1848~1992년)

국민투표의 유형	건 수	찬성(건)	반대(건)	성공률
1. 연방내각에 의한 연방헌법 개정안	138	98	40	71.0%
- 전부 개정(1872, 1874)	2	1	1	50.5%
- 일부 개정	136	97	39	71.9%
2. 연방헌법 국민발안	106	10	96	9.4%
- 전부 개정(1880, 1935)	2	0	2	0.0%
- 일부 개정	104	10	94	9.6%
3. 연방의회 대안	27	17	10	63.0%
4. 연방법률에 대한 선택적 국민투표	112	53	59	47.3%
5. 국제조약에 대한 의무적 국민투표	4	2	2	50.0%
6. 긴급입법	11	11	0	100.0%
연방내각 주도 안건(1,4,5,6번)의 국민투표	265	164	101	61.9%

자료: Kris W. Kobach (1993: 35).

제 2 장

의무적 국민투표

제1절 개요

1. 개념

의무적 국민투표는 연방헌법을 개정하거나 국제기구에 가입할 경우 반드시 거쳐야 하는 직접민주주의 방식이다. 연방의회에서 연방헌법 개정 또는 국제기구 가입과 관련한 안건을 의결하면 반드시 국민투표를 실시한다는 점에서 '의무적' 또는 '필수적'으로 분류한다. 의무적 국민투표는 주로 연방헌법 개정안을 대상으로 하기에 '헌법 국민투표'라고도 한다. 의무적 국민투표는 일정 수 이상의 유권자가 요구하지 않아도 연방헌법에 따라 국민투표가 실시된다는 점에서 선택적 국민투표와 차이가 있다.

대체로 연방헌법 개정 문제는 의무적 국민투표 대상이고, 국제기구 가입문제는 영세중립국인 스위스의 국가 정체성과 관련되는 중대한 사안으로 보아 의무적 국민투표 대상으로 한다. 또한 연방의 긴급결정 내용이 연방헌법과 관련될 경우 의무적 국민투표 대상이고, 그 외의 연방법률이나 결정, 국제조약 등에 관한 사항은 선택적 국민투표 사안이다. 의무적 국민투표의 대상은 연방헌법 제140조, 제165조에서 규정하고, 의결요건은 연방헌법 제142조에서 규정한다.

[표 9] 의무적 국민투표의 분류

분류	도입연도	대상	시한	의결요건	헌법 조문
헌법 국민투표	1848년	모든 헌법 개정	-	국민 및 칸톤 과반수	140①a 142②
국제조약 국민투표	1977년	집단적 보호 체제 또는 초국가적 공동체 가입	-	국민 및 칸톤 과반수	140①b 142②
긴급연방법률에 대한 국민투표 (취소적 국민투표)	1949년	헌법개정적 긴급연방법률 (헌법적 근거가 없고, 유효기간이 1년 초과)	연방의회 의결 후, 1년 내 국민 투표	국민 및 칸톤 과반수	140①c 142② 165③

2. 도입 연혁

가. 1848~1939년

1848년 연방헌법 초안에 대해 대부분의 칸톤에서 법적 구속력이 있는 주민투표를 실시했고, 25개 칸톤의 승인을 받아 가결됐다.[1] 연방헌법에 따르면 연방 차원에서 연방헌법을 개정하기 위해서는 의무적으로 국민투표를 실시하도록 규정했다.[2] 이러한 연방헌법에 대한 의무적 국민투표는 당시 가톨릭 소수파에 대한 양보 차원에서 도입됐다.

의무적 국민투표는 칸톤의 이익을 훼손하거나 연방 권한의 확대를 도모하는 연방헌법 개정안을 국민투표에 회부함으로써 연방헌법 개정이 쉽게 이루어지지 못하도록 하려는 취지가 있었다. 1848년 연방헌법에서 선택적 국민투표는 채택되지 않았지만, 모든 중요한 헌법적 결정은 국민투표의 대상이 됨으로써 향후 선택적 국민투표가 도입될 토대가 형성됐다. 연방헌법 '전부' 개정을 위한 의무적 국민투표는 극히 드물어서 1872년 5월과 1874년 4월에 각각 한 차례씩 실시됐다.

1874년부터 예외적이고 긴급한 특정 상황에서 연방의회나 연방내각이 긴급조치를 취할 수 있는 '긴급입법'이 도입돼 국민투표가 무기한 연기되거나 취소될 수 있었다. 1930년대 경제위기 상황에서 긴급입법에 대한 수요가 많아짐에 따라 연방정부의 권한은 크게 확대됐고, 국민의 권리는 약화됐다. 특히 1930년대 대공황에서 약 100건의 중요한 긴급입법이 국민투표의 대상에서 제외됐다.[3] 긴급입법을 선택적 국민투표 안건으로 포함하는 국민발안이 제기돼 1938년 2월 20일 실시된 국민투표에서 유권자의 15.2%가 찬성하고, 모든 칸톤이 반대해 부결됐다(투표율 54.3%).

그러나 1939년 1월 연방헌법 개정을 통해 긴급입법의 적용이 제한됐다. 즉, '긴급'의 의미를 제한하고, 국민투표결과를 연방의회가 번복할 수 없도록 하며, 긴급입법 의결은 재적의원 과반수 찬성을 요구함으로써 긴급입법의 적용을 한정하자는 연방의회의 대안이 국민투표에 회부됐다. 1939년 1월 22일 실시된 국민투표에서 국민다수인 69.1%와 21개 칸톤의 찬성을 얻어 가결됐다(투표율 46.5%).

나. 1949년: 긴급연방법률에 대한 의무적 국민투표 확대

연방의회는 전쟁 시(1914년, 1939년) 연방내각에 긴급입법권인 전권(full powers)을 부여했다. 식량 공급과 같이 국민의 생존을 보장하기 위한 전권은 연방헌법에 규정되지 않았지만, 연방내각은 제2차 세계대전 중 전권을 활용해 약 1,800건의 긴급연방명령을 제정했다.[4]

긴급입법에 대한 수요는 연방정부의 무한한 지배, 국민투표 회피문제를 야기했고, 직접민주주의로 복귀하자는 의견이 대두됐다. 전쟁 중 국민투표를 제한했던 예외조치를 더 이상 허용하지 않고, 국민투표 대상에서 제외된 긴급입법을 의무적 국민투표의 대상으로 포함하자는 국민발안이 제기됐다. 1949년 9월 11일 국민투표가 실시돼 국민의 50.7%가 찬성하고, 12.5개 칸톤이 찬성해 가까스로 가결됐다(투표율 42.5%).

이에 따라 이전까지 국민투표를 거치지 않았던 헌법적 근거가 없고, 유효기간이 1년을 초과하는 긴급연방법률(헌법개정적 긴급연방법률)이 의무적 국민투표의 대상으로 포함됐다. 이처럼 매우 긴급한 상황에서 제정되는 긴급입법은 유효기간이 정해졌고, 국민투표의 시한을 연기할 수 있을 뿐 국민투표를 생략할 수 없게 됐다. 그 밖에 몇 개의 더 많은 국민발안이 제기됐지만, 실제 국민투표로 이어지지는 않았다.[5] 종전에 국민투표에 회부되지 않았던 긴급입법이 국민투표의 대상이 됨에 따라 이미 효력을 발생한 긴급입법이 국민투표에서 국민과 칸톤의 과반수 찬성을 얻지 못하면 그 효력을 상실한다. 이를 긴급입법에 대한 취소적 국민투표라고 한다.[6]

다. 1977년

1975년 외국인 노동자 급증에 따라 극우파 정당인 국민행동[7]은 선택적 국민투표의 안건이 되는 국제조약의 범위를 과거와 미래의 국제조약까지 확대하자고 국민발안을 제안했다. 연방내각(연방의회)은 집단적 안전보장 또는 초국가적 공동체 가입에 관한 조약을 의무적 국민투표의 대상으로 하고, 이중다수결을 요구하는 대안을 제안했다.[8] 해당 국제조약은 국민의 요구가 없어도 의무적으로 국민투표를 실시한다는 점에서 조약에 대한 선택적 국민투표와는 다른 의미를 가진다.

1977년 3월 13일 국민투표를 통해 국민행동이 제안한 국민발안은 21.9%의 찬성과 모든 칸톤의 반대로 부결됐고, 연방내각이 제안하고 연방의회가 의결한 국민발안(대안)은 61.0%의 찬성과 20.5개 칸톤의 찬성으로 가결됐다. 그 결과 집단적 안전보장이나 초국가적 공동체 가입과 관련된 조약은 헌법처럼 간주해 의무적 국민투표의 대상이 되고, 의결을 위해서는 이중다수결을 필요로 했다. 이처럼 국제조약에 대한 국민투표의 범위가 확대돼 국민이 외교정책에 직접 의사를 표명할 수 있게 됐다.[9]

제2절 적용 대상 및 의결요건

1. 적용 대상

의무적 국민투표는 ① 연방헌법을 개정하는 경우, ② 집단적 안전보장 또는 초국가적 공동체 가입과 관련된 조약, ③ 연방헌법에 근거를 두지 않고, 긴급성이 선언된 긴급입법을 대상으로 한다.

연방헌법의 개정은 연방의회의 발의 또는 유권자 10만 명의 국민발안으로 가능하고(연방헌법 제194조 제1항), 연방헌법 개정안은 국민 및 칸톤 투표에 회부한다(연방헌법 제138조, 제139조). 연방헌법은 특별한 규정이 없는 한 법률심의 절차에 따라 전부 또는 부분적으로 개정할 수 있지만(연방헌법 제192조), 국민과 각 칸톤의 찬성이 필요하다(연방헌법 제140조 제1항 제a호). 연방헌법의 개정은 연방의 권한 확대와 관련이 있기에 의무적 국민투표의 대상이 되는데, 이는 연방의 권한을 강화하는 연방주의적 경향에 대한 방어수단이다.[10]

집단적 안전보장과 관련된 국제기구 또는 초국가적 공동체 가입을 내용으로 하는 안건은 스위스의 영세중립국 지위에 중대한 변화를 초래할 수 있기 때문에 국민투표 및 칸톤 투표에 회부된다. 집단적 안전보장과 관련된 국제기구로는 NATO(북대서양조약기구)를 들 수 있다. 초국가적 공동체 가입과 관련된 조약으로는 EU(유럽연합) 가입, UN 가입(1986년),[11] EEA(유럽경제지역) 가입(1992년 투표),[12] EU와 맺은 쌍무조약(2000년 투표) 등을 들 수 있다.[13]

연방헌법상 근거가 없고, 1년 이상의 유효기간을 가지며, 긴급성이 선언된 긴급연방법률(헌법개정적 긴급연방법률)[14]은 상원과 하원에서 모두 과반수 동의를 얻어 연방의회에 채택된 날부터 1년 이내에 의무적 국민투표의 대상이 되며(연방헌법 제140조 제1항 제c목), 국민과 칸톤의 과반수 찬성으로 가결된다(연방헌법 제165조 제3항). 연방의회가 의결한 긴급연방법률은 국민과 칸톤의 요구가 없어도 연방내각이 국민투표를 명한다(정치적 권리에 관한 연방법 제58조). 이러한 긴급연방법률이 연방의회에서 의결된 날부터 1년 이내에 국민투표와 칸톤 투표에서 가결되지 않으면 연방의회에서 의결된 날부터 1년이 경과하면 효력을 상실한다(연방헌법 제165조 제3항).

1874년부터 인정된 긴급연방법률은 곧바로 시행할 필요가 있는 연방법률로서 대·내외적 안전보장, 독립 및 중립을 위협하는 사태 등이 발생할 경우 연방의회가 제정할 수 있다(연방헌법 제165조). 긴급연방법률이 즉시 효력을 가지려면 상원과 하원에서 재적의원 과반수라는 특별정족수를 필요로 한다(연방헌법 제165조 제1항). 연방의회의 의결을 얻지 못한 긴급연방법률은 효력을 상실한다(연방헌법 제140조 제1항 제c호).

이처럼 긴급연방법률은 매우 긴급한 상황에서 시간상으로 촉박하고 시급한 사안으로서 국민투표에 회부될 가능성을 배제하고 바로 시행되는 연방법률이다. 하지만, 국민투표의 시행을 연기할 수 있을 뿐 국민투표를 추후 반드시 거치도록 한다는 점에서 국민투표의 일시적 유예이고 국민투표를 전적으로 무효화할 수 없다. 1970년대 초 긴급연방법률이 자주 사용됐다.[15]

2. 의결요건

의무적 국민투표는 국민투표 및 칸톤 투표의 대상이 되기 때문에 유권자 과반수 외에 추가로 과반수 칸톤의 찬성을 함께 얻어야 가결된다(연방헌법 제140조 제1항, 제142조 제2항). 각 개별 칸톤의 국민투표결과는 해당 칸톤의 투표수가 된다(연방헌법 제142조 제3항). 이를 '이중다수결 원칙'[16]이라고 부른다.

26개 칸톤 중 6개 반 칸톤은 2분의 1표로 계산된다(연방헌법 제142조 제4항). 20개 칸톤은 온전한 1표로 간주되고, 6개 칸톤은 0.5표로 계산되므로 전체 표수는 20+(0.5×6)=23표이고, 칸톤 투표에서 안건이 가결되기 위해서는 23표 중 최소 12표의 찬성이 필요하다. 예컨대 반 칸톤인 옵발덴 칸톤에 거주하는 유권자가 51%의 찬성률을 보이면 칸톤 투표에서 찬성한 것으로 보고, 반 칸톤이라 찬성 0.5표가 된다. 1971년 쥐라 칸톤이 신설되기 전에는 25개 칸톤이었고, 전체 표수는 19+(0.5×6)=22표였고, 과반수 의결은 12표를 필요로 했다. 칸톤 투표에서 찬반 동수인 찬성 11.5표, 반대 11.5표가 나올 경우 부결된 것으로 본다. 연방헌법 제195조에 따르면 연방헌법은 국민과 칸톤에서 가결되는 즉시 시행된다.

1960년대 들어 국가의 개입이 증가하고 복지국가로 발전하면서 국민투표가 증가했지만, 의무적 국민투표에 회부되는 안건의 2/3인 70% 이상이 가결됐다. 1947~1995년에 실시한 국민투표에 대한 연구결과에 따르면 의무적 국민투표는 연방의회의 연대 및 표결에 직접적인 영향을 받는다. 즉, 의무적 국민투표 안건에 대해 의원 간 찬반이 나뉘는 경우 국민투표의 가결률은 30%에 불과했다.

아울러 의무적 국민투표의 가결 가능성을 높이기 위해서는 하원의 동의율이 70% 가까이 돼야 한다는 점에서 연방의원들 간에 폭넓은 연대가 필요하다.[17] 또한 연방 기관에서 제안한 연방헌법 및 연방법률 개정안은 대체로 높은 비율로 유권자의 지지를 얻지만, 국민발안의 찬성률은 상대적으로 매우 낮다.

3. 이중다수결

국민 다수결 외에 칸톤 다수결을 동시에 요구한 것은 지역적 다양성이 국민 다수의 의견으로 훼손되는 것을 방지하고, 소수자를 보호하기 위한 취지이다. 특히 1845년 내전(존더분트 전쟁[18])을 포용하려는 의미가 있었다. 즉, 존더분트 전쟁에서 패배한 규모가 작은, 시골 지역의, 전통적인 가톨릭을 옹호하는 중부 지역의 독일어권 칸톤을 보호하고 포용하려는 취지로 1848년에 이중다수결 원칙이 확립됐다. 또한 연방 권한을 확대하는 연방헌법 개정안을 통과시키기 위해서는 연방 권한 확대의 필요성이 국민과 각 칸톤에 충분히 공감되고, 칸톤의 이익도 보장돼야 하기 때문이다. 이처럼 이중다수결 원칙은 현재까지 칸톤의 이익을 보장하는 안전판 장치로서 기능하고 있다.

이중다수결 원칙은 인구수에 비례해 결정하는 '민주적 다수결 원칙'과 큰 칸톤이든 작은 칸톤이든 칸톤 규모나 인구와 상관없이 모든 칸톤의 동등한 참여를 보장하는 '연방적 다수결 원칙'의 대립을 보여준다. 한편, 국민투표나 칸톤 투표의 결과로 투표결과가 반전된다는 점은 민주주의가 지향하는 다수의 지배가 아닌 소수자 보호를 강화하겠다는 헌법적 의지를 반영한다.

그러나, 이중다수결 원칙은 칸톤별 인구 규모의 불균형에 따라 갈등을 야기한다. 이중다수결 원칙에 따라 취리히, 제네바, 베른 같은 대도시 칸톤이 피해를 본다.[19] 취리히, 제네바 칸톤은 산업화에 따른 대도시 인구집중의 결과로 그동안 인구가 5~7배로 증가했다. 반면 아펜첼이너로덴 칸톤이나 아펜첼아우서로덴 칸톤은 1848년 이래 인구변화가 거의 없었다.

아펜첼이너로덴 칸톤의 투표가치는 취리히 칸톤의 투표가치보다 40배나 가중되기 때문에 '일인 일표(一人 一票)'라는 민주주의 원칙과 충돌된다.[20] 이는 전체 유권자의 20% 내외를 차지하는 농촌 칸톤이 주요 사안에서 연방의 정책 방향을 좌우하는 것이다.[21] 농촌지역 칸톤의 의견이 과잉대표되고, 대도시 칸톤의 의견은 상대적으로 과소대표된다는 점에서 소수의견이 국민투표의 성패를 좌우하고, 작은 칸톤의 유권자가 거부권을 가지고 있다는 한계도 내포한다. 이는 소수파에 의한 거부권(minority veto) 행사이자 소수의 지배법칙을 도입한 것이다.

이중다수결 원칙에 따라 국민의 다수의견과 칸톤의 다수의견이 상반되는 경우 해당 안건은 부결된다(9건). 지금까지 칸톤에서 찬성을 얻었지만, 국민 과반수 반대로 부결된 의무적 국민투표 안건은 1건이었다(1957년, 시민 보호). 반대로 국민 다수의 지지를 얻었지만, 칸톤이 반대해 부결된 의무적 국민투표 안건은 8건으로 연방에 새로운 권한을 부여하는 것과 관련됐다. 예를 들면 1866년(도량형), 1970년(증세), 1973년(교육제도), 1975년(경제 정책), 1983년(에너지 정책), 1994년(예술장려, 외국인 귀화), 2013년(가족조항)이 있다. 이들 사례는 이중다수결 조항이 연방주의적 권한 확대에 반대하는 쪽으로 나타난 것이다.

또한 1970~1983년까지 국민 다수가 찬성했지만 칸톤 다수가 반대해 부결된 4건을 살펴보면, 반대표를 던진 칸톤의 유권자 투표수가 전체 유권자 투표수에서 차지하는 비율은 20~25% 내외에 불과했다.[22] 국민 다수와 칸톤 다수가 충돌하는 경우 인구 규모가 작은 칸톤이 승리하고, 인구가 많은 칸톤은 패배할 수밖에 없다.

[표 10] 국민과 칸톤의 투표결과가 상반돼 부결된 의무적 국민투표

일 자	안 건	국민찬성률 (%)	찬성 칸톤 수	반대 칸톤 수	결과	전체 투표수에서 반대 칸톤 투표수 비율(%)
1866. 1. 14	도량형 통일	50.4	9.5	12.5	부결	
1957. 3. 3	시민 보호	48.1	14	8	부결	
1970. 11. 15	세법	55.4	9	13	부결	24.0
1973. 3. 4	교육제도	52.8	10.5	11.5	부결	21.7
1975. 3. 2	경제정책	52.8	11	11	부결	20.5
1983. 2. 27	에너지 정책	50.9	11	12	부결	20.0
1994. 6. 12	예술과 문화장려	51.0	11	12	부결	
1994. 6. 12	젊은 외국인의 귀화 완화	52.8	10	13	부결	
2013. 3. 3	가족조항	54.3	10	13	부결	

자료: 이기우(2014: 166), 안성호(2001: 136-137) 참조해 필자 보완.

제3절 실시 현황 및 주요 사례

1. 실시 현황

1848년부터 2021년 11월까지 224건에 대해 의무적 국민투표가 실시됐다. 연방의 권한 확대와 관련된 연방헌법의 일부개정을 위한 의무적 국민투표는 205건으로 91.5%를 차지했다. 이외에 연방헌법에 근거하지 않는 긴급연방법률에 대한 국민투표 11건, 연방헌법의 전부개정에 관한 국민투표 4건, 국제조약에 관한 국민투표 4건이 있었다. 의무적 국민투표가 실시된 224건 중 168건이 가결됐고(75.0%), 56건은 부결됐다(25.0%). 부결된 안건(56건) 중 8건은 국민 과반수 지지를 받았지만, 칸톤 과반수 지지를 얻지 못했다.[23]

의무적 국민투표에서 가장 큰 비중을 차지한 것은 연방의 권한 확대와 관련된 부분이다. 1930년대 이전까지 의무적 국민투표는 매우 드물게 실시됐지만, 제2차 세계대전 이후 사회복지, 경제발전 등 권한 확대를 위한 의무적 국민투표가 자주 활용됐다.[24] 연방의 권한 확대는 연방헌법에 근거를 가지기 때문이다.

2. 주요 사례

가. 최초의 의무적 국민투표, 전부 개정안 등

1866년 1월 14일, 9건에 대한 의무적 국민투표가 처음 실시됐고, 1건(유대인 및 귀화 시민의 평등권)만 가결되고 8건은 부결됐다. 특히 도량형 통일과 관련한 안건은 과반수에 3,000표를 넘은 찬성(50.4%)을 얻었으나, 9.5개 칸톤만 찬성해 부결됐다. 국민과 칸톤의 의견이 불일치해 부결된 첫 번째 사례였다.

1872년 5월 12일 연방헌법 전부 개정안에 대한 의무적 국민투표가 실시됐으나, 국민 과반수에 약간 못 미친 49.5%의 찬성과 9개 칸톤의 찬성으로 부결됐다. 1874년 4월 19일 연방헌법 전부 개정안에 대한 의무적 국민투표가 실시돼 국민의 63.2%와 13.5개 칸톤의 찬성으로 가결됐다. 그 결과 연방법률에 대한 선택적 국민투표와 자유권 등이 규정됐다.

1970년대 다른 유럽국가와 마찬가지로 환경문제가 새롭게 대두됐고, 연방의회는 환경을 보호하는 내용의 연방헌법 개정안을 제안했다. 1971년 6월 6일 유해한 환경으로부터 인간과 자연을 보호하자는 연방헌법 개정안은 국민의 92.7%와 22개 칸톤이 찬성해 압도적으로 가결됐다. 1973년 12월 2일에는 동물을 보호하는 내용의 연방헌법 개정안이 국민의 84% 및 22개 칸톤이 찬성해 가결됐다.

나. 조세 관련

세금과 관련된 직 · 간접적인 세율 인상은 연방헌법 개정을 필요로 하며 의무적 국민투표의 대상이 된다. 스위스 무역협회[25]와 스위스 상공회의소[26]는 납세자에 대한 추가적인 부담에 동의하지 않음에도 불구하고 주요 정당은 연방내각이 증세에 합의하면 이에 협력한다. 1945~1992년에 유권자들은 증세 또는 새로운 세금 부과와 관련된 25개의 안건 중 13건을 찬성하고, 12건을 반대했다.[27]

예컨대 1970년 11월 15일에 증세와 관련한 의무적 국민투표가 실시돼 유권자의 55.4%가 찬성했지만, 9개 칸톤만 찬성해 부결됐다. 이 안건은 국민의 의사와 칸톤의 의사가 불일치한 경우에 해당한다. 그러나 1971년 6월 6일 증세와 관련한 의무적 국민투표에서는 국민의 72.8%가 찬성하고, 22개 칸톤이 찬성해 가결됐다. 또한 1974년 12월 8일에 연방정부의 경제 변화라는 주제를 가지고 의무적 국민투표가 실시됐지만, 국민의 44.4%가 찬성하고 4개 칸톤이 찬성해 부결됐다. 그 다음 해인 1975년 6월 8일 조세를 통한 소득인상에 대한 국민투표에서는 국민의 56%가 찬성하고, 17개 칸톤이 찬성해 가결됐다.

국민은 세금을 늘리는 등 조세문제에 대해 보수적인데, 특히 연방 차원의 부가가치세 도입에 비판적이다. 1918년 6월 2일 연방차원에서 소득세를 도입하려는 국민발안에 대한 국민투표가 실시됐으나 국민의 45.9%가 찬성하고, 7.5개 칸톤이 찬성해 부결됐다.

1977년 6월 12일 부가가치세 도입과 연방의 직접 과세를 위한 의무적 국민투표는 국민의 40.5%와 1개 칸톤만 찬성해 부결됐다. 1979년 5월 20일 부가가치세 도입을 위한 국민투표가 실시돼 34.6%의 국민 찬성과 모든 칸톤의 반대로 부결됐다. 1991년 6월 2일 실시된 부가가치세 도입에 관한 의무적 국민투표에서도 국민의 45.7% 찬성과 2.5개 칸톤의 찬성으로 부결됐다. 1993년 11월 28일 부가가치세 도입에 대한 국민투표에서 국민의 60.7% 및 20개 칸톤의 찬성으로 가결됐다. 이처럼 부가가치세를 도입하려는 연방 차원의 노력은 세 번의 좌절을 거쳐 16년만인 네 번째 시도 끝에 성공한 것이다.[28]

다. 국제기구 가입 관련: UN, EEA 가입

국제기구 가입이나 조약에 대한 의무적 국민투표는 드문 편이다. 1986년 3월 16일 범세계적 집단안전보장기구인 UN 가입과 관련한 안건에 대해 의무적 국민투표가 실시됐다. 국민의 50.7%가 참여한 가운데 24.3%의 찬성과 모든 칸톤이 반대해 UN에 가입하고자 했던 연방정부의 시도는 좌절됐다. 16년 뒤인 2002년 3월 3일 유엔가입에 관한 국민투표가 실시됐는데, 이때는 국민발안 형식으로 제기됐다. 국민의 54.6%가 찬성하고 12개 칸톤이 찬성해 가결됐고(투표율 58.4%), 스위스는 2002년 9월 10일 UN에 190번째 정회원국으로 가입했다.

1992년 스위스를 유럽연합 28개국과 통합된 단일 시장인 유럽경제지역(EEA)에 포함시키는 유럽자유무역연합(EFTA)과의 조약은 연방헌법 개정처럼 심의돼 의무적 국민투표의 대상이 됐다. 1992년 12월 6일 국민투표가 실시됐는데, 유권자의 78.7%가 참여한 기록적인 투표율을 보였고, 국민의 50.3%가 반대하고, 16개 칸톤이 반대해 부결됐다. 국민투표에서 찬성과 반대는 불과 24,000표 차이에 불과했다.[29] 연구결과에 따르면 유럽경제지역 가입에 관한 국민투표는 대외정책, 도시와 농촌 간의 대립, 언어적 대립이 갈등을 증폭시키는 잠재적 요인으로 작용했다.[30]

제 3 장

선택적 국민투표

LES GENEVOIS, QUELS NUMEROS
Parc des Bastions, 1204 Genève
au 22 avril 2010
Exposition photographique de Philippe Clerc

제1절 개요

1. 개념

선택적 국민투표는 연방의회에서 의결된 연방법률, 일반적 구속력을 가진 연방결의, 국제조약 등을 대상으로 실시된다. 연방의회가 의결한 연방법률, 국제조약 등을 대상으로 한다는 점에서 '법률 국민투표' 또는 '국제조약 국민투표'라고 한다. 안건이 자동으로 국민투표에 회부되는 것이 아니라 일정 기간(공포 후 100일) 이내에, 일정 수 이상(유권자 5만 명 또는 8개 칸톤)의 '요구'가 있는 경우에 한해 국민투표가 진행된다는 점에서 '선택적' 또는 '임의적'인 국민투표이다.

선택적 국민투표는 연방의회에서 통과된 법률안, 국제조약 등을 대상으로 한다는 점에서 연방헌법 개정을 주된 대상으로 하는 의무적 국민투표와 구분된다. 선택적 국민투표는 아래로부터 즉 국민이 국민투표를 요구하고, 연방의회의 입법과정에 개입하는 통제수단이라는 특징이 있다. 선택적 국민투표의 대상은 연방헌법 제141조에서 규정하고, 의결요건은 연방헌법 제142조에서 규정한다.

[표 11] 선택적 국민투표의 분류

분류	도입연도	요 건	대 상	의결요건	헌법조문
법률 국민투표	1874	공포후 100일 이내, 50,000명의 서명 또는 8개 칸톤 요구	연방법률 또는 헌법·법률에 따른 연방결의	국민 과반수	141①a 141①c
국제조약 국민투표	1921, 1977, 2003	공포후 100일 이내, 50,000명의 서명 또는 8개 칸톤 요구	무기한의 국제조약, 국제기구 가입조약, 시행에 연방법률 제정이 필요한 국제조약	국민 과반수	141①d
긴급연방법률에 대한 국민투표 (취소적 국민투표)	1949	공포후 100일 이내, 50,000명의 서명 또는 8개 칸톤 요구	헌법합치적 긴급연방법률 (헌법상 근거를 가지면서 유효기간이 1년을 초과하는 긴급연방법률)	국민 과반수	141①b 165②

2. 도입 연혁

가. 1860~1874년

1860년대 칸톤에서 일어난 민주화운동은 몇몇 칸톤에서 칸톤법률에 대한 의무적 주민투표를 도입하는 배경이 됐다. 1860년대 집권세력인 자유주의파에 대항해 직접민주주의를 확대하자는 민주화운동은 전통적인 칸톤 총회보다는 지롱드파, 자코뱅파[1] 등 프랑스 혁명의 영향을 많이 받았다. 1860년대 칸톤의 민주화운동 확산, 개신교(프로테스탄트)의 직접적인 정치참여, 공직에 대한 통제 등을 배경으로 1863년 바젤란트 칸톤에서 '모든 칸톤법률'을 대상으로 의무적 칸톤법률 주민투표가 도입됐다. 1869년 취리히, 투르가우, 베른, 졸로투른 칸톤에서, 1870년 아르가우 칸톤에서 '중요한 칸톤법률'을 대상으로 의무적 칸톤법률 주민투표가 도입됐으며, 1874년 연방 차원에서 선택적 법률 국민투표가 도입됐다.[2]

1869년 하원선거에서 전체 128석 중 자유주의파(급진파)는 56석을, 자유센터(Liberal Center)는 31석을, 민주좌파(Democratic Left)는 15석을 각각 차지해 자유주의 정파가 안정적인 다수를 확보했다. 자유주의파 정부는 연방헌법 전부개정안을 제안해 중앙집권적 요소를 강화하고, 경제문제에 더 많이 개입하며, 통일성을 꾀하고, 군대의 중앙집권화를 도모했다. 이에 대해 진보주의자, 가톨릭 보수파, 사회주의자가 연합해 더 많은 직접민주주의, 특히 연방 차원의 선택적 법률국민투표를 요구하면서 자유주의파의 패권에 도전했다.

연방내각을 독점한 자유주의파는 자신들의 중앙집권적 요소와 반대파가 요구한 선택적 법률 국민투표를 담은 연방헌법 전부 개정안을 마련했다. 그 내용에 따르면 5만 명의 유권자 또는 5개 칸톤이 연방법률이나 연방결의에 대한 국민투표를 요구할 수 있고, 국민 다수의 의결로 가결되도록 했다. 또한 법률 국민발안, 재정 국민투표, 연방각료에 대한 직접선거 등 직접민주주의적 요소를 강화하는 내용을 반영했다. 그러나 1848년의 모든 정치체제를 그대로 유지했기 때문에 '전부' 개정안이라는 용어를 붙이기에는 적절치 않았다.

연방헌법 전부 개정안에 대한 국민투표는 1872년 5월 12일 실시됐으나 국민 다수(50.5%)와 13개 칸톤(11개 칸톤, 4개 반 칸톤)의 반대로 부결됐다. 이는 중앙 집권적인 연방정부의 권한에 대항해 서쪽 지역의 개신교 세력(프랑스어권)과 중부 지역의 가톨릭 세력이 힘을 합친 결과이기도 하다. 또한 독일어권 지역이 프랑스어권 지역에 대한 지배력을 강화하는 것에 대한 반발 조치였다.

1873년 집권세력인 자유주의파는 국민의 권익향상을 위해 연방헌법 전부 개정안을 다시 제출했다. 연방헌법 전부 개정안은 종전과 같이 연방법률에 대한 선택적 국민투표제도를 포함했지만, 1872년에 논의된 법률 국민발안은 개정안 논의 과정에서 삭제돼 1874년 연방헌법 전부개정안에는 포함되지 않았다. 또한 이전에 국민적 반대를 야기한 중앙집권화 조항은 축소됐고, 영업의 자유, 신앙의 자유 등과 같은 자유권이 확대됐다.

개정안에 따르면 3만 명 이상의 유권자 또는 8개의 칸톤은 연방법률에 대해 국민투표를 요구할 수 있도록 했다. 1872년과 달리 법률에 대한 국민투표를 위한 유권자 숫자는 5만 명에서 3만 명으로 축소됐고, 칸톤은 5개에서 8개로 증가했다. 이는 중앙집권적 통일을 도모하는 대신 연방법률에 대한 국민투표를 수용해 보수주의 소수파를 포용한 전략으로 볼 수 있다.[3]

1874년 4월 19일 실시된 연방헌법 전부개정안에 대한 국민투표는 63.2%의 찬성과 13.5개 칸톤(12개 칸톤, 3개의 반칸톤)의 찬성으로 가결됐고, 1874년 5월 29일부터 시행됐다. 연방헌법 전부개정안에 개신교 세력(연방주의파)은 찬성하고, 가톨릭 세력(연방주의 반대파)은 반대했다. 개신교가 지배적인 샤프하우젠 칸톤에서는 96.8%가 찬성했지만, 가톨릭이 지배적인 우리 칸톤에서는 92.1%가 반대했다. 보수적 가톨릭 칸톤과 진보적 개신교 칸톤 간에 양극화 현상이 나타난 것이다.

1874년 개정헌법을 통해 연방법률에 대한 선택적 국민투표가 도입됐고, 경제적 자유, 무상초등교육, 결혼할 권리, 거주이전의 자유 확대, 양심의 자유, 신앙의 자유 등이 인정됐다.[4] 이에 따라 3만 명의 유권자 또는 8개 칸톤은 연방법률, 보편적으로 적용되고 긴급성을 띠지 않는 연방결의[5]에 대해 연방의회가 의결한 후 90일 이내에 국민투표를 요구할 수 있게 됐다(1874년 연방헌법 제89조). 또한 연방대법원이 최고의 사법기관으로 설치됐고, 연방 군대가 창설됐다.[6]

자유주의파는 스위스를 단일 경제체제로 통일시키기 위한 연방헌법의 전부개정을 이루는 데 성공했다. 소수파인 가톨릭 보수세력은 연방법률 의결 이후 90일 이내에 3만 명의 서명(당시 인구 270만 명 중 1.1%) 또는 8개 칸톤의 투표요구로 연방법률에 대한 국민투표를 요구할 수 있게 됐다. 이는 소수 세력에 대한 양보로써 민주화운동의 결실이고, 자유주의파의 독주를 제어하며, 칸톤이 연방에 머물게 하기 위한 조치로 여겨졌다.

1874년 선택적 국민투표가 도입된 이후 소수파(가톨릭 보수파)는 다수파(자유주의파)를 견제하기 위해 선택적 국민투표를 적극 활용했다. 1874년부터 1884년까지 10년 동안 선택적 국민투표를 통해 집권세력(자유주의파)이 추진하는 연방법률 14개 중 79%인 11개를 부결시켰다. 연방법률에 대한 선택적 국민투표는 연방의회뿐 아니라 연방내각을 독점한 자유주의파 정부에 대한 효과적 견제장치였다. 결국 1891년 가톨릭 보수파 출신 1명이 연방내각에 진출했고, 1870~1880년대 집권세력을 괴롭히던 '국민투표 폭풍'은 멈추었다.

나. 1921~1949년: 국제조약, 긴급입법에 대한 선택적 국민투표 도입

조약에 대한 선택적 국민투표 도입은 오랫동안 확고히 정립된 영세중립국 전통과 관계가 있다. 연방내각은 1920년 국제연맹(League of Nations)에 가입하기로 결정했으나, 영세중립국 지위가 위태롭게 된다는 많은 반대에 직면했다. 영세중립국 정책은 연방헌법보다 변경되기 어려워야 한다는 의견이 지배적이었고, 특히 영세중립국 지위가 연방헌법과 동등한 위치에 있다면 연방국가의 지위에 변경을 초래하는 국제연맹 가입은 국민 과반수가 아닌 국민과 칸톤의 이중 과반수를 요구한다는 것이었다.[7] 또한 영세중립국 정책과 같은 외교정책을 변경하는 국제조약에 대해 국민이 관여해야 한다는 생각을 가지게 됐다.

연방정부는 1918년의 국가적 총파업[8]을 해결하는 데 도움을 준 가톨릭계를 지원하고 싶었다. 이는 외교정책에서 칸톤을 완전히 배제했던 1848년 연방헌법의 중요한 측면과 배치된 측면이 있다. 국제연맹 가입에 관한 의무적 국민투표(1920.5.16)는 연방의회의 반대에도 불구하고 국민의 56.3% 찬성과 11.5개 칸톤의 찬성으로 근소하게 가결됐다.

이처럼 국제연맹 가입과 관련된 연방정부 조치의 모호함을 겪은 후 1921년 1월 30일 국민투표를 통해 선택적 국민투표의 대상으로 국제조약을 포함하였다.[9] 이러한 연방헌법 개정으로 15년 이상 지속하거나 영구적인 국제조약은 선택적 국민투표의 대상이 됐다(1921년 연방헌법 제89조 제4항).

1930년대의 경제 위기 상황에서 긴급연방명령 등 긴급입법이 많아졌음에도 불구하고 긴급입법이 국민투표의 대상에서 제외됐다. 1949년 9월 11일 실시된 국민투표에서 연방헌법에 근거를 두고, 유효기간이 1년을 초과하는 긴급연방법률(헌법합치적 긴급연방법률)을 국민 50.7%의 찬성과 12.5개 칸톤의 찬성으로 선택적 국민투표의 대상으로 포함했다.

다. 1977년: 국제조약 범위 확대

스위스와 유럽경제공동체(EEC) 간 자유무역협정은 의무적 국민투표의 대상으로 보아 1972년 12월 3일 국민투표에 부쳐졌다. 국민투표결과 72.5%의 찬성과 22개 칸톤의 찬성으로 가결됐다(투표율 52.9%). 연방 차원에서 어떠한 국제조약이 선택적 또는 의무적 국민투표의 대상이 되는지 애매한 점이 있었다.[10] 또한 외국인 노동자 급증에 따라 1975년 극우파 정당인 국민행동은 선택적 국민투표가 적용되는 국제조약의 범위를 과거와 미래의 국제조약까지 포함하자는 국민발안을 제출했다.

연방의회는 국민발안에 대응해 '영구적인 조약, 국제기구 가입에 관한 조약' 등이 선택적 국민투표의 대상으로 하는 대안을 제출했다. 1977년 3월 13일 국민투표에서 국민행동이 제안한 국민발안은 부결되고(국민 찬성 23.3%, 모든 칸톤 반대), 연방의회의 대안은 가결됐다(국민 찬성 66.1%, 20.5개 칸톤 찬성). 국민투표 결과 관세 및 무역에 관한 일반협정(GATT)과 같은 국제무역협정, 다국적 표준화 조약, 장기간의 국제협약 등은 선택적 국민투표의 대상이 됐다.

한편 1971년 연방 차원에서 여성에게 참정권을 부여한 이후 유권자 수가 늘어났고, 이익집단의 증가와 매스컴의 확산 등으로 유권자 서명을 받기가 종전보다 쉬워졌다. 이러한 이유를 들어 선택적 국민투표를 제기할 수 있는 유권자 요건을 3만 명에서 5만 명으로 상향한 연방헌법 개정안이 1977년 9월 25일 국민투표에 회부됐다. 유권자의 51.6%가 참여한 가운데 국민의 57.9%와 18개 칸톤이 찬성해 연방헌법 개정안은 가결됐고, 유권자 서명 인원은 5만 명으로 확대됐다.

라. 1999년(서명인원 확대 무산), 2003년(국제조약 개념, 서명수집 기한)

연방내각은 1996년 연방헌법 개정안(초안)에서 인구비율 대비 낮은 서명자 수, 국민의 권리확대를 이유로 선택적 국민투표를 요구하는 유권자 수를 5만 명에서 10만 명으로 확대하는 방안을 제안했다. 상원 정치제도위원회는 인구학적 요소만을 고려해서는 안 되고, 서명을 받는 일이 쉽지 않으며, 서명수집과 관련한 비용이 증가하는 점 등을 이유로 연방내각의 제안을 반대했다. 결국 연방의회는 서명 인원을 확대하지 않고 현행대로 유지하기로 했다.

2003년 8월 1일 연방헌법 규정이 일부 개정돼 선택적 국민투표에 회부되는 국제조약의 개념이 보다 명확해졌다.[11] 선택적 국민투표에 회부되는 조약 중 '다국가 간의 법적 통일을 초래하는 조약'을 '중요한 법률 규정을 포함하거나 그 시행에 연방법률의 제정이 필요한 조약'으로 수정했다(연방헌법 제141조 제1항 d.호 3목). 이와 관련해 연방내각은 1996년 연방헌법 전부 개정안 초안에서

'개인의 권리 의무를 규정하고 그 시행에 연방법률의 제정이 필요한 조약'으로 개정할 것을 제안했다. 이에 대해 상원 정치제도위원회는 현행규정처럼 '중요한 법률 규정을 포함하거나 그 시행에 연방법률의 제정이 필요한 조약'으로 수정했다.

연방의회는 국제법 증가에 따라 국내법 정비를 요구하는 조약이 많아지기에 관련 법률 제 · 개정 심의가 늦다는 점을 근거로 내세웠다. 연방내각은 행정기관의 조직이나 업무를 규정하는 조약도 국민투표에 회부될 수 있으므로 연방내각 안 채택을 주장했지만, 최종적으로 연방의회의 주장이 채택됐다. 또한 연방의회의 요구가 있는 경우 '그 밖의 국제조약'을 선택적 국민투표에 회부할 수 있는 연방헌법 제141조 제2항을 삭제했다. 이에 따라 하원과 상원의 결정으로 요구할 수 있는 '그 밖의 국제조약'은 더 이상 국민투표의 적용 대상이 아니다.[12]

한편 종전과 달리 선택적 국민투표를 제기하기 위해서는 '공고된 날부터 100일 이내에'라는 기한이 추가됐다. 연방내각은 2000년 '신연방헌법'[13] 전부 개정안을 준비하면서 국민투표에 대한 서명수집 기간의 조정이 필요하다고 보았다. 다만, 연방내각은 선택적 국민투표를 제기하기 위해 유권자 5만 명의 서명을 받는 기한을 90일에서 100일로 변경하고, 그 기한을 '연방헌법'에 규정하는 것은 입법기술적으로 바람직하지 않다고 했다.[14] 연방의회는 연방내각의 반대의견에도 불구하고 우편투표 확대로 서명수집이 어렵고, 연방내각의 의견이 규율방식에 대한 관점의 차이에 불과하다고 보아 100일의 서명수집 기한을 연방헌법에 규정했다.

[표 12] 종전 헌법 규정과 2003년 개정헌법 규정 비교

종전 헌법 규정	2003년 8월 1일 개정 헌법규정
제141조(선택적 국민투표)	제141조(선택적 국민투표)
① 다음 사항은 5만 명의 유권자 또는 8개 칸톤의 요구에 의하여 국민투표에 회부한다.	① 다음 사항은 5만 명의 유권자 또는 8개 칸톤의 요구에 의하여 초안이 공고된 날부터 100일 이내에 국민투표에 회부한다.
a. 연방법률	a.~c. (종전과 동일)
b. 1년을 초과하여 효력을 가지는 긴급으로 선언된 연방법률	
c. 선택적 국민투표에 회부하는 것이 헌법 또는 법률로 정하고 있는 연방결의	
d. 다음 내용을 가진 국제조약	d. 다음 내용을 가진 국제조약
1. 기한이 붙어있지 아니하고 종료 통고권이 유보되어 있지 아니한 것	1. (종전과 동일)
2. 국제기구에의 가입을 정하고 있는 것	2. (종전과 동일)
3. 다국간의 법적 통일을 초래하는 것	3. 중요한 법률 규정을 포함하거나 그 시행에 연방법률의 변경이 필요한 경우
② 연방의회는 그 밖의 국제조약에 관하여도 이를 선택적 국민투표에 회부할 수 있다.	② 〈삭제〉

자료: 박영도(2004: 76-77).

제2절 적용 대상 및 의결요건

1. 적용 대상

선택적 국민투표에 회부되는 안건은 연방의회의 의사 결정이 완료된 사안, 즉 연방의회를 통과한 연방법률, 긴급연방법률, 일반구속적 연방결의, 국제조약이고 (연방헌법 제141조 제1항), 연방내각의 재정계획, 예산안 또는 행정규칙은 국민투표의 대상이 아니다. 따라서 연방법률에 대한 국민투표를 '선택적 법률 국민투표'라고도 한다. 연방법률의 개정 또는 폐지 등은 선택적 국민투표를 통해 요구할 수 있고, 연방법률의 제정을 원할 경우 연방헌법의 개정 형식을 빌려 국민발안을 활용한다.

유효기간이 1년을 초과하는 긴급연방법률은 선택적 국민투표의 대상이다. 긴급연방법률은 긴급사태가 발생한 경우 '재적의원 과반수' 의결을 거쳐 긴급성이

선언되고 즉시 효력을 발생하되(연방헌법 제159조 제3항), 유효기간이 있는 긴급연방법률이다(헌법합치적 긴급연방법률). 선택적 국민투표의 대상이 되는 헌법합치적 긴급연방법률은 유효기간이 1년을 초과하고, 이미 효력을 발생하고 있다는 점에서 의무적 국민투표의 대상이 되는 헌법개정적 긴급연방법률과 차이가 없다(연방헌법 제165조 제1항).

다만, 선택적 국민투표의 대상이 되는 긴급연방법률은 연방헌법에 근거를 두고 있으며, 국민투표의 요구가 있어야 한다(연방헌법 제165조 제2항). 즉 연방헌법에 근거를 가지고, 유효기간이 1년을 초과하는 긴급연방법률(헌법합치적 긴급연방법률)에 대해 5만 명의 국민 또는 8개 칸톤이 국민투표를 요구하는 경우 국민투표가 실시된다(연방헌법 제141조 제1항 제b목).

긴급연방법률에 대해 국민투표 요구가 있는 경우 연방의회에서 의결된 날부터 1년 이내에 국민투표를 실시하지만, 유효기간이 1년을 초과하지 않는 긴급연방법률은 국민투표를 실시하지 않는다.[15] 국민투표가 요구된 긴급연방법률이 연방의회에서 의결된 날부터 1년 이내에 국민투표에서 승인되지 않으면 연방의회의 의결일로부터 1년이 경과하면 그 효력을 상실한다(연방헌법 제165조 제2항).

연방결의란 국민의 권리 · 의무를 규율하는 법규의 성질이 없는 연방의회의 결정방식이다. 연방결의가 연방헌법이나 연방법률에 근거를 두는 경우 선택적 국민투표의 대상이 된다(연방헌법 제141조 제1항 제c호). 예컨대 연방헌법에 따라 국민투표를 제기할 수 있는 연방결의로는 칸톤의 관할 구역 변경에 관한 연방결의를 들 수 있다(연방헌법 제53조 제3항).[16] 연방법률에 따라 국민투표에 부칠 수 있는 연방결의로는 원자력 에너지법[17] 규정을 들 수 있다.

연방결의는 일반구속적 연방결의와 단순 연방결의로 구분된다(의회법 제29조 제2항). 일반구속적 연방결의는 일반적 · 추상적 성격을 가지는 규범으로 국민투표의 대상이 되고,[18] 단순 연방결의[19]는 개별적 · 구체적 국가 행위로서 국민투표의 대상이 되지 않는다. 통계에 따르면 일반구속적 연방결의가 19%, 단순 연방결의가 81%를 차지한다(1995~2007년).

국제조약 중 ① 종료 기간이 정해지지 않는 무기한이고 폐기할 수 없는 국제조약, ② 국제기구 가입과 관련된 국제조약, ③ 중요한 법률 규정을 포함하는 국제조약 또는 이를 실시하기 위해 연방법률을 제정할 필요가 있는 국제조약은 선택적 국민투표의 대상이 된다. 국제조약에 대한 국민투표를 '국제조약 국민투표'라고도 한다. 양원이 국제조약을 비준 동의하면 양원은 연방결의 형식으로 의결한다. 연방의회가 비준 동의한 국제조약이 국민투표에 회부되는 경우 일반구속적 연방결의 형식으로, 국민투표에 회부되지 않는 국제조약은 단순 연방결의 형식으로 의결된다(의회법 제24조 제3항).

국제조약이 선택적 국민투표의 대상이 되는 경우 연방의회는 국제조약의 시행과 관련한 연방법률의 개정을 포함할 수 있다(연방헌법 제141조의 a 제2항). 이 규정을 통해 국제조약과 국제조약의 시행과 관련된 연방법률을 하나의 국민투표에 포함함으로써 국제조약의 신속한 집행성을 확보할 수 있다.

상원(정치제도위원회)은 국제조약과 그 시행 법령을 동시에 국민투표에 회부할 경우 국민의 상세한 의견표명이 불가능하다는 의견을 밝혔다. 반면 연방내각은 EU와의 쌍무협정 등에 비추어 볼 때 국제조약과 그 시행 법령을 국민투표에 동시에 회부할 필요가 있다고 주장했다. 이 경우 절차의 투명성이 확보되고, 국제조약의 신속한 처리가 가능하다고 했다. 연방의회는 국제조약과 그 시행 법령의 일괄투표와 관련해 연방내각의 의견을 채택했다.[20]

2. 의결요건

선택적 국민투표에 회부된 안건은 유권자의 과반수 찬성을 얻으면 가결된다(연방헌법 제142조 제1항). 최소 투표율에 관한 규정이 없기 때문에 아무리 투표율이 낮더라도 투표에 참여한 유권자의 과반수 찬성으로 의결된다. 선택적 국민투표는 26개 칸톤의 의견을 묻지 않기에 이중다수결 원칙이 적용되지 않고, 단순히 국민 전체의 의사만 확인한다.

선택적 국민투표가 제기된 안건이 부결된 경우 해당 안건의 법률적 효력은 상실된다. 이처럼 연방법률, 국제조약 등은 연방의회에서 의결됐다고 곧바로 효력을 발생하지 않고, 100일간의 숙려기간(국민투표 요구 기간)을 거치면서 국민의 최종적인 결정과 판단을 거칠 뿐이다. 연방의회가 의결한 법률 등은 100일의 국민투표 요구 기간이 경과할 때까지는 그 효력 발생이 정지된다(정지조건).[21]

한편, 연방의회의 합의 여부가 선택적 국민투표의 가결 가능성에 영향을 미치지 않는다. 1947~1995년에 연방의회가 의결한 법률안에 대한 연구결과에 따르면, 하원의원 60%의 지지를 받는 법률안의 국민투표 찬성률은 50%이지만, 하원에서 만장일치로 통과된 법률안의 국민투표 찬성률은 60%를 넘어선다. 이를 통해 선택적 국민투표에 회부된 법률안은 연방의회의 합의 여부와 상관없이 국민투표에서 부결되거나 가결될 확률이 대동소이하다.[22]

제3절 실시요건 및 절차

1. 실시요건: 100일 내 유권자 5만 명 또는 8개 칸톤의 국민투표 요구

선택적 국민투표를 제기하기 위해서는 연방법령 등이 연방공보[23]에 공고된 날부터 100일 이내에 5만 명의 유권자 또는 8개 칸톤의 요구가 필요하다(연방헌법 제141조 제1항). 일정 수 이상의 유권자 또는 칸톤의 국민투표 '요구'가 전제된다는 점에서 '선택적' 또는 '임의적' 국민투표라 할 수 있다.

1874년 연방헌법에 선택적 국민투표에 관한 서명 요건이 처음 규정된 이후 현재에 이르고 있다. 1874년 도입 당시에는 서명 인원이 3만 명의 유권자(8개 칸톤)이었으나, 1977년 3만 명에서 5만 명으로 조정됐다.[24] 영향력이 있는 이익단체는 국민투표 요구에 필요한 서명 인원(5만 명)을 쉽게 모을 수 있는데, 유권자 5만 명은 2019년 현재 유권자(546만 명)의 0.9%에 지나지 않는다.

외국의 경우 선택적 국민투표에 필요한 서명자 수는 라트비아는 유권자의 10%, 리투아니아는 30만 명(약 11.4%), 슬로바키아는 35만 명(8.2%)이다. 독일 대부분의 주는 10%이고, 헤센 주나 자를란트 주는 등록유권자의 20% 서명을 얻어야 한다.[25]

선택적 국민투표는 연방법령 등이 연방공보에 공고된 날부터 100일 이내에 국민투표 요구가 있어야 하지만(연방헌법 제141조 제1항), 국민발안은 공고된 날부터 18개월 이내에 발의할 수 있다는 점에서 국민투표 요구 기간에 차이가 있다. 1874년 도입 당시에 규정된 90일 이내 요구 기간 규정은 2003년 8월 1일부터 개정된 연방헌법에서 '공고된 날부터 100일 이내'로 개정됐다. 연방의회에서 연방법률 등을 의결한 후 100일 이내에 국민투표 요구가 없거나 유효한 국민투표 요구가 아닌 경우 연방법률 등은 효력을 발생한다.

연방의회에서 폭넓은 합의를 거친 법률안은 선택적 국민투표에 회부될 가능성이 낮다. 선택적 국민투표에 회부될 가능성은 하원의 동의율이 80%에 이르기까지 감소한다. 하원에서 폭넓은 지지를 받는 법률안이 선택적 국민투표에 회부될 확률은 30% 미만으로 하락하지만, 하원에서 이견이 있는 법률안은 선택적 국민투표에 회부될 확률이 100%이다. 반대로 상원에서 만장일치 또는 이견은 국민투표에 회부될 확률에 영향을 미치지 못한다.[26]

선택적 국민투표에 회부될 위험은 하원의 합의 수준과 관련이 있지만, 상원의 합의 수준과는 관련이 없다. 이 결과는 연방의회 특히 하원의 합의 수준은 선택적 국민투표 회부에 상당한 영향을 미치고, 하원이 상원보다 정치세력들을 잘 대표하며, 선택적 국민투표에 회부된 법률안은 군소 정당의 반대에 민감한 영향을 받는다는 점을 보여준다.

2. 서명 명부 작성

가. 유권자 요구

국민투표를 요구하기 위해서는 5만 명의 유권자가 국민투표 요구 기간 만료 전에 국민투표 요구서를 연방내각사무처[27]에 제출해야한다(정치적 권리에 관한 연방법 제59조의 a). 국민투표를 요구하는 유권자 서명 명부에는 ① 서명인 소속 칸톤 및 주소지, ② 연방의회가 의결한 법령과 의결일, ③ 서명 명부의 위조 등 금지 규정 위반에 따른 벌칙이 기재된다(정치적 권리에 관한 연방법 제60조 제1항). 선택적 국민투표 요구는 철회될 수 없기 때문에(정치적 권리에 관한 연방법 제59조의 b) 국민발안과 달리 철회에 관한 사항은 기재되지 않는다.

한 번에 2개 이상의 국민투표를 요구하는 경우 각각의 국민투표 요구는 분리돼 제출된다(정치적 권리에 관한 연방법 제60조 제2항). 서명 명부는 종이나 카드 형식 이외에도 전자적 방식(온라인 방식)으로도 가능하다. 온라인을 통해 서명 명부를 다운로드 받은 사람은 서명 명부가 적법한 형식임을 확인한 후에 온라인으로 제출할 수 있다(정치적 권리에 관한 연방법 제60조의 a).

유권자는 서명 명부에 뚜렷한 글씨로 본인의 이름을 적은 후 자필서명을 하고, 신원 확인에 필요한 생년월일과 주소를 제공한다. 유권자는 동일한 국민투표 주제에 대해 한 번만 서명할 수 있다. 유권자가 2개 이상의 서명 명부에 서명할 경우 서명 명부 전부를 무효로 하지 않고, 1개의 서명 명부에 서명한 것으로 간주된다(정치적 권리에 관한 연방법 제63조 제2항).

유권자가 글을 쓸 수 없는 경우 그가 지명한 다른 유권자가 서명 명부에 이름을 기재할 수 있다. 글을 쓸 수 없는 유권자를 대신하는 유권자는 뚜렷한 글씨로 '대신하여 서명함'을 명시하고, 본인의 이름과 서명을 기재하되(정치적 권리에 관한 연방법 시행령[28] 제18조의 a), 이와 관련된 사항은 비밀로 한다(정치적 권리에 관한 연방법 제61조).

유권자 서명 명부는 국민투표 요구 기간 만료(공고일부터 100일 이내) 전 '충분한 시간'을 두고 칸톤 행정기관에 제출된다. 칸톤 행정기관의 유권자 서명이 유효하다는 확인서(유권자 서명 확인서)에는 확인된 서명자 수와 무효 서명자 수를 글자 또는 숫자로 기재한 후 해당 공무원이 자필로 서명하고, 직인과 날짜를 기재한다(정치적 권리에 관한 연방법 제63조 제3항). 유권자의 투표권 유무 확인은 1개의 서명 명부 또는 여러 개의 서명 명부를 통해서도 가능하다(정치적 권리에 관한 연방법 제62조).

유권자 서명의 유효성을 확인하기 위한 요건이 미흡한 경우 칸톤 행정기관은 유권자 서명 확인서를 발급하지 않고, 그 이유를 서명 명부에 명확히 밝힌다(정치적 권리에 관한 연방법 제63조 제3항). 예를 들어 동일한 유권자가 중복으로 서명하거나, 수기 또는 자필서명이 아니거나, 생년월일이 틀리거나, 유권자가 선거인명부에 없거나, 유권자 이름 등을 알아볼 수 없는 경우에 유권자 서명 확인서가 발급되지 않는다(정치적 권리에 관한 연방법 시행령 제19조 제2항).

유권자 서명 명부는 칸톤별로 구분돼 연방내각사무처에 제출된다. 서명 명부 제출기한이 주말 또는 공휴일인 경우 다음 근무일까지 제출된다(정치적 권리에 관한 연방법 시행령 제20조). 연방내각사무처는 제출된 서명 명부가 법적 요건을 충족했는지 그리고 유권자 서명 확인서가 제출됐는지 등 적합성 여부를 확인한다(정치적 권리에 관한 연방법 시행령 제21조).

서명 요건이 50% 이상 충족된 경우 국민투표 요건이 성립됐다고 연방공보에 공고하지만, 서명 요건이 50% 미만인 경우 연방내각사무처는 연방공보에 단지 서명수집 기간이 만료됐다고 공고한다(정치적 권리에 관한 연방법 제66조 제1항). 연방내각사무처는 제출된 서명 명부가 ① 기재될 사항이 기재되지 않거나 ② 유권자의 서명이 확인되지 않거나 ③ 국민투표 요구 기간 이후에 제출된 경우 무효로 본다(정치적 권리에 관한 연방법 제66조 제2항).

선택적 국민투표 안건이 서명 등 형식적 · 절차적 요건을 충족한 경우 연방내각사무처는 국민투표 요구가 유효함을 연방공보에 공고한다(정치적 권리에 관한 연방법 제66조 제3항).

나. 8개 칸톤 요구

칸톤은 국민과 함께 연방헌법 개정에 참여할 수 있다. 연방의회나 연방정부가 칸톤의 권리를 침해하거나 칸톤에 불리한 입법 조치를 할 경우 칸톤은 국민투표를 요구할 수 있다. 국민투표 요구에 찬성하는 8개 칸톤은 국민투표 요구 기간 만료 전에 국민투표 요구서를 연방내각사무처에 제출할 수 있다(정치적 권리에 관한 연방법 제59조의 a). 칸톤법에 달리 규정하지 않으면 칸톤의회가 선택적 국민투표를 요구하기 위한 의사 결정을 내린다(정치적 권리에 관한 연방법 제67조).

1975년 쥐라 칸톤의 창설로 25개 칸톤에서 26개 칸톤으로 1개 칸톤이 늘었지만, 선택적 국민투표제도 도입 이후 지금까지 국민투표를 요구하는 칸톤의 숫자는 8개로 변함이 없다. 26개 칸톤의 30.7%인 8개 칸톤을 국민투표 요구권의 주체로 인정한 것은 그만큼 칸톤의 권리를 존중한다는 점을 보여준다.

칸톤정부가 연방내각사무처에 제출하는 국민투표 요구서류는 ① 연방의회가 의결한 법령과 의결일, ② 국민투표를 요구할 권리를 규정한 칸톤 법령, ③ 국민투표 요구 결정 일자와 결정 결과, ④ 칸톤을 대표해 국민투표를 요구하는 기관명칭이 기재된다(정치적 권리에 관한 연방법 제67조의 a). 연방내각사무처는 칸톤정부의 요구서를 검토하고 국민투표 요구에 필요한 형식적 · 절차적 요건을 확인한다.

연방내각사무처는 국민투표 요구 기간 만료 후에 8개 이상의 칸톤이 적법하게 국민투표를 요구했는지 확인한다. 연방내각사무처는 국민투표 요구가 ① 국민투표 요구 기간 이내에 결정되지 않았고, 연방내각사무처에도 제출되지 않은 경우 ② 무자격 기관이 국민투표를 요구한 경우 ③ 국민투표 요구 대상인 연방법령의 확인이 어려운 경우에 국민투표 요구를 무효로 선언한다(정치적 권리에 관한 연방법 제67조의 b 제2항). 연방내각사무처는 선택적 국민투표를 요구한 칸톤정부에 대해 국민투표 요구가 유효 또는 무효인지를 서면으로 통지하고, 연방공보에

도 국민투표 요구의 유 · 무효 등과 연방내각사무처의 결정을 공고한다(정치적 권리에 관한 연방법 제67조의 b 제3항).

지금까지 개별 칸톤의 요구로 5건의 국민투표가 실시됐고, 4건(1876년, 1982년, 1988년, 1992년)은 부결됐고, 2004년에 제기된 세제개편 안건은 칸톤의 요구대로 부결됐다.[29] 2004년 세제개편 당시 칸톤은 세수 항목 폐지로 조세수입이 감소할 것을 우려했고, 연방정부의 세제개편에 반대하는 칸톤정부 동맹[30]의 주도로 11개 칸톤이 선택적 국민투표를 요구했다.[31] 2004년 5월 16일 실시한 세제개편에 대한 선택적 국민투표결과(투표율 50.8%), 국민 찬성이 34.1%에 불과해 연방정부의 세제 개편안은 부결됐다.

3. 국민투표 실시

선택적 국민투표 요구가 연방헌법과 연방법률이 정한 절차와 요건에 따른 경우 연방내각은 국민투표 실시를 결정한다(정치적 권리에 관한 연방법 제59조의 c). 선택적 국민투표 요구는 국민발안과 달리 철회될 수 없다(정치적 권리에 관한 연방법 제59조의 b). 선택적 국민투표의 경우 연방내각의 입장이 이미 알려져 있기 때문에 국민투표 요구부터 완료까지 소요되는 시간은 국민발안보다 매우 빠르다. 이론적으로 선택적 국민투표는 연방의회에서 법령이 통과된 후 9개월 이내에 실시될 수 있지만, 9개월을 초과하는 경우가 일반적이다.[32]

제4절 실시 현황 및 효과

1. 실시 현황

평균적으로 연방의회를 통과된 안건의 93%는 선택적 국민투표에 회부되지 않았고, 선택적 국민투표에 회부된 안건은 7%에 불과하다. 이는 연방의회가 통과시킨 연방법률 10건 중 9건 이상이 국민투표 없이 통과된 것이고, 직접민주주의의 도전을 받지 않고 존중됐음을 의미한다. 예컨대 1874년부터 2012년까지 연방의회가 가결한 안건 2,659건 중 6.4%인 170건이 국민투표에 회부됐고, 170건 중 76건이 가결됐고(44.7%), 부결된 안건은 94건이었다(55.3%). 이처럼 매우 낮은 국민투표 회부율은 제40대 의회기(1975~1979년)를 제외하고 제2차 세계대전 이후로 큰 변동 없이 안정적으로 유지됐다.

또한 1970년대에 국민투표에 회부된 법률안의 약 2/3가 국민투표에서 부결됐으나(73건 중 45건, 62%), 그 이후 부결 비율은 하락했다(96건 중 31건, 32%). 연방 당국에 대한 지지로 해석되는 가결 비율은 1874년부터 2012년에 평균 55%의 증가세를 보였다. 최근 들어 선택적 국민투표에 회부된 법률안이 국민투표에서 높은 비율로 가결된 것이다.[33]

[표 13] 1874~2012년 선택적 국민투표

선택적 국민투표 유형	건수
선택적 국민투표에 부쳐진 의회결정의 수(선택적 국민투표 대상 안건)	2,659
요건이 충족된 선택적 국민투표의 수(선택적 국민투표가 성립된 안건)	196
선택적 국민투표가 실시된 수(선택적 국민투표에 회부된 안건)	170
연방의회의 법률안이 성공한 경우: 선택적 국민투표 부결	94
선택적 국민투표가 성공한 경우(법률거부): 선택적 국민투표 가결	76

자료: Wolf Linder/Mitarbeit von Rolf Wirz (2014: 155).

그러나 1874년 선택적 국민투표 도입 초창기에는 연방의회를 통과한 법률의 45%가 부결됐다. 논란이 많은 법률안 등이 선택적 국민투표에 회부되는 경우 국민투표를 요구한 유권자의 의사대로 부결될 가능성이 높았던 것이다. 예를 들어 1874년부터 1908년까지 연방의회는 연방법안과 연방결의 등 261건을 통과시켰고, 이 중 30건에 대해 선택적 국민투표를 실시했다(11.5%). 이 가운데 11건이 가결됐고(36.7%), 19건은 부결됐는데(63.3%), 이는 연방의회가 통과시킨 법령(261

건)의 7.3%(19건)에 대해 국민이 거부권을 행사한 것이다.[34]

1874년부터 2021년 11월까지 200건이 선택적 국민투표에 회부되어 116건이 가결됐고(58.0%), 회부된 안건의 42.0%인 84건이 부결됐다. 200건 중 153건은 연방법률에 대한 국민투표, 35건은 연방결의에 대한 국민투표, 10건은 국제조약에 대한 선택적 국민투표, 2건은 긴급연방법률에 대한 선택적 국민투표였다.[35]

2. 효과

가. 제동 효과

선택적 국민투표는 국민발안과 함께 직접민주주의의 한 축을 담당한다. 선택적 국민투표를 통해 국민이 주권자로서 입법과정에 적극적으로 참여하고, 궁극적인 영향력을 발휘할 수 있다. 선택적 국민투표는 연방정부와 연방의회가 내린 정책 판단과 법령을 국민이 다시 검증한다는 점에서 국민에 의한 거부권으로서 '제동(brake)' 효과를 가진다.[36] 연방의회가 통과시킨 법률, 조약 등을 일시적으로 정지시키거나 최종적으로 부결시킬 수 있기 때문이다.

법률안 제 · 개정 이후 국민투표 가능성이 상존하기 때문에 연방의회는 선택적 국민투표의 대상이 되지 않을 정도로 사전에 충분히 타협과 조정을 거친 법률안을 통과시킨다. 이처럼 국민투표에 회부될 수 있다는 압박으로 인해 연방의회는 이익집단, 정당, 칸톤 등 많은 이해관계자를 법률 제 · 개정 과정에 참여시킨다. 유권자가 국민투표를 통해 연방법률에 대해 거부권을 행사할 수 없을 정도로 장기간 논의를 거친 후 연방의회의 입법과정이 마무리된다. 1947년 연방헌법에 신설된 '입법협의 절차'는 이러한 사정을 배경으로 한다(연방헌법 제147조).[37] 결국 선택적 국민투표는 국민의 일반의지에 반하는 입법 활동을 할 수 없도록 한다.

또한 선택적 국민투표는 반대자들을 위한 정치적 도구가 되기 때문에 개혁이 저지되고 혁신을 저지하지만, 한편으로는 사회의 안정화를 도모한다. 정책결정자는 선택적 국민투표에 따른 부결 가능성과 연방의 주요 정책을 추진하기 위한 합리적 연정 가능성 사이를 비교 형량하고, 입법 활동의 반대를 사전에 방지하기 위해 주요 정책과정에 이해관계자를 참여시키기 때문이다.

나. 정치적 효과

국민투표에 회부된 안건이 부결될 수도 있다는 점을 고려할 때 국민투표는 특정 정책 또는 법률안을 반대하는 소수 세력이 행사할 수 있는 강력한 수단 중 하나이다. 연방의회가 통과시킨 법률안을 반대하는 개인이나 법안 협의 과정에서 소외된 단체는 선택적 국민투표를 요구할 수 있다. 정당, 이익단체, 노동조합, 경제인연합 등은 5만 명의 서명을 얻으면 선택적 국민투표를 요구할 수 있기에 그들의 이익은 연방의회의 결정 과정에 직 · 간접적으로 영향을 미친다.

1970년대에는 선택적 국민투표가 보수 우파의 정치적 무기로 사용됐고, 최근에는 자유주의자의 정치적 의사 표현으로 사용된다. 정치적 좌파는 국민투표를 주로 근로 조건 내지 노동법 개선을 위해 사용한다. 국민투표는 모든 정치세력이 활용할 수 있지만, 정치적 권력 관계 또는 역학관계 때문에 국민투표에서 정치적 좌파가 우파를 상대로 승리할 가능성은 낮다.[38] 예컨대 「노령 · 유족 · 장애인 연금법 개정안[39]」을 대상으로 2010년 3월 7일 선택적 국민투표가 실시됐으나, 27.3%의 찬성으로 부결됐다.

한편, 선택적 국민투표는 연방의회의 주요 정책 특히 연방의회가 통과시킨 중요 법률안에 대해 더 많은 정치적 관심을 두게 만든다. 예컨대 1970년대 이후 선택적 국민투표 요구가 급증했지만, 연방의회가 가결한 법률도 늘어났다. 즉, 선택적 국민투표 증가가 입법 생산성 향상에 영향을 미친 것이다.[40] 또한 선택적 국민투표는 연방내각을 구성하는 정당에 변화를 주고, 집권세력이 추진하는 주요 정책을 좌절시키는 가장 핵심적인 정치 수단이 됐다.

제5절 주요 사례

1. 국제조약 관련

스위스와 프랑스 간 관세 자유지역(통상관계) 및 국경이동에 관한 조약은 장기간 지속하기에 1923년 2월 18일 국민투표에 회부됐으나, 18.5%의 찬성을 얻어 부결됐다. 국제개발기관(International Development Agency)에 2억 프랑[41](약 2,556억 원)을 신규로 대출하려는 국제조약은 1976년 6월 13일 국민투표에서 국민의 43.6% 찬성을 얻어 부결됐다.[42]

연방정부는 국제통화기금(IMF)과 세계은행(World Bank)에 가입했으나, 유권자 요구에 따라 국제통화기금과 세계은행에 가입하는 안건이 선택적 국민투표에 회부됐다. 1992년 5월 17일 국민투표결과, 유권자의 55.8%가 찬성해 2개의 국제기구 가입에 관한 안건은 가결됐다. 또한 EU와 맺은 쌍무조약도 선택적 국민투표의 대상이 됐고, 2005년 6월 5일 실시한 국민투표에서 국민의 54.6%가 찬성했다. 스위스와 EU 국가 간 사람의 자유로운 이동에 관한 협정에 관한 국민투표도 2009년 2월 8일 실시했고, 국민의 59.6%가 찬성했다.

2. 원자력 관련 에너지법

스위스는 1969년 원자력발전소 가동을 시작으로 1984년에 가동된 5호까지 5개의 원자력발전소를 운영하고, 전력공급의 40%를 충당한다. 연방정부는 2011년 후쿠시마 원전사고 이후 점진적인 탈원전을 추구하는 '에너지 전략 2050'(Energy Strategy 2050)을 2013년 9월 4일 연방의회에 제출했다. 에너지 전략 2050은 에너지 절약, 재생에너지 생산, 원전 폐지 등에 관한 내용을 담았다. 이를 시행하기 위한 에너지법 전부 개정안이 2016년 9월 30일 연방의회에서 의결됐다. 일부 정당은 에너지법 시행 시 4인 기준으로 연간 3,200프랑(약 409만 원)의 부담이 발생한다는 이유로 반대했다.

스위스국민당을 중심으로 유권자 68,000명의 서명을 얻어 에너지법에 대한 선택적 국민투표가 제기됐다. 연방의회는 재생에너지를 통한 경제 활성화와 원전 폐지에 따른 안전확보 등을 설명했고, 연방내각은 4인 기준으로 연간 40프랑(약 5만 원)의 가계부담이 발생할 뿐이라고 밝혔다.[43] 2017년 5월 21일 국민투표가 실시돼 찬성 58.2%, 반대 41.8%로 에너지법이 가결됐고, 2018년 1월부터 시행됐다.[44] 동법 제76조에 따라 종전 원자력법이 폐지되면서 기존의 원자력 발전은 가동 예정연도까지만 활용한 후 단계적으로 폐기되고, 이후 새로운 원자력발전소 건설도 금지됐다.[45]

3. 두 차례 이상 제기된 안건

선택적 국민투표의 대상이 된 연방법률이나 국제조약이 부결된 경우 부결된 안건의 재상정을 금지하는 규정이 없기 때문에 상황 변경 등을 이유로 다시금 국민투표가 실시될 수 있다. 1891년 12월 6일 철도 국유화를 제안한 법률을 대상으로 선택적 국민투표가 실시됐는데, 국민의 31.1%만 지지해 부결됐다. 당시 연방 우편 및 철도부 장관은 부결에 따른 책임을 지고 사임했다. 그 이후 다시 제출된 철도 국유화 법률에 대해 1898년 2월 20일 선택적 국민투표가 실시됐고, 국민의 67.9% 지지로 철도 국유화가 시작됐다.

중동의 오일쇼크와 관련된 유럽의 서머타임제[46]는 1973년 도입됐고, 에너지 절약을 위해 매년 3월 마지막 일요일에 1시간을 앞당기고, 10월 마지막 일요일에 1시간을 뒤로 늦춘다. 스위스에서는 1978년 5월 28일 서머타임제를 도입하는 법안에 대한 선택적 국민투표가 실시됐다. 국민의 47.9%가 찬성해 근소한 차이로 부결됐다. 이는 농업에 종사하는 청년들이 국민투표 반대를 주도한 결과였다.

프랑스, 이탈리아에 이어 독일이 1979년 서머타임제를 도입함에 따라 이들 국가와 국경을 접한 스위스에서도 서머타임제를 실시하지 않을 수 없게 됐다. 연방정부는 1980년 서머타임제 관련 법안을 다시 제출했고, 이는 연방의회에서 통과됐다. 이 법률에 대한 국민투표 요구가 제기되지 않음에 따라 서머타임제가 실시됐다.[47] 한편 2016년에 서머타임제를 폐지하자는 국민발안이 10만 명의 서명을 얻어 제기됐다. 연방정부는 서머타임제를 폐지할 경우 EU와의 교역에 추가 비용이 발생한다는 이유로 국민투표 일자를 지정하지 않았다.[48]

1990년대 이후 실시된 선택적 국민투표 안건 중 연방의원 수당 인상(1992년), 스위스 평화유지군 파견(1994년), 외국인 부동산 취득 제한폐지(1995년), 실업보험 급여 축소(1997년), 전기시장법(2002년) 등이 부결됐다.

[표 14] 1990년대 이후 실시한 선택적 국민투표 주요 사례

연도	월일	안건	찬성률(%)	비고
1992	5. 17.	브레턴우즈 체제(IMF, World Bank) 가입	55.8	
	9. 27.	제2 스위스 알프스 횡단철도	63.6	
	9. 27.	연방의원 수당인상	27.6	부결
1994	6. 12.	평화유지 작전에 스위스 평화유지군 파견	42.8	부결
	12. 4.	건강보험법	51.8	
	12. 4.	외국인 관련 법적 조치	72.9	
1995	6. 25.	외국인의 부동산 취득 제한폐지	46.4	부결
1997	9. 28.	실업보험 급여감축	49.2	부결
1998	9. 27.	엔진 크기에 따른 수송 차량 과세	57.2	
2000	5. 21.	스위스-유럽공동체 상호협정	67.2	
2002	6. 2.	낙태규제(12주)	72.2	
	9. 22.	전기시장법(전력 자유화)	47.4	부결
2004	9. 26.	임산부 보호(14주 급여지급)	55.5	
2005	9. 25.	새로운 유럽공동체국가로 인적 자유 확대	56.0	
2006	11. 26.	가족수당의 조화	68.0	

자료: 이기우(2014: 95) 등을 참조하여 수정.

제 4 장

국민발안

제1절 개요

1. 개념

국민발안이란 의회나 정부가 입법 조치를 소홀히 할 때 국민이 헌법 또는 법률 개정을 직접 요구함으로써 안건에 대한 사전적 입안권과 최종적 결정권을 국민에게 부여하는 직접민주주의 제도이다. 연방헌법 개정을 위한 국민발안을 제기하기 위해서는 국민발안이 공고된 날로부터 18개월 내에 유권자 10만 명의 서명을 받아야 한다. 선택적 국민투표와 의무적 국민투표는 연방의회나 연방정부의 결정을 전제로 하는 사후적 결정이라는 점에서 이를 전제로 하지 않는 국민발안과 구분된다.

연방헌법의 전부 개정을 위한 국민발안은 연방헌법 제138조에서, 연방헌법의 일부 개정을 위한 국민발안은 연방헌법 제139조에서 규정한다. 국민발안과 관련한 연방의회의 심사절차는 의회법 제103조와 제104조에서 규정하고, 정치적 권리에 관한 연방법 제76조 등에서도 규정한다. 이처럼 스위스에서는 국민발안제도를 시행하기 위해 별도의 특별법을 두지 않는다.

[표 15] 국민발안의 분류

<table>
<tr><th>분류</th><th>도입연도</th><th>요건</th><th colspan="2">대상</th><th>의결요건</th><th>헌법조문</th></tr>
<tr><td rowspan="2">연방헌법
전부 개정
국민발안</td><td rowspan="2">1848년</td><td rowspan="2">국민발안
공고후
18개월 이내,
100,000명의
서명</td><td rowspan="2">연방헌법</td><td>연방헌법 전부개정
여부 (제안서 형식,
연방의회 의견 불일치)</td><td>국민 과반수
(예비적
국민투표)</td><td>138①,②
140②a,c</td></tr>
<tr><td>법조문 형식의 연방헌
법 전부 개정안
(연방의회 작성)</td><td>국민 과반수 및
칸톤 과반수</td><td>138
140①a
193②</td></tr>
<tr><td rowspan="3">연방헌법
일부 개정
국민발안</td><td rowspan="3">1891년</td><td rowspan="3">국민발안
공고후
18개월 이내,
100,000명의
서명</td><td rowspan="3">연방헌법</td><td>제안서 형식의 연방헌
법 일부 개정
(연방의회 반대)</td><td>국민 과반수
(예비적
국민투표)</td><td>139①,②,④
140②b</td></tr>
<tr><td>제안서 형식의 연방헌
법 일부 개정(연방의회
찬성, 법조문 형식
연방헌법 개정안 작성)</td><td>국민 과반수 및
칸톤과반수</td><td>139②,④
194</td></tr>
<tr><td>법조문 형식의 연방헌
법 일부 개정안</td><td>국민 과반수 및
칸톤과반수</td><td>139②,④,⑤
140①a</td></tr>
</table>

2. 도입 연혁

가. 1848~1891년

칸톤 주민이 칸톤헌법의 전부 개정을 요구하는 주민발안권은 1830년 이후 아르가우, 투르가우, 샤프하우젠, 루체른 등 여러 칸톤에 수용됐고, 1845년 보 칸톤에서 칸톤법률에 대한 주민발안 제도를 도입했다. 1848년 연방헌법에 따라 연방헌법의 전부 개정에 관한 국민발안이 도입돼 5만 명 이상의 유권자가 제기하면 연방헌법의 전부 개정을 제안할 수 있게 됐다.

또한 칸톤헌법 전부 개정을 위한 주민발안과 칸톤법률 개정을 위한 선택적 주민투표 제도를 도입하지 않은 칸톤은 두 제도(주민발안, 선택적 주민투표)를 수용해야 했다. 이처럼 1848년에 연방 차원에서 연방헌법 전부 개정을 위한 국민발안 제도가 도입돼 국민의 불만이 폭력적 방식이 아닌 합법적인 수단을 통해 제기됐고, 모든 칸톤에 칸톤헌법 전부 개정을 위한 주민발안이 도입되면서 국민(주민)발안제도가 핵심적인 정치 수단으로 수용됐다.

1848년 연방헌법에는 연방헌법 전부 개정이 아닌 일부 개정을 위한 국민발안 제도가 명시적으로 규정되지 않았다. 연방헌법의 전부 개정을 요구할 권리에 일부 개정을 요구할 수 있는지에 대해 1848년 연방의회는 긍정적으로 보았다. 1848년 연방의회는 전부 개정을 요구할 권리에는 일부분을 개정할 권리가 있다는 것이 논리적 · 법적으로 확실하다고 밝혔다.[1] 그러나 자유주의파 정부는 국민투표에서 매번 패배하고 국민발안을 허용할 경우 '합법적인 혁명'이 일어날 것이라는 우려를 했기 때문에 또 다른 직접민주주의의 수단을 인정하는 것에 대해 소극적이었다.

1879년에 5만 명의 유권자가 연방헌법의 일부 개정을 요구하는 청원서를 제출했다. 연방하원은 연방헌법의 일부를 개정하는 사항에 대해 국민과의 협의가 필요하다고 요청하면서 청원서를 심의하지 않았다. 1848년 연방헌법에는 연방헌법의 '전부 개정'을 위한 국민발안을 허용했고, 일부 개정을 위한 국민발안 절차는 없었기 때문에 1880년 은행권의 독점과 관련한 국민발안이 연방헌법의 전부 개정 형식으로 제출됐다.

이 국민발안은 1880년 10월 31일 실시한 국민투표에서 부결됐지만(국민 31.8% 찬성, 4.5개 칸톤 찬성), 연방헌법의 전부 개정 형식으로 제출됐기에 연방내각은 연방헌법의 일부 개정을 위한 국민발안의 필요성을 검토하기 시작했다.[2] 이에 대해 일부 정치인은 국민발안으로 인해 불안정을 초래하고 심지어 혁명적인 영향력까지 파급될지 염려했다.[3] 일부 정치인은 국민의 불만이 미리 표현된다는 긍정적 효과가 있을 것이라고 평가했다.

1884년에 조세프 젬프(Josef Zemp) 의원은 연방내각에 연방헌법 일부 개정에 관한 국민발안을 허용하는 법안제출요구안을 제출했다. 상원은 법안제출요구안에 동의하면서 국민발안은 법조문 형식이나 제안서 형식으로 제출할 것을 제안했고, 법조문 형식으로 제안하는 경우 연방 당국의 대안 제출을 허용했다. 하원은 상원의 제안을 수용했다.

1891년 연방내각이 연방헌법 일부 개정을 위한 국민발안을 도입하는 연방헌법 개정안을 연방의회에 제출했다. 1891년 7월 5일 실시한 '연방헌법 일부 개정을 위한 국민발안'에 관한 국민투표에서 국민의 60.3%가 찬성하고, 18개 칸톤이 찬성해 가결됐다. 연방헌법 일부 개정에 관한 국민발안이 1891년 도입됨에 따라 연방헌법을 개정하려는 유권자 5만 명은 국민발안을 통해 연방헌법 개정과정에 참여하게 된 것이다.

연방법률에 대한 국민발안이 인정되지 않는 상황에서 연방법률보다 상위법인 연방헌법이 국민의 요구로 개정될 수 있기 때문에 1891년 연방헌법 일부개정에 관한 국민발안을 도입한 것은 다소 이례적이었다. 당시 자유주의파(급진파)는 연방의회에서 정치적 반대파가 국민발안을 활용할 경우의 파급효과를 여전히 걱정했다. 자유주의파 정치인 누마 드로즈(Numa Droz)는 국민발안을 받아들임으로써 국민이 민주주의를 버리고 선동적 정치를 선택한다고 주장했다.

국민발안이 도입된 1891년부터 1911년까지 20년 동안 5만 명의 서명을 받아 국민발안 형식으로 제출된 연방헌법 개정안은 9건이었다. 9건 중 단지 2건만 통과됐고, 다른 1건은 대안이 제출돼 철회됐다. 구조개혁을 촉구하거나 기본권과 관련한 국민발안이 국민의 지지를 받은 것은 1건도 없었다. 이처럼 일부 반대론자들이 제기한 국민발안의 부정적 효과는 발생하지 않았다.

나. 1977년(서명 인원 확대)~1987년(이중찬성)

1891년 이후 인구가 2배 이상 증가했고, 1971년 여성에게 참정권을 허용한 이후 유권자가 늘어났다. 이러한 인구변동을 반영하기 위해 제도 도입 이후 86년만인 1977년 9월 25일 연방헌법 개정을 통해 국민발안에 필요한 서명자 수를 유권자 5만 명에서 10만 명으로 변경했고, 서명을 받는 데 필요한 기간요건(18개월)도 추가했다.[4]

한편, 1891년 이후 거의 100년 동안 국민발안과 연방의회 대안에 대해서 유권자는 국민발안과 연방의회 대안 중 1개를 찬성하거나 2개 모두 반대하는 투표만 가능했고, 2개 모두를 찬성하는 경우 그 투표는 무효로 간주했다. 또한 국민발안에 대한 국민 다수와 칸톤 다수의 결과가 다른 경우 양자가 부결된 것으로 보았으나, 이것은 국민 의사에 반할 수 있다. 따라서 연방내각은 국민 다수의 결과를 우선하는 방향으로 이를 검토했으나, 상원(정치제도위원회)은 국민 다수의 비율과 칸톤 다수의 비율 중 높은 것을 채택한다는 절충안을 제시했다.

이에 대해 연방내각은 상원의 제안이 국민 의사에 반하는 문제점을 해결한다는 점에서 상원의 절충안대로 연방헌법에 제139조의 b를 신설하는 데 찬성했다.[5] 국민발안과 연방의회 대안 모두 '이중찬성(double yes)'할 수 있는 연방헌법 개정안은 1987년 4월 5일 실시한 국민투표에서 투표율 42.3%에 국민찬성 63.3%와 21개 칸톤의 찬성으로 가결됐다.

연방의회가 대안을 제시한 경우 유권자에게 세 가지 질문을 던질 수 있다. 즉, 유권자는 ① 국민발안을 찬성하는지, ② 연방의회 대안을 찬성하는지, ③ 국민발안과 연방의회 대안 모두를 찬성하는지를 답한다. 국민발안과 연방의회 대안 모두를 찬성하는 경우 두 가지 중에서 어떤 안건을 더 선호하는지를 표시하도록 하고(연방헌법 제139조의 b 제2항), 더 높은 득표율을 얻은 안건을 채택한다(연방헌법 제139조의 b 제3항).

예를 들어 어느 1개의 안이 국민투표의 과반수를 얻고, 다른 1개의 안이 칸톤투표의 과반수를 얻어 서로 다른 결론이 나온 경우 과반수를 득표한 2개의 안 가운데 더 높은 득표율을 차지한 1개의 안을 채택한다. 각각의 질문은 절대다수로 결정되고, 대답하지 않은 질문은 통계치에 포함되지 않는다(정치적 권리에 관한 연방법 제76조 제3항). 이중찬성 제도가 도입된 이후 몇 년 간 국민발안에 대한 찬성률이 상당히 높아진 반면, 연방의회 대안을 찬성하는 비율은 낮아졌다.[6]

국민발안보다 덜 급진적이면서도 국민발안의 일부 내용을 반영한 국민발안에 관한 연방의회의 대안은 국민발안 추진세력을 분열시키고, 이를 통해 현 상태를 유지할 수 있게 한다. 즉, 연방의회의 대안으로 투표를 분산시켜 국민발안을 무산시킬 수 있었다. 본래의 국민발안에 관한 연방의회의 대안을 제시해 유권자를 양분시켜 투표 이슈의 초점을 흐릴 수 있기 때문이다.[7] 예를 들면 예술과 문화보조금 지원을 위한 국민발안은 연방의회의 대안과 함께 1986년 9월 28일 국민투표에 회부됐다. 국민발안은 국민의 16.7%가 찬성하고, 모든 칸톤이 반대해 부결됐다. 또한 연방의회의 대안도 국민의 39.3%가 찬성하고, 모든 칸톤이 반대해 이 역시 부결됐다.

제2절 적용 대상 및 의결요건

1. 적용 대상

국민이 연방 차원에서 요구할 수 있는 국민발안 대상은 최고법인 연방헌법뿐이고, 연방법률은 국민발안 대상이 아니다. 다만, 26개 칸톤에서 칸톤법률의 제 · 개정을 요구하는 주민발안이 광범위하게 실시된다. 유권자 10만 명이 제안하는 연방헌법 전부 개정 형식과 관련한 명시적 규정이 없지만, 연방헌법의 일부 개정을 위한 국민발안은 법조문 형식 또는 제안서 형식[8] 모두 가능하다(연방헌법 제139조 제2항). 학계에서는 일반적으로 연방헌법의 전부 개정을 요구하는 국민발안은 법조문 형식이 아닌 제안서 형식으로만 가능하다고 본다.[9]

1848년부터 2021년 11월까지 226건의 국민발안이 국민투표에 회부됐는데, 이 중 2건은 연방헌법 전부 개정에 관한 사항이었고, 224건은 연방헌법 일부 개정에 관한 사항이었다. 226건 중 221건이 조문화된 개정안 형식이었고, 5건만 제안서 형식의 국민발안이었다.

1880년, 1935년 두 차례에 걸쳐 국민발안을 통해 연방헌법의 전부 개정을 요구했으나 모두 부결됐다. 1880년 10월 31일 실시한 국민발안은 실질적으로는 은행권 독점 관련 사항을 일부 개정하자는 내용이었지만, 연방헌법의 전부 개정을 요구하는 형식을 갖추었다. 실질적으로 처음이자 마지막으로 연방헌법을 전부 개정하자는 국민발안에 대해 1935년 9월 8일 국민투표가 실시됐지만, 불과 27.7%의 찬성을 얻어 부결됐다.

연방 차원에서 실시하는 국민발안은 연방법률의 제 · 개정을 대상으로 하지 않기 때문에 연방헌법 개정 형식으로 연방법률의 제 · 개정을 요구하는 국민발안이 제출된다. 이처럼 연방법률 제 · 개정으로 해결될 수 있는 사항을 연방헌법 개정안으로 제출하기 때문에 연방헌법은 일반 입법사항과 혼합된 기본법이 됐다. 예컨대 연방헌법에는 음악교육(제67조의 a), 체육교육(제68조), 동물보호(제80조), 주식회사 경영진 급여 관련(제95조 제3항), 농민 직불금(제104조), 도박(제106조) 등 연방법률로 규정될 사항이 연방헌법에 규정됐다.[10] 연방법률에 대한 국민발안이 허용된다면 연방헌법 규정 중 상당수는 연방헌법이 아닌 연방법률로 규정될 것이다.

연방 차원에서 연방법률에 대한 국민발안을 도입하려는 시도가 두 차례 있었다. 1872년 5월 12일 국민투표에서는 국민의 50.5%와 13개 칸톤(11개 칸톤, 4개 반 칸톤)의 반대로 좌절됐고, 두 번째 시도인 1961년 10월 22일 국민투표에서도 국민의 70.6%와 모든 칸톤의 반대로 부결됐다.[11]

국민발안의 주제는 제한되지 않고, 정치 · 경제 · 사회적 상황에 따라 다양하게 제출되고, 국제기구 가입에 관한 사항도 가능하다. 민주주의, 국가안보, 가족 정책에 관한 안건은 자주 제기되는 주제이다. 제2차 세계대전 등 경제적으로 어려운 상황일 때는 주로 경제 · 사회정책과 이민 문제가 주요 의제로 다뤄졌다. 지난 30년 동안 환경과 교통에 관한 주제가 급증했는데, 소음 및 수질 문제, 자동차 배출가스 문제 등 환경 분야에서 국민발안은 환경규제를 강화하거나 촉진했다.[12]

2. 의결요건

① 연방헌법 전부 개정을 위한 국민발안이 제출되거나(제안서 형식), ② 연방헌법 전부 개정여부에 대해 연방의회의 의견이 불일치하거나, ③ 제안서 형식의 연방헌법 일부 개정을 위한 국민발안이 연방의회에서 부결된 경우 각각 국민투표에 회부된다(예비적 국민투표). 이처럼 국민투표에 회부된 안건은 유권자의 과반수 득표를 얻으면 가결된다.

① 연방의회가 작성한 법조문 형식의 연방헌법 전부 개정안, ② 제안서 형식으로 제출한 연방헌법 일부 개정을 위한 국민발안이 연방의회에서 가결되고, 이후 연방의회가 법조문 형식으로 작성한 연방헌법 일부 개정안, ③ 법조문 형식으로 제출한 연방헌법 일부 개정을 위한 국민발안은 각각 국민투표 및 칸톤투표에 회부된다. 이처럼 국민투표 및 칸톤투표에 회부된 안건은 유권자의 과반수 외에 추가로 과반수 칸톤의 찬성을 함께 얻어야 통과된다(연방헌법 제142조).

26개 칸톤 중 6개 반칸톤이 2분의 1표(0.5표)이므로 전체 표수는 23표이고 (20+(0.5×6)=23표), 12표의 찬성을 얻으면 가결된다. 국민 과반수 찬성 외에 과반수 칸톤의 찬성을 필요로 하는 경우 전체 인구의 20%에도 미치지 못하는 작은 칸톤 또는 반 칸톤 주민이 거부권을 행사할 수 있다는 의미를 가진다.[13]

국민발안에서 국민 다수와 칸톤 다수의 의견이 불일치한 국민발안은 2021년까지 5건이 있었고, 모두 부결됐다. 칸톤의 과반수 찬성을 얻었지만 국민 과반수 지지를 얻지 못해 부결된 국민발안 안건은 1910년(하원비례선거), 2002년(망명법 남용반대), 2016년(부부 세제 관련)이 있었다(3건). 반면 국민 다수는 찬성했지만, 칸톤 과반수가 반대해 부결된 국민발안은 1955년(가격통제 연장), 2020년(책임있는 기업)이 있었다(2건).[14]

[표 16] 국민과 칸톤의 의견이 불일치해 부결된 국민발안(1848~2021년)

일자	안건	국민찬성률(%)	찬성 칸톤 수	반대 칸톤 수	결과
1910.10.23	하원 비례선거	47.5	12	10	부결
1955.3.13	가격통제 연장	50.2	7	15	부결
2002.11.24	망명법 남용반대	49.9	12.5	10.5	부결
2016.2.28	부부의 세제·사회보장 불이익 해소	49.2	16.5	6.5	부결
2020.11.29	책임 있는 기업(환경보호)	50.7	8.5	14.5	부결

국민발안에 대한 찬성과 반대를 결정짓는 표차는 크지 않다. 지금까지 50건의 국민투표에서 찬반 표차가 전체 투표수의 0.5~1%인 3~4만 표에 불과했다.[15] 예를 들어 2012년 3월 11일 실시한 주택의 무분별한 건축 중단과 관련한 국민발안에 대해 230만 명이 투표에 참여하고, 국민의 50.6%와 13.5개 칸톤이 찬성해 불과 3만 표 차이로 해당 안건이 가결됐다(투표율 45.2%). 또한 2014년 2월 9일 이민 제한과 관련된 국민발안에 대해 290만 명이 참여해 유권자의 50.3%와 12.5개 칸톤의 찬성으로 가결됐는데(투표율 56.6%), 찬성표와 반대표의 차이는 19,526표에 불과했다.

국민과 야당이 제기하는 국민발안의 성공은 각계로부터 광범위한 지지를 얻는데 달려있다. 1950년대 이후 4개 정당이 연방내각을 구성하는 마법의 공식(Magic Formula)[16]에 따라 국민발안이 통과되기는 더욱 어려워졌다. 하나 또는 둘 이상 주요 정당의 지지를 얻는 국민발안이 상대적으로 적어지는 등 국민발안은 국민투표 단계에서 지지를 얻기가 쉽지 않다. 국민발안 성공률이 낮은 또 다른 이유는 연방내각이나 연방의회가 법률의 제 · 개정에 즈음해 입법협의 절차를 진행하기 때문이다. 점점 더 입법협의 절차는 정책수립을 위한 동의를 구하는 과정의 일부로 여겨진다.[17]

1947~1995년에 실시한 국민투표를 기초로 한 분석에 따르면 국민발안에 대한 연방의회의 합의와 국민투표결과 간에 상당한 연관성이 있는 것으로 나타났다. 국민발안과 관련된 안건이 하원의 과반수 지지를 받는 경우 국민투표 성공 가능성은 50%에 달한다. 특히 제48대 의회(2007~2011년)에 연방내각 참여 정당들이 만장일치를 밝힌 안건은 큰 폭으로 감소했고, 이는 합의율 하락으로 이어졌다.[18]

국민발안이 철회되거나 부결되는 경우에도 입법과정에서 국민발안은 일종의 협상 카드로 영향을 미칠 수 있고, 기존 법질서를 변경하는 데 직 · 간접적인 영향을 미친다. 국민발안의 내용이 의원발의안에 포함될 수 있기 때문이다. 연구결과에 따르면 국민발안의 29%가 철회됐지만, 약 50%의 국민발안이 연방의회를 통해 입법에 영향을 미치는 것으로 나타났다.[19]

제3절 실시요건 및 절차

1. 실시요건

가. 서명 요건: 18개월 내 10만 명 서명

국민발안을 제기하기 위해서는 18세 이상 유권자 10만 명의 서명을 국민발안 공고 후 18개월 내에 받아야 한다(연방헌법 제138조 제1항). 국민발안에 필요한 서명을 받지 못하면 연방헌법 개정에 관한 국민발안을 제기할 수 없게 된다. 따라서 유권자 서명 인원과 서명 기간은 연방헌법 개정을 위한 '진입장벽'과도 같다.

일반적으로 3건 중 1건의 비율로 서명을 받는 데 실패한다.[20] 연구에 따르면 1891~2010년에 378건의 국민발안이 제안됐는데 그 중 1/5이 서명을 얻는 데 실패했다.[21] 예를 들어 2000년 신헌법이 시행된 이후 2002년 '봄 제안(Spring Initiative)'이라는 연방헌법 전부 개정에 관한 국민발안이 제기됐다. 그러나 필요한 서명 인원을 확보하지 못해 연방공보에 공고된 지 1년 후에 해당 국민발안은 무효로 선언됐다.[22]

국민발안을 위한 서명은 서명자의 자필서명이 필요하지만, 서명을 받는 일은 쉽지 않고 상당한 인력, 비용, 시간이 필요하다. 서명을 받는 데 최소 1만 여명의 자원봉사자, 기업계, 노동계 등 이익단체의 주요 인사가 참여한다. 주요 정당이나 단체로부터 지지를 확보하는 것은 재정적, 인적 자원을 동원하는 데 아주 중요하다. 국민발안을 추진하기 위해 몇몇 정당과 이익단체의 연대가 형성되기도 한다. 자원봉사자로 구성된 팀은 칸톤, 코뮌에서 가정방문, 우편발송, 토론, 집회, 정당, 노동조합, 대학, 거리, 투표소 등 다양한 방법을 통해 서명을 확보한다. 서명 작업은 자원봉사자 위주로 진행되고, 관심 있는 유권자만 참여하지만, 때때로 전문단체에 의뢰해 이루어진다.

국민발안을 실시하는 데 필요한 서명자 수는 자주 논란이 되는 주제이다. 국민투표 실시 횟수를 줄이기 위해 서명자 수를 높여야 한다는 의견과 군소 정당이나 단체의 서명 작업이 쉽게 이루어질 수 있도록 진입장벽을 낮추자는 의견이 대립한다. 인구증가와 여성의 참정권 부여로 유권자 수가 2배 증가하면서 1977년 서명자 수가 변동된 이후 국민발안을 제기하기 위한 유권자 대비 서명 인원 비율은 1891년 7.6%, 20세기 초 6%, 1960년대 말 3%를 거쳐 현재는 1.8%까지 낮아졌다(2019년 유권자 546만 명).[23]

국민발안에 필요한 각국의 서명 인원을 살펴보면, 이탈리아 5만 명(유권자의 0.1%), 오스트리아 10만 명(1.6%), 스페인 5만 명(1.5%), 폴란드 10만 명(0.3%), 헝가리 5만 명(0.6%), 리투아니아 5만 명(1.9%), 슬로바키아 10만 명(2.3%)이다.[24]

칸톤 단위에서 실시한 연구에 따르면 서명자 수가 많을수록 국민투표 참여율을 높이는 데 긍정적이다. 따라서 국민발안위원회는 더 많은 유권자를 서명자로 모집하고, 국민발안 운동에 더 많은 노력을 기울인다. 반면에 칸톤의 주민투표 빈도는 서명에 필요한 유권자 수에 좌우되지 않고, 오히려 칸톤의 규모, 도시화 정도, 안건의 다변성과 복잡성 등 다른 요인으로 결정된다.[25]

1990년대 후반 연방정부는 인구증가를 이유로 서명 인원을 15만 명으로 확대하려 했지만, 연방의회의 반대로 무산됐다. 연방내각은 1996년 연방헌법 개정안(초안)에서 국민발안을 제기하기 위한 서명 인원을 10만 명에서 15만 명으로 제시했다.[26] 주요 논거는 인구비율 대비 낮은 서명자 수와 국민과의 커뮤니케이션 기회 확대, 국민의 권리확대를 제시했다.

이에 대해 상원(정치제도위원회)은 단순히 인구뿐 아니라 다양한 요인을 고려해야 한다면서 서명 인원 확대에 반대했다. 상원은 서명수집 과정에서 정당이 주요한 역할을 하고 있고, 우편투표 활성화 등으로 서명 작업을 진행하는 것이 쉽지 않으며, 서명수집과 관련한 비용이 증가하는 점 등을 반대 이유로 제시했다. 연방의회는 최종적으로 서명자 수를 종전대로 유지하기로 결정했다.

나. 형식 · 내용 · 국제법 · 집행 가능 요건

연방헌법 일부 개정을 위한 국민발안은 형식적 통일성을 준수하고, 내용적 일관성을 갖추어야 하며, 국제법상의 강행규정을 위반해서는 안 되고, 실행 가능성이 있어야 한다(연방헌법 제194조 제2항 · 제3항). 예를 들어 1891년부터 1966년까지 유권자들은 86건의 국민발안을 법조문 형식으로 제안했고, 이 중 53건이 국민투표에 부쳐졌다. 나머지 33건은 형식적 통일성, 내용적 일관성 부족 또는 요구사항 실현 등의 이유로 국민투표에 회부되지 못했다.[27]

첫째, 국민발안은 법조문 형식 또는 제안서 형식을 갖춰야 한다(연방헌법 제139조 제2항). 서로 다른 형태의 조합은 인정되지 않는다(정치적 권리에 관한 연방법 제75조 제3항). 이를 형식적 통일성이라 한다. 연방의회는 국민발안이 법조문 또는 제안서 형식으로 명확히 표현된 경우 국민발안에 형식적 통일성이 있다고 보지만, 형식적 통일성에 부합하지 않는 국민발안의 전부 또는 일부를 무효로 선언한다(정치적 권리에 관한 연방법 제75조 제2항 · 제3항).

국민발안의 대부분은 법조문 형식으로 제출됐고, 제안서 형식으로 제출된 국민발안은 지금까지 5건에 불과했다. 제안서 형식으로 제출된 국민발안은 1941년 3월 9일 독주법 개혁안, 1951년 7월 8일 국방을 위한 공기업 과세안, 1966년 10월 16일 알코올 중독과의 전쟁안, 1976년 3월 21일 공정한 세제 및 특혜 폐지, 2010년 11월 28일 조세 안건으로 모두 부결됐다.[28]

둘째, 국민발안의 내용(주제) 간에 본질적 연관성이 있어야 한다(연방헌법 제194조 제2항, 정치적 권리에 관한 연방법 제75조 제1항). 국민발안은 내용(주제)에 대한 의사를 정확히 담아 1건으로 제출된다. 국민발안 내용(주제) 간에 본질적 연관성이 있는 경우 국민발안은 내용적 일관성이 있다고 판단된다(정치적 권리에 관한 연방법 제75조 제2항). 만약 1건의 국민발안에 서로 관련이 없는 여러 주제들을 포함시킬 경우 유권자는 그 전부를 찬성하거나 반대할 수 없기 때문이다. 예를 들면 외국인 제한과 함께 조세 인상에 관한 안건은 동시에 투표에 부칠 수 없다. 왜냐하면 유권자가 1건은 찬성하고, 1건은 반대할 수 있기 때문이다.

셋째, 국민발안은 국제법상 일반원칙(강행규정)에 위반돼서는 안 된다(연방헌법 제139조 제4항, 제194조 제2항). 국제법상 일반원칙은 인종청소, 노예제도, 고문, 대량학살, 침략전쟁 등의 금지, 난민 보호 원칙 등이다. 연방의회는 국제법상 일반원칙에 위반되는 국민발안을 무효로 한다(정치적 권리에 관한 연방법 제75조 제1항). 국민발안과 국제법상 일반원칙과의 충돌을 방지하기 위해 연방정부의 사전검토 절차를 거친다. 국민발안 제안자들은 서명 단계에 진입하기 전에 연방법무 · 경찰부, 연방외무부로부터 국제법과의 충돌 여부에 대한 의견을 듣는다. 연방정부의 검토의견은 구속적이지 않지만, 국민발안 제안자들은 국제법과 조화될 수 있도록 충돌이 예상되는 국민발안 문구를 수정할 수 있다.

그러나 국제법상 일반원칙이 아닌 부분에서 국제법과 일치하지 않는 국민발안은 국민투표에 부칠 수 있다. 가능하다면 이런 국민발안은 국제법상 기준과 일치되는 방향으로 해석된다.[29] 예를 들어 스위스국민당은 2007년 5월 1일 이슬람 사원에 첨탑(미나렛) 설치를 금지하는 국민발안을 제안했고, 1년이 안돼 11만 명의 서명을 얻었다. 연방내각에 제출된 국민발안은 연방헌법 제15조의 종교의 자유, 국제법과 일치하지 않는다는 의견이 있었다.[30] 연방의회는 해당 국민발안이 국제법상의 강행규정에 위반되지 않는다고 판단했다. 이 국민발안은 2009년 11월 29일 실시한 국민투표에서 국민의 57.5%가 찬성하고 19.5개 칸톤이 찬성해 가결됐다. 그 결과 스위스에 있는 150개의 이슬람 사원 중 이미 첨탑이 설치된 4곳을 제외한 나머지 사원에서는 더 이상 첨탑을 설치할 수 없게 됐다.[31]

넷째, 실행하기 어려운 국민발안은 무효라고 선언된다. 국민발안의 실행 가능성 원칙은 연방헌법 또는 연방법률에 규정된 사항이 아니라 연방법원 판례로 형성된 사항이다.[32]

2. 절차

연방헌법 개정에 관한 국민발안이 제기되면 국민발안이 연방헌법의 전부 개정 또는 일부 개정을 요구하는지에 따라 심의절차가 달라진다. 또한 연방헌법 개정에 관한 국민발안이 법조문 형식인지 또는 제안서 형식인지에 따라, 연방헌법 개정안 발의주체가 기관인지 유권자인지에 따라 각각 다른 심의절차를 거친다. 이처럼 연방헌법의 개정 범위, 개정 형식, 개정 주체 등에 따라 국민발안의 심의절차가 달라진다.

가. 개요

1) 연방헌법 전부 개정 국민발안 심의 절차

연방헌법 '전부' 개정안은 상원 또는 하원 중 한 쪽 의회가 발의하거나 유권자 10만 명 이상의 동의를 얻거나 연방의 결정으로 개정될 수 있다(연방헌법 제193조 제1항). 이 경우 연방헌법의 전부개정 여부에 관해 국민 전체의 의사를 묻는 국민투표가 의무적으로 실시된다. 이를 예비적 국민투표(Vorabstimmung)라고 한다. 예비적 국민투표는 ① 연방헌법 전부 개정을 위한 국민발안(제안서 형식), ② 제안서 형식으로 제출된 연방헌법 일부 개정을 위한 국민발안을 연방의회가 부결시킨 경우, ③ 연방헌법 전부개정 여부에 관해 상원과 하원의 견해가 일치하지 않는 경우에 실시된다(연방헌법 제140조 제2항).

연방헌법의 전부 개정을 위한 국민발안은 10만 명의 서명으로 시작된다(연방헌법 제138조 제1항). 연방헌법의 전부 개정에 관한 국민발안 요건이 충족된 경우 연방의회는 이를 국민투표에 회부해 연방헌법의 전부 개정 여부에 대한 국민의 찬 · 반 의견을 묻는다(연방헌법 제138조 제2항, 의회법 제96조).

국민투표에서 국민 과반수가 찬성해 연방헌법의 전부 개정이 결정되면 연방의회가 해산되고, 새로운 연방헌법을 마련하기 위해 연방의회가 새롭게 구성된다(연방헌법 제139조 제2항 · 제3항). 새로 구성된 연방의회(상 · 하원)는 연방헌법의 전부 개정안을 작성해 국민 및 칸톤 투표에 회부한다(연방헌법 제195조). 연방헌법 전부 개정에 관한 국민발안은 1848년 연방헌법 제정 당시부터 규정됐고, 1880년 10월 31일과 1935년 9월 8일 두 차례 국민투표가 실시됐지만, 모두 부결됐다.

한편, 연방헌법 전부 개정안과 관련해 연방의회 내 상원과 하원의 의견이 일치하지 않을 경우 전부 개정 여부에 대한 국민의 의사를 묻는 국민투표가 이루어진다(연방헌법 제193조 제2항). 국민의 의사만 확인하기에 이중다수결이 아닌 단순다수결로 결정하는데, 국민투표에서 연방헌법을 전부 개정하는 것으로 결론이 나면 새롭게 연방의회 총선거가 실시되고, 상원과 하원을 새로 구성한다(연방헌법 제193조 제3항 · 제4항).

[그림 1] 연방헌법 전부개정 국민발안 심의 절차

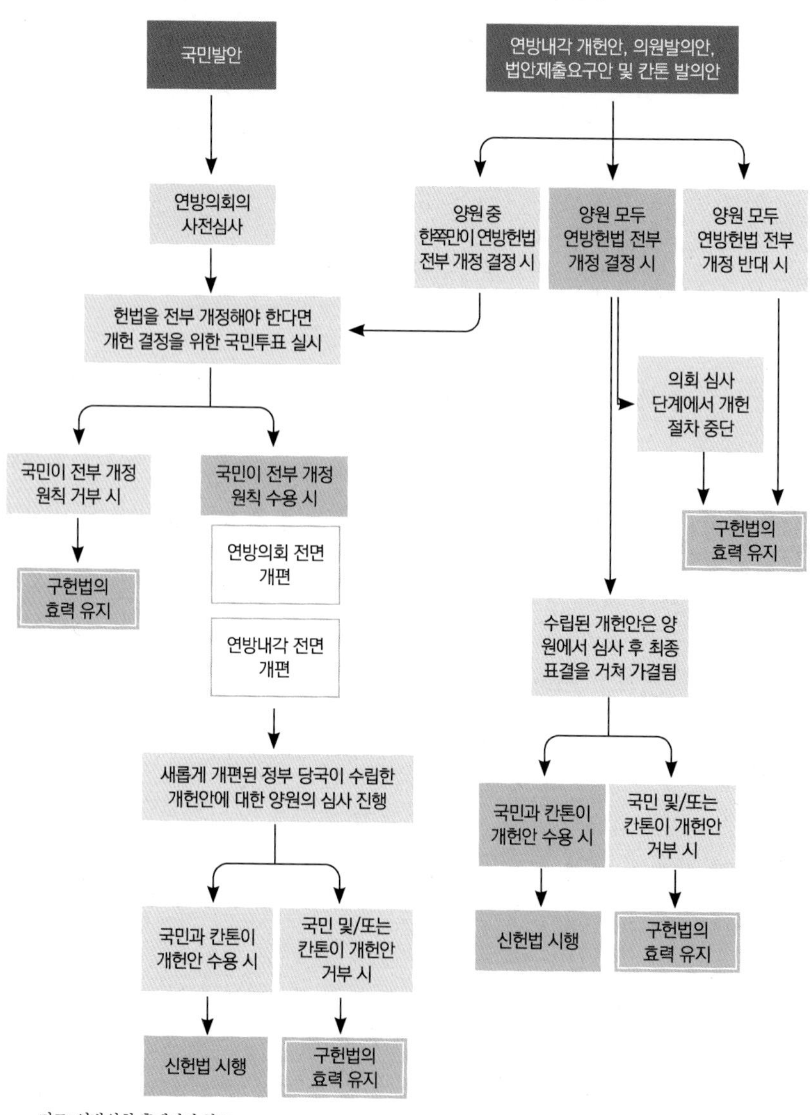

자료: 연방의회 홈페이지 참조

2) 연방헌법 일부 개정 국민발안 심의 절차

연방헌법 일부 개정을 위한 국민발안은 그 형식과 내용에 따라 일반적인 개정 취지를 담은 제안서 형식의 국민발안과 법조문 형식을 갖춘 국민발안의 두 가지 방법이 있다(연방헌법 제139조 제2항). 제안서 형식으로 제안된 국민발안은 연방의회에서 찬반을 결정하는데, 연방의회가 해당 국민발안을 찬성하는지 또는 반대하는지에 따라 국민투표에 회부되는 절차와 의결요건이 달라진다.

연방의회가 제안서 형식의 연방헌법 일부 개정을 위한 국민발안 취지에 찬성하면 제안서 취지에 따라 연방헌법 일부 개정안이 법조문 형식으로 작성돼 국민 및 칸톤 투표에 회부된다. 연방의회가 제안서 형식의 연방헌법 일부 개정을 위한 국민발안 취지에 반대할 경우 연방의회는 해당 국민발안을 국민투표에 반드시 부친다(연방헌법 제103조 제2항). 이를 예비적 국민투표라고 한다. 국민이 연방헌법 일부 개정취지를 담은 국민발안에 찬성하면 연방의회가 연방헌법 일부 개정안을 마련한다. 이후 연방의회가 작성한 법조문 형식의 연방헌법 일부 개정안은 국민 및 칸톤 투표에 회부된다.

한편, 연방헌법 일부 개정을 위한 국민발안이 법조문 형식으로 제출되면, 연방의회가 찬성하거나 반대하더라도 각각 국민 및 칸톤투표에 회부된다. 연방의회가 국민발안에 반대하면 연방의회 차원의 대안을 제시하기도 한다.

국민발안 형식과 범위에 따른 연방헌법 개정절차를 간략하게 살펴보면 아래와 같다.

[그림 2] 국민발안 형식과 범위에 따른 연방헌법 개정 절차

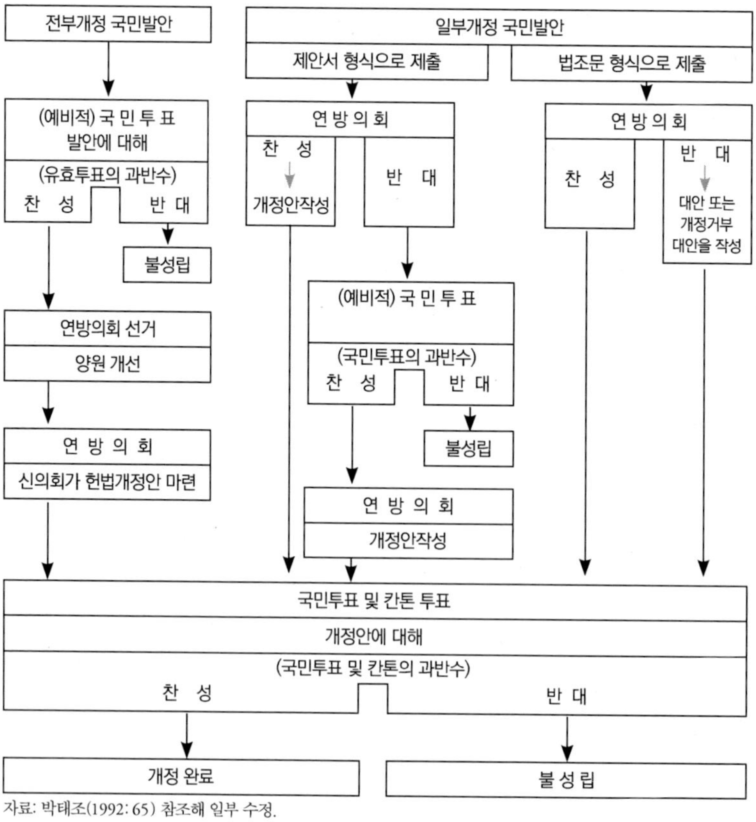

전부개정 국민발안
(예비적) 국 민 투 표
발안에 대해
(유효투표의 과반수)
찬 성
반 대
불성립
연방의회 선거
양원 개선
연 방 의 회
신의회가 헌법개정안 마련

일부개정 국민발안
제안서 형식으로 제출
연 방 의 회
찬 성
개정안작성
반 대
(예비적) 국 민 투 표
(국민투표의 과반수)
찬 성
반 대
불성립
연 방 의 회
개정안작성

법조문 형식으로 제출
연 방 의 회
찬 성
반 대
대안 또는
개정거부
대안을 작성

국민투표 및 칸톤 투표
개정안에 대해
(국민투표 및 칸톤의 과반수)
찬 성
반 대
개정 완료
불 성 립

자료: 박태조(1992: 65) 참조해 일부 수정.

3) 개정 주체에 따른 절차

연방헌법 전부 개정안을 발의하는 주체를 기준으로 기관(연방내각, 연방의회, 칸톤)이 연방헌법 전부 개정안을 발의하는 경우와 10만 명 이상 유권자의 서명을 받아 연방헌법 전부 개정안을 발의하는 경우가 있다. 가장 신속한 절차는 양원이 연방내각, 연방의회, 칸톤이 발의한 연방헌법 전부 개정안을 수용하기로 의결한 경우 이를 국민에게 공포하고, 국민 과반수 찬성과 칸톤 과반수 승인을 얻는 것이다.

이와 달리 10만 명 이상의 서명을 받아 연방헌법 전부 개정안을 발의하는 경우 이를 국민투표에 회부해 국민의 찬 · 반 의견을 묻는다. 국민이 연방헌법 전부 개정을 찬성하면 연방내각 및 연방의회가 전면 개편되고, 새롭게 조문화된 연방헌

법 전부 개정안이 국민 및 칸톤투표에 회부된다.

한편, 연방기관(연방내각, 연방의회, 칸톤)과 10만 명 이상 유권자는 연방헌법 일부 개정안을 발의할 수 있다(연방헌법 제139조). 연방헌법 일부 개정안의 형식이 제안서 또는 법조문 형식인지에 따라 그 심의절차가 달라진다. 이처럼 연방헌법 개정안은 개정 범위, 개정 형식 등에 따라 국민투표, 칸톤투표에 이르기까지 여러 단계를 거친다.

[그림 3] 개정 주체에 따른 연방헌법 전부개정 절차

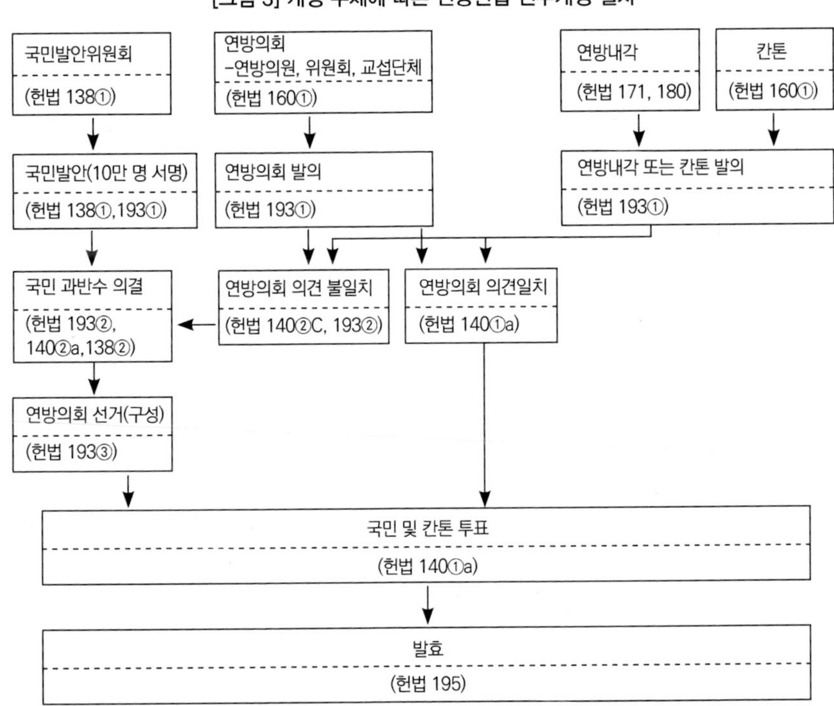

나. 국민발안 제출 및 공고

연방헌법 개정에 관한 국민발안을 제출하기 위해서는 10만 명 이상 유권자의 서명을 필요로 한다. 국민발안은 국민발안 주제와 관련된 단체, 협의회, 위원회가 제안할 수 있다. 또한 국민발안은 정치적 목적을 달성하고 입지를 강화하기 위해 의회 내 정파, 노동조합, 반이민주의 조직, 환경 단체 등과 당원들이 제안할 수 있다. 자료에 따르면 국민발안의 35%는 정당이 제안하고, 15%는 정당과 이익단체가 함께 제안하며, 50%는 정당이 아닌 단체 등이 제안한다.[33]

또한 유권자로부터 일정 기간 내에 필요한 서명을 얻는 등 국민발안을 제출하기 위한 준비작업의 일환으로 국민발안위원회[34]가 구성된다. 국민발안위원회는 서로 다른 칸톤 출신인 7~27명으로 구성된다(정치적 권리에 관한 연방법 제68조 제1항). 다른 통계에 따르면 연 평균 103건의 국민발안이 제출되는데, 70건은 국민발안위원회 등을 통해 하향식 프로젝트로 진행되고, 나머지 33건은 일반 국민이 제안한다.[35] 국민발안은 대도시권에서 많이 제안되지만, 옵발덴, 그라우뷘덴, 투르가우, 발레, 뇌샤텔 칸톤에서는 적게 제안된다.

연방내각사무처는 서명 작업이 시작되기 전에 국민발안위원회가 제출한 서명 명부의 요건 등을 검토하고, 국민발안의 제목을 확인한다. 연방내각사무처는 서명 명부의 형식적 요건 즉 국민발안의 제목에 상업 광고나 개인 선전이 포함됐는지, 혼동을 초래하는지 등을 검토하고, 국민발안의 잘못된 제목을 수정할 수 있다. 또한 국민발안 내용이 3개 공용어(독일어, 프랑스어, 이탈리아어)로 정확하게 번역됐는지를 확인한다. 국민발안 내용은 국민발안 제안자가 결정하기 때문에 연방내각사무처는 국민발안의 내용이나 문구를 검토할 수 없다.

국민발안을 사전에 검토한 연방내각사무처는 국민발안의 제목과 내용을 제안자의 이름과 함께 연방공보에 공고한다.

다. 서명 작업 및 확인

국민발안을 연방내각사무처가 연방공보에 공고한 이후 18개월 이내에 18세 이상 유권자 10만 명의 서명이 필요하다(연방헌법 제138조 제1항, 정치적 권리에 관한 연방법 제69조). 국민발안에 필요한 서명을 받기 위한 서명 명부에는 ① 서명인 소속 칸톤 및 주소지 ② 연방공보에 게재될 국민발안 제목, 내용, 일자 ③ 철회조항 ④ 위 · 변조 시 처벌 사항 ⑤ 국민발안위원회 구성원의 이름 및 주소가 기재된다. 이를 통해 누가 어떤 주제로 국민발안을 제안했는지 확인할 수 있다(정치적 권리에 관한 연방법 제68조 제1항).

둘 이상의 주제를 담은 국민발안이 제출된 경우 각각의 국민발안은 분리된다. 국민발안 서명 명부를 각각 제출하는 것이 가능할 경우 둘 이상의 주제를 담은 국민발안 서명 명부는 동일한 페이지에 있을 수 있다(정치적 권리에 관한 연방법 제68조 제2항). 국민발안 서명 명부는 종이나 카드 외에도 온라인으로도 가능하다. 온라인으로 국민발안 서명 명부를 다운로드 받은 사람은 서명 명부가 적법한 형식임을 확인한다(정치적 권리에 관한 연방법 제69조의 a).

유권자는 본인의 이름을 서명명부에 뚜렷하게 기재하고, 자필서명을 하며, 동일한 국민투표 주제에 대해 한 번만 서명할 수 있다(정치적 권리에 관한 연방법 제61조, 제70조). 유권자가 둘 이상의 국민발안 서명명부에 서명할 경우 전부를 무효로 하지 않고 단지 한 번만 서명만 한 것으로 본다(정치적 권리에 관한 연방법 제63조 제2항, 제70조). 유권자가 글을 쓸 수 없는 경우 그가 지명한 다른 유권자가 서명명부에 이름을 기재할 수 있다. 부탁받은 유권자는 글을 쓸 수 없는 유권자의 이름에 자신의 서명을 추가하되, 이와 관련된 사항은 비밀로 하며, 신원 확인에 필요한 생년월일과 주소를 제공한다.

칸톤법에 따른 칸톤의 행정기관이 국민발안 서명 명부를 확인한다. 서명명부는 국민투표 요구기간 만료(공고일부터 18개월 이내) 전 충분한 시간을 두고 칸톤 행정기관에 제출된다. 칸톤 행정기관은 서명의 반복이나 무효 여부를 검토하고 이를 연방내각사무처에 송부한다. 칸톤 행정기관의 유권자 서명 확인서에는 확인된 서명자 수와 무효 서명자 수를 글자 또는 숫자로 기재 한 후 해당 공무원이 자필로 서명하고, 직인과 날짜를 기재한다. 유권자의 투표권 유무는 1개의 서명명부 또는 여러 개의 서명명부를 통해서도 확인할 수 있고, 유권자 확인이 완료된 서명명부는 지체 없이 돌려준다(정치적 권리에 관한 연방법 제62조, 제70조). 유권자 서명을 확인하기 위한 요건이 미흡한 경우 칸톤 행정기관은 유권자 서명 확인서를 발급하지 않고, 그 이유를 국민발안 서명 명부에 명확히 밝힌다(정치적 권리에 관한 연방법 제63조 제3항, 제70조).

라. 연방내각사무처 검토 및 연방내각의 결정

연방공보 공고 이후 18개월 내에 적법한 서명을 받은 서명 명부는 연방내각사무처에 칸톤별로 구분돼 제출된다(정치적 권리에 관한 연방법 제71조). 서명 명부 전체를 연방내각사무처에 제출할 때 종종 연방의사당 앞에서 기자회견을 개최해 국민발안의 정당성과 필요성을 강조한다.

10만 명 이상의 서명명부가 제출되면 연방내각사무처는 서명명부의 적법성 여부를 심사한다. 연방내각사무처는 국민발안이 유효한 서명으로 이루어졌는지, 필요한 법적 요건을 충족했는지를 결정한다. 필요한 서명의 50% 미만을 얻은 경우 연방공보에 서명수집 기간이 만료됐다고 공고한다. 서명요건을 50% 이상 충족한 경우 연방내각사무처는 국민발안 요구가 유효한지를 연방공보에 공고한다(정치적 권리에 관한 연방법 제72조 제1항).

연방내각사무처는 제출된 국민발안 서명명부가 ① 서명명부의 형식적 요건 미충족 ② 확인되지 않은 유권자 서명 ③ 국민발안 요구 기간 이후에 제출된 서명인 경우 무효로 본다(정치적 권리에 관한 연방법 제72조 제2항). 연방내각사무처는 칸톤의 유효 및 무효 서명수 등 국민발안 서명 명부의 유효 여부에 대한 결정을 연방공보에 공고한다(정치적 권리에 관한 연방법 제72조 제3항).

연방내각사무처가 유효하다고 결정한 국민발안은 연방내각에 송부되고, 연방내각은 국민발안의 법적 요건 등을 정당, 칸톤, 언어권별 · 코뮌별 전문가 등과 함께 검토하고, 최종 결정을 내린다.[36] 연방내각은 국민발안이 제출된 후 1년 이내에 국민발안의 개요, 국민발안 제안설명서(message)가 담긴 연방결의[37] 초안, 국민발안을 채택할지에 대한 연방내각의 결정을 연방의회에 제출한다(의회법 제97조 제1항 제b호). 연방내각의 국민발안에 대한 결정 기간은 1년이지만(의회법 제97조 제1항 제a호), 예외적으로 6개월이 더 연장될 수 있다. 즉, 연방내각이 국민발안에 관한 대안을 제출하거나 국민발안과 관련된 법률안을 제출하는 경우 연방내각의 충분한 심사를 위해 심사 기간이 1년에서 18개월로 연장된다(의회법 제97조 제2항).

연방내각의 결정은 국민발안의 가부에 대한 구속력 있는 의견이 아니고, 국민의 의사 결정을 돕기 위한 참고의견에 불과하다. 국민발안이 연방정부나 연방의회에서 시작되는 것이 아니라 국민으로부터 자발적으로 시작되는 것이기 때문에 연방내각이 국민발안에 대해 거부권을 행사할 수 없는 것이다. 또한 국민발안에 대해 위헌을 이유로 연방의회로의 제출을 막을 수 없지만, 국민발안에 대한 연방 차원의 대안을 제출해 국민발안을 사실상 부결시키는 조치를 할 수 있다.

국민발안 등 국민투표 안건에 대한 연방내각의 결정은 국민투표를 앞두고 유권자에게 배부되는 국민투표 설명자료에 포함돼 있다. 예컨대 2018년 11월 25일 실시한 국민투표 안건에 대해 연방내각과 연방의회는 1~2번의 국민발안은 반대했고, 3번(사회보험법 개정안에 대한 선택적 국민투표)은 찬성했으며, 칸톤에서 활동하는 각 정당의 입장도 기재됐다.

[그림 4] 2018년 11월 25일 국민투표 안건에 대한 연방내각(좌)과 칸톤 정당(우)의 입장[38]

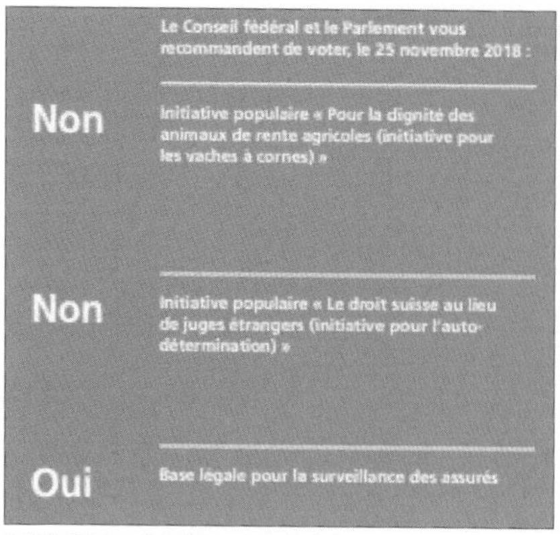

Le Conseil fédéral et le Parlement vous recommandent de voter, le 25 novembre 2018 :

Non Initiative populaire « Pour la dignité des animaux de rente agricoles (initiative pour les vaches à cornes) »

Non Initiative populaire « Le droit suisse au lieu de juges étrangers (initiative pour l'autodétermination) »

Oui Base légale pour la surveillance des assurés

* 연방내각은 2건 반대(Non), 1건 찬성(Oui)

	1	2	3
NON AU VIOL DE LA SPHÈRE PRIVÉE	–	–	NON
NON AU VIOL DE LA SPHERE PRIVEE NON AU PLEIN POUVOIR DES ASSURANCES	–	–	NON
Parti communiste	–	NON	NON
Parti du Travail	OUI	NON	NON
Pour une Suisse qui tient ses engagements, NON à l'IN pour l'autodétermination	NON	–	–
Pro démocratie directe	–	NON	–
SIT – Syndicat interprofessionnel de travailleuses et travailleurs	–	NON	NON
SSP, syndicat des services publics	–	NON	NON
Stopexclusion – Non à l'ini anti-droits humains	–	NON	–
Unia	–	NON	NON
verts-ge.ch	OUI	NON	NON

* 3개 안건에 대한 정당별 입장(반대 Non, 찬성Oui)

마. 연방의회 검토

연방의회는 연방내각이 제출한 국민발안의 유효성 여부를 먼저 검토한다. 연방의회는 국민발안의 내용이 연방헌법 제193조 및 제194조에 따른 형식적 통일성, 내용적 일관성, 국제법상 강행규정에 위반하는 경우 국민발안의 전부 또는 일부를 무효로 선언한다(연방헌법 제139조 제3항, 정치적 권리에 관한 연방법 제75조 제1항).

국민발안의 전부 또는 일부의 유효성에 대해 상원과 하원의 견해가 다른 상황에서 한쪽 의회가 국민발안의 유효성에 관한 최종 결정을 내린 경우 해당 국민발안은 유효한 것으로 본다(정치적 권리에 관한 연방법 제75조 제2항). 국민발안의 유효 또는 무효에 관한 결정은 국민투표의 대상이 되지 않고, 단순 연방결의 형식으로 의결된다.

연방의회가 유효성 심사를 거쳐 국민발안이 무효라고 선언한 경우는 지금까지 네 차례 있었다(1955년, 1977년, 1995년, 1996년).[39] 예를 들면 연방의회는 1995년 6월 20일 '비용의 절감 및 정치적 평화의 증진에 관한 국민발안'을 무효로 선언했다. 즉, 이 국민발안은 연방헌법 제121조 제3항에 따른 내용적 일관성에 위배

되기 때문에 정치적 권리에 관한 연방법 제75조에 따라 무효로 선언하고, 해당 국민발안은 칸톤 및 국민투표에 회부되지 않았다('비용의 절감 및 정치적 평화의 증진에 관한 국민발안에 대한 연방결의'[40] 제2조).

바. 연방의회 결정

국민발안으로 제출된 연방헌법 개정안이 법조문 형식인 경우는 연방의회의 결정을 거쳐 국민투표에 회부되고, 제안서 형식의 국민발안은 좀 더 복잡한 절차를 거친다.

1) 법조문 형식

연방의회는 법조문 형식으로 제출된 국민발안에 대해 제출일부터 30개월(2년 6개월) 이내에 국민발안을 수용(찬성)하거나 거부(반대)할지를 연방결의 형식으로 결정한다(연방헌법 제139조 제5항, 의회법 제100조). 따라서 연방의회의 심사기간은 국민발안 제출일부터 2년 6개월이다. 연방의회가 법조문 형식으로 제출된 국민발안을 찬성하면 연방의회는 제출된 형식 그대로 국민투표 및 칸톤 투표에 회부한다. 그러나 양원이 연방헌법 개정안을 합의하지 못하거나, 양원 중 한쪽 또는 양원 전체가 연방헌법 개정안을 반대하는 경우 연방의회의 마지막 심의에서 마련된 연방헌법 개정안이 국민투표 및 칸톤 투표에 회부된다(의회법 제104조 제3항).

2) 제안서 형식

연방헌법 개정에 관한 국민발안이 제안서 형식으로 제출된 경우 연방의회는 2년 이내에 찬 · 반 결정을 내린다(의회법 제103조 제1항). 이 경우 연방의회가 제안서 형식에 담긴 국민발안 취지에 동의하는지에 따라 다른 절차가 적용된다. 연방의회가 국민발안 취지에 찬성하면 찬성 일부터 2년 이내에 제안서의 내용을 충분히 반영한 연방헌법 개정안을 작성한다(의회법 제104조 제1항). 연방의회가 제안한 연방헌법 개정안은 국민투표 및 칸톤 투표에 회부해 찬 · 반 여부를 결정한다(연방헌법 제139조 제4항).

연방의회가 제안서 형식의 국민발안 취지에 반대하면 해당 국민발안에 대해 국민의 찬반을 묻는 '예비적' 국민투표를 실시한다(연방헌법 제139조 제4항, 의회법 제103조 제2항). 예비적 국민투표에서 국민발안 취지에 대해 찬성 의사가 확인되면 연방의회는 국민투표일부터 2년 이내에 연방헌법 개정안을 작성한다(의회법 제104조).

한편, 제안서 형식의 국민발안에 대해 양원 간 의견이 일치하지 않는 경우 한쪽 의회에서 재차 결정한 반대(second rejection)를 최종적인 결정으로 본다(의회법 제95조 제e호). 국민발안의 내용이 충실하게 반영된 연방헌법 개정안은 국민투표 및 칸톤 투표에 회부된다. 이처럼 제안서 형식으로 제출된 국민발안을 연방의회가 찬성하지 않으면 국민투표가 2회(예비적 국민투표, 국민 및 칸톤 투표) 실시된다.

연방의회는 법조문 형식으로 제출된 국민발안을 제출일로부터 2년 6개월(30개월) 이내에, 제안서 형식으로 제출된 국민발안을 2년 이내에 심사하는 것이 원칙이다. 그러나 연방의회가 국민발안과 관련된 대안 또는 유사 법률안을 심사하는 경우 국민발안 심사 기간이 1년 더 연장될 수 있지만, 양원이 기간 연장에 대해 합의하지 못한 경우 그 기간이 연장되지 않는다(의회법 제105조). 연방의회가 정해진 기간 내에 국민발안에 관한 심사를 완료하지 못할 경우 연방내각은 국민투표의 실시를 명할 수 있다(의회법 제106조).

사. 연방의회 대안 제시

연방의회는 법조문 형식으로 제출된 국민발안에 반대하여 부결 권고를 할 수 있고, 필요한 경우 국민발안에 대한 연방의회 차원의 대안을 제안해 국민투표에 회부할 수 있다(의회법 제101조 제1항). 연방의회의 대안에 대한 연방의회의 의결(최종투표)은 국민발안 심사 종료 8일 전까지 완료한다(의회법 제101조 제2항). 양원 중 한쪽 의회가 연방의회 대안을 최종투표에서 부결시키는 경우 양원조정협의회는 처음 제출된 국민발안에 대한 찬반 권고를 할 수 있다. 이 경우 어떠한 대안도 더 이상 제시되지 못한다(의회법 제101조 제3항).

연방의회의 대안은 국민발안의 요구사항 일부를 받아들이고 나머지는 제외하는 형식으로 작성된다. 연방의회가 국민발안과 연방의회 대안을 국민투표 및 칸톤투표에 부치는 경우 연방의회는 ① 국민발안을 거부하고 연방의회 대안을 수용하는 권고 ② 국민발안 및 연방의회 대안 모두를 수용하는 권고 중 하나를 할 수 있다. 연방의회가 국민발안과 연방의회 대안 모두를 수용할 경우 연방의회 대안의 지지를 권고할 수 있다(의회법 제102조).

한편, 연방의회의 대안은 직접적인 대안[41]과 간접적인 대안[42]이 있다. 연방의회의 직접적인 대안은 연방헌법 개정을 요구하는 국민발안에 따르는 차원에서 연방의회가 연방헌법의 개정을 제안하는 것이다. 국민투표에는 국민발안과 함께 연방의회의 직접적인 대안이 함께 회부된다. 연방의회의 간접적인 대안은 연방헌법의 개정이 아닌 연방법률의 제 · 개정을 도모한다. 양원 중 한쪽 의회가 연방의회의 간접적인 대안(연방법률 제 · 개정안)을 심사하고, 국민발안위원회가 제출된 국민발안을 철회하며, 새로운 연방법률 제 · 개정안에 대해 국민투표를 제기하지 않은 경우 양원이 간접적인 대안을 의결하면 효력을 발생한다. 연방의회의 간접적인 대안은 직접적인 대안처럼 국민발안에 대응한다는 점에서 동일하지만, 연방헌법의 개정이 아닌 연방법률의 개정을 도모한다는 점에 차이가 있다.[43]

1848년 이후 2021년까지 실시한 국민발안 226건 중에서 연방의회의 대안이 함께 국민표결에 부쳐진 경우는 16건에 불과하다. 16건 중 연방의회 대안이 국민투표에서 통과된 것은 6건(반대 10건)이고, 원래 국민발안이 통과된 것은 3건(반대 13건)이었다.[44]

예를 들면, 1972년 12월 3일 실시된 국민발안에 대한 국민투표 안건은 노령자에 대한 사회복지 강화를 다룬 내용으로 노동당(PdA)이 제안했다. 연방의회는 스위스의 복지가 다른 국가보다 뒤처졌다는 점을 인정하고, 국민발안에 대한 지지를 확인했다. 연방의회는 국민발안의 기본적인 내용은 포함시키되, 노동당이 주장하는 일부 사항(감독 강화 등)은 제외하는 대안을 작성했다. 노동당의 국민발안은 국민의 15.6% 찬성과 모든 칸톤의 반대로 부결됐지만, 연방의회가 제시한 대안은 국민의 74.0%가 찬성하고, 22개 칸톤이 찬성해 압도적인 지지를 얻었다.[45]

또한 1982년 11월 28일 국민투표에 부쳐진 국민발안은 가격 통제제도를 도입해 인플레이션을 막자는 내용으로 국민의 56.1%와 17개 칸톤이 찬성해 가결됐다. 당시 국민발안에 대한 연방의회의 대안이 제시돼 국민투표가 동시에 실시됐지만, 국민 찬성 21.6%와 모든 칸톤의 반대로 의회의 대안은 부결됐다.

아. 국민발안 철회

국민발안은 철회할 수 있다.[46] 연방내각의 국민투표 일자 지정 전에 국민발안이 실패하거나 성공 가능성이 낮을 경우 또는 비용이 많이 들 경우 제출된 국민발안을 철회할 수 있다(정치적 권리에 관한 연방법 제73조 제1항). 국민발안의 취지가 법률이나 시행령 개정 등을 통해 간접적으로 수용돼 애초 의도가 실현된 경우에도 국민발안을 철회한다. 그러나 제안서 형식으로 제출된 국민발안은 연방의회의 심사 이후에는 철회될 수 없다(정치적 권리에 관한 연방법 제73조 제2항 · 제3항).

국민발안의 철회는 일반적으로 조건이 없는 무조건적 철회이지만, 2010년부터 국민발안에 대해 조건을 붙여 철회할 수 있게 됐다(정치적 권리에 관한 연방법 제73조의 a). 국민발안에 대해 연방의회가 대안을 제시하고, 연방의회의 대안에 관한 국민투표가 국민발안보다 먼저 실시될 경우 국민발안위원회는 조건을 표명하고 연방의회의 대안이 부결되지 않는 것을 전제로 국민발안을 철회할 수 있다(정치적 권리에 관한 연방법 제73조의 a 제2항).

또한 연방의회의 간접적인 대안(연방법률 제 · 개정안)에 대한 국민투표 요구

기간이 만료하거나, 연방의회의 간접적인 대안에 관한 국민투표 요구가 부결되거나, 연방의회의 간접적인 대안이 국민투표에서 가결된 경우 국민발안이 유효하게 철회된다(정치적 권리에 관한 연방법 제73조의a 제3항).[47] 예컨대 국민발안위원회는 연방의회의 대안에 대한 국민투표가 실시되지 않으면 애초의 국민발안을 국민투표에 회부하는 조건으로 철회할 수 있다.

연방의회의 대안을 선호해 철회된 최초의 국민발안은 수력발전 및 전기에너지와 관련된 사안이다. 수력발전 및 전기에너지와 관련된 권한을 칸톤에서 연방으로 이전하는 연방의회의 대안에 대해 1908년 10월 25일 국민투표가 실시됐다. 국민의 84.4%가 찬성하고 21.5개 칸톤이 찬성해 압도적으로 가결됐다. 이 국민발안은 연방의 권한과 관련돼 있기에 다른 안건에 비해 좀 더 '헌법적'이었다.[48]

1891년부터 2010년까지 283건의 국민발안이 제출됐지만, 29.3%인 83건이 철회됐다. 국민발안의 철회비율은 1950년대 52.2%에서 1990년대 16.1%로 하락했다.[49]

[표 17] 제출된 국민발안과 철회된 국민발안(1891~2010년)

구분	제출(건)	철회(건)	비율(%)
1891-1900	5	0	0
1901-1910	4	1	25.0
1911-1920	9	0	0
1921-1930	8	1	12.5
1931-1940	21	12	57.1
1941-1950	11	3	27.3
1951-1960	23	12	52.2
1961-1970	16	7	43.8
1971-1980	40	11	27.5
1981-1990	47	16	34.0
1991-2000	56	9	16.1
2001-2010	43	11	25.6
합계	283	83	29.3

자료: Venelin Tsachevsky(2014:100).

2건의 국민발안은 국민투표에 회부되지도 못하고, 철회되지도 못한 채 영구적으로 보류됐다. 1935년 5월 31일 제출된 언론의 자유에 관한 국민발안은 국민투표에 회부되지도 못했고, 철회되지도 못했다. 또한 1969년 10월 1일 제출된 학교조화에 관한 국민발안도 국민발안위원회에 의해 철회되지도 못했고, 국민투표에 회부되지 못했다(1972년 9월 25일자 학교조화에 관한 연방법 제3조).[50] 이들 안건은 정치적 권리에 관한 연방법 제90조 제3항에 따라 영구적으로 보류됐다.

자. 국민투표 실시

연방의회가 국민발안을 심사한 이후 10개월 이내에 국민투표가 실시된다(정치적 권리에 관한 연방법 제75조의 a 제1항). 연방의회의 대안이 부결된 경우 부결 이후 10개월 이내에 애초의 국민발안을 국민 및 칸톤 투표에 회부한다(정치적 권리에 관한 연방법 제75조의 a 제2항). 또한 국민발안이 제안서 형식으로 제출된 경우 연방의회의 심사 이후 10개월 이내에 국민 및 칸톤 투표에 부쳐진다(정치적 권리에 관한 연방법 제75조의 a 제3항). 다만, 연방의회 심사 이후 국민투표가 실시된 시점이 하원선거 전 3~10 개월 사이일 경우 그 기간이 6개월 연장된다(정치적 권리에 관한 연방법 제75조의 a 제3항). 하원 선거를 앞둔 경우 국민투표 안건을 논의하기 위한 시간이 부족한 점을 고려한 것이다.

이처럼 국민발안 제기부터 서명수집 등의 절차를 거쳐 국민투표가 완료되기까지는 보통 7년 이상이 소요된다. 예를 들면 부동산 투기를 반대하는 국민발안은 1981년 11월에 시작됐으나, 국민투표는 1988년 12월 4일 실시됐다. 투표결과 국민의 30.8% 찬성과 모든 칸톤이 반대해 부결됐다.

1987년 4월 '이중찬성'이 허용된 이후 유권자는 국민발안과 대안 모두를 찬성할 수 있게 됐다. 국민발안과 대안 모두를 찬성하는 경우 어떤 안건을 더 선호하는지를 표시한다(연방헌법 제139조의 b 제2항 · 제3항). 국민발안과 대안 모두를 선호할 경우 국민투표와 칸톤 투표에서 더 많은 찬성표(득표율)를 차지한 안건을 채택한다(연방헌법 제139조의 b 제3항, 정치적 권리에 관한 연방법 제76조 제3항).

차. 결과 공고 및 효력 발생

국민투표에서 연방헌법 개정안이 의결되면 즉시 효력을 발생한다(연방헌법 제195조). 연방내각사무처는 국민투표결과를 연방의회에 알리고, 연방의회는 국민투표결과를 연방결의 형식으로 공고한다. 이는 공표(Publication)와 '시행'을 모두 포함하는 의미를 가진다. 연방내각은 국민투표에서 가결된 연방헌법의 시행일 등 시행에 관한 내용을 연방결의 형식으로 제정한다. 예컨대 연방내각은 '1998년 12월 연방헌법 개정에 관한 연방결의'[51]를 제정해 신연방헌법이 2000년 1월 1일부터 시행하도록 했다.[52]

알프스 지역 보호 관련 국민발안(1994. 2. 20.) 등 대부분의 국민발안은 연방헌법에 필요한 법적 근거를 규정할 뿐이고 구체적인 조치는 후속 입법 조치를 통해 이루어진다. 다만, 2002년 3월 UN 가입에 대한 국민투표는 가결된 이후 별도의 입법 조치 없이 즉시 시행됐다.

제4절 실시 현황 및 효과

1. 실시 현황

연방내각이 제안한 연방헌법 및 연방법령 개정안은 높은 비율로 가결되지만, 국민발안의 찬성률은 상대적으로 낮다. 연방정부의 권한을 강화하기 위한 연방헌법 개정안에 대한 국민발안의 성공 가능성은 10%에 불과하다.[53]

예를 들어 1891년부터 2012년까지 국민발안이 개시된 것은 414건이지만, 필요한 서명 등을 얻지 못하거나(93건), 서명단계(19건)로 인해 112건의 국민발안이 제출되지 못했고(27.1%), 실제로 국민발안이 제출된 것은 302건이다(72.9%).

제출된 국민발안 중에서 철회되거나(91건), 무효로 선언되거나 거부된 것(7건) 등을 제외하고 국민투표에 회부된 것은 180건이다. 국민투표에 회부된 안건(180건) 중 10.6%인 19건이 가결됐고, 89.4%인 161건이 부결됐다. 연방의회가 대안을 제시해서 원안과 함께 국민투표에 회부된 것은 16건이고, 대안이 국민투표에서 통과된 것은 6건, 부결된 것은 10건이다.[54]

[표 18] 국민발안 통계(1891~2012년)

국민발안 분류		건수
국민발안 개시		414
	국민발안 서명 단계	19
	국민발안이 제출되지 않은 경우	93
국민발안이 제출된 경우		302
	철회된 경우	91
	부결(2건), 무효(4건), 불필요(1건)	7
	2012년 현재 계류 중인 안건	24
국민투표 단계로 회부된 경우		180
	국민과 칸톤에 의해 가결	19
	국민과 칸톤에 의해 부결	161
의회의 반대제안의 수		16
	국민과 칸톤에 의해 가결	6
	국민과 칸톤에 의해 부결	10

자료: Wolf Linder/Mitarbeit von Rolf Wirz (2014: 154).

1891년 국민발안제도 도입 이후 1900년까지 5건의 국민발안 중 1건의 국민발안이 가결됐지만(찬성률 20%), 1930년까지 국민발안 28건 중 6건이 가결돼 26.1%의 찬성률을 보였다. 그 이후 시간이 지남에 따라 국민발안 찬성률은 하락했다. 1931~1980년에는 국민발안 55건 중 2건이 가결돼 3.6%의 찬성률을 보였다. 특히, 1931~1940년, 1951~1970년에는 1건의 국민발안도 가결되지 못했다. 지난 수십년 동안 국민발안의 찬성률이 하락했다가 다시 상승해서 1990년대 10.2%에서 2000년대 11.3%로 상승했다.[55]

[표 19] 1891~2010년에 실시한 국민발안 현황

기 간	국민투표 회부		가결 건수		찬성률 (누적, %)
	회부 건수 (누적)	회부 건수 (기간별)	가결 건수 (누적)	가결 건수 (기간별)	
1891~1900	5	5	1		20
1901~1910	8	3	2	1	25
1911~1920	16	8	5	3	31.3
1921~1930	28	12	6	1	21.4
1931~1940	32	4	6	0	18.8
1941~1950	40	8	7	1	17.5
1951~1960	49	9	7	0	14.3
1961~1970	57	8	7	0	12.3
1971~1980	83	26	8	1	9.6
1981~1990	115	32	11	3	9.6
1991~2000	137	22	14	3	10.2
2001~2010	151	14	17	3	11.3

자료: Venelin Tsachevsky (2014: 108).

1891년부터 2021년 11월까지 489건의 국민발안이 시도됐지만 133건의 국민발안은 서명을 받지 못하거나 요건을 충족하지 못하는 등 서명단계에서 좌절됐다. 요건을 충족해 제출된 국민발안 356건 중 국민투표 회부 전에 철회된 국민발안은 105건, 무효로 선언된 국민발안은 4건, 영구적으로 보류된 국민발안은 2건이다. 이들 안건과 현재 연방기관 등에서 검토중인 안건(19건)을 제외하고 실제로 국민투표에 회부된 안건은 226건이었다.

이 중 국민과 칸톤의 과반수 찬성을 얻어 가결된 것은 24건에 불과하고(10.6%), 나머지 202건은 부결됐다.[56] 국민발안의 89.4%가 부결되지만, 비례대표제 도입과 관련한 3번의 국민발안, 원자력 발전 중단여부에 대한 5번의 국민발안과 같이 국민발안은 상당한 입법 및 정치 · 사회적 변동을 초래한다.

2. 효과

가. 혁신 효과

국민발안은 국민이 입법 및 정책 조치를 연방내각이나 연방의회에 제안할 수 있는 권리이고, 정치 문제의 치유뿐만 아니라 적극적인 입법을 장려하는 유인책으로써 부정과 부패를 예방한다. 국민발안은 연방정부가 생각하지 못한 정책대안을 제시하거나 국민이 원하는 사항이나 여론의 변화를 알려준다는 점에서 혁신적인 기능을 한다. 국민발안이 제기돼 통과될 수 있다는 점은 연방정부와 연방의회에 큰 부담으로 작용하기 때문에 국민발안이 제기되면 연방정부와 연방의회도 국민투표에 앞서 국민의 여론을 수렴한다.

연방정부나 연방의회는 국민발안위원회와 협의를 하고, 국민발안이 국민투표에 부쳐지기 전에 요구사항 일부를 수용할 수 있다. 예를 들어 연방의회 대안을 통해서 또는 입법협의 절차를 통해 국민발안에서 제기된 내용을 반영해 입법의 변화를 초래한다.[57] 또한 스위스가 다른 유럽국가보다 환경정책을 선도적으로 추진한 사례처럼 국민발안은 연방정부가 추진하는 정책에 관한 지지를 가속할 수 있다. 이처럼 국민발안은 대의민주제라는 자동차에 달린 가속페달(accelerator)의 역할을 한다.[58]

나. 정책의제 확장

정당, 노동조합, 환경단체 등은 국민발안을 통해 영향력을 행사한다. 특히 군소정당은 자신들의 존재를 국민에게 보여주기 위해 국민발안을 정치적으로 활용한다. 국민발안을 제기하는 정당은 향후 선거에서 정치적 지지기반을 획득할 수 있기 때문이다. 예를 들면 8월 1일을 국경일로 결정한 것도 군소 정당인 스위스민주당(SD)이 주도한 국민발안을 토대로 한 것이다. 또한 국민발안은 연방정부나 연방의회의 정치적 · 정책적 의제설정 독점을 깨고, 정책의제의 범위를 확장한다. 연방정부, 연방의회가 심의하지 않는 안건을 국민발안으로 제기해 정치적 의제로 삼을 수 있기 때문이다.

정치적 의제를 선점하기 위해 각종 이익단체는 하원선거가 있는 연도에 국민발안을 제기한다. 국민발안은 대중의 토론을 촉진하고, 언론 보도를 유도하기 때문이다. 예컨대 1960년대의 과도한 외국인 이주 반대를 주장한 극우 정당 또는 1980년대 환경문제를 국가적 의제로 부각시킨 녹색당이 있다. 최근에는 주요 정당도 국민발안을 통해 지지기반을 확대하는 등 선거전략의 일환으로 국민발안을 시도한다.[59] 이처럼 국민발안에 의존하는 군소 정당이나 극우 정당이 증가하고, 사회민주당이 지지한 국민발안의 증가로 인해 1970년대 후반부터 지금까지 국민발안이 점점 더 극단화로 치닫고 있다. 한편으로는 이익집단이 정당을 매개로 하지 않고 국민투표를 통해 자신들의 이익을 관철할 수 있기 때문에 정당의 역할이 축소된다는 견해도 있다.

제5절 주요 사례

1. 실시 사례

가. 최초의 국민발안(1893년)

1891년 국민발안제도 신설 이후 1892년 5월 10일 동물을 기절시키지 않고 도살하는 유대교식 율법을 금지하는 국민발안이 처음 제기됐다. 1892년 9월 15일 연방내각에 접수된 유대교식 도살금지 국민발안은 1893년 8월 20일 국민투표가 실시돼 국민 60.1%의 찬성과 11.5개 칸톤의 찬성으로 가결됐다.[60] 이 국민발안은 일반 국민의 무관심에 직면했지만, 반유대주의자와 동물 학대 방지협회는 서로 협력해 자신들의 의제를 정당화하는 데 성공했다.

이 안건은 연방의회의 반대에도 불구하고 가결됐는데 동물복지 제고라는 공식적인 목표 뒤에는 반유대주의적 성격이 감추어져 있었다.[61] 만약 니트발덴 칸톤에

서 유권자 63명의 표가 부결로 더해졌다면 이중다수결 원칙 때문에 투표결과는 달라졌을 것이다.[62]

나. 주요 사례

술에 취한 사람이 가족을 살해한 사건이 벌어지자 즉각 도수 높은 술(압생트)을 금지하는 국민발안이 제안됐다. 1908년 7월 5일 실시한 국민투표에서 투표율 49.3%에 유권자의 63.5% 및 20개 칸톤이 찬성해 압생트 금지안은 가결됐다. 압생트 금지 내용은 1910년 연방공보에 게재됐고, 1910년 5월 10일부터 시행된 개정 연방헌법 제32조의 3에 규정됐다. 연방헌법을 근거로 '1910년 6월 24일 압생트 금지에 관한 연방법'이 시행됐다.[63] 이 안건은 국민발안이 제기돼 성공한 두 번째 사례로서 국민이 사회문제를 해결하기 위해 직접민주주의를 활용한 것이다.

1970년대 환경운동이 대두됨에 따라 환경운동 단체는 자동차의 유해가스 배출을 제한하는 국민발안을 제기했으나, 1977년 9월 25일 실시한 국민투표에서 국민의 39%가 찬성하고, 1.5개 칸톤의 지지를 얻어 부결됐다. 또한 1년에 12번 자동차 없는 일요일을 제안한 국민발안은 1978년 5월 28일 국민투표에서 국민의 36.3%가 지지하고, 모든 칸톤이 반대해 부결됐다.

한편 1984년 환경주의자들의 국민발안에 반대하고, 운전자의 권리와 특권을 보호하기 위한 자동차당(AP)[64]이 창당됐다.[65] 자동차당은 국민발안을 제기해 고속도로의 제한속도를 시속 100km에서 130km로 높이려고 시도했으나, 1989년 11월 26일 국민투표에서 국민의 38% 및 6개 칸톤의 찬성을 얻어 부결됐다. 이는 신생 정당이 직접민주주의를 이용해 자신들의 정치적 이슈를 전달하는 수단으로 활용한 사례로 볼 수 있다. 유급휴가를 4주에서 6주로 확대하는 안건은 2012년 3월 11일 국민투표를 통해 45.4%의 유권자가 참여해 33.5%의 찬성과 모든 칸톤의 반대로 부결됐다.

그 밖에 군대 폐지와 전면적 평화정책(1989. 11. 26, 부결), 모든 신규도로 건설중지(1990. 4. 1, 부결), 청소년 마약 금지(1997. 9. 28, 부결), 도심지역 속도를 30km로 제한(2001. 3. 4, 부결), 군대해산(2001. 12. 2, 부결), UN 가입(2002. 3. 3, 가결), 태아보호 및 산모지원(2002. 6. 2, 부결), 성범죄자와 강력범죄자 종신형(2004. 2. 8, 가결), 유전자변형 음식물 중단(2005. 11. 27, 가결), 청소년 대상 포르노범죄(2008. 11. 30, 가결), 이슬람 사원 첨탑 건축금지(2009. 11. 29, 가결), 외국인 범죄자 국외추방(2010. 11. 28, 가결), 모든 국민을 위한 6주 휴가(2012. 3. 11, 부결), 기업의 최고 임금 제한(2013. 11. 24, 가결) 등이 국민발안으로 제기됐다.

[표 20] 주요 국민발안 사례

국민발안 투표일시	주 제	투표율(%)	찬성(%)	찬성 칸톤	결과
1908.7.5	압생트 주류 금지	49.3	63.5	20	가결
1977.9.25	자동차 유해가스 배출 제한	51.4	39.0	1.5	부결
1978.5.28	1년에 12번 자동차 없는 일요일	49.1	36.3	0	부결
1989.11.26	고속도로 속도 조정 (100km에서 130km)	69.2	38.0	6	부결
1989.11.26	군대 폐지와 전면적 평화정책	69.2	35.6	2	부결
1990.4.1	모든 신규도로 건설중지	41.1	28.5	0	부결
1997.9.28	청소년 마약 금지	40.8	29.3	0	부결
2001.3.4	도심지역 속도 30km로 제한	55.8	20.3	0	부결
2001.12.2	군대해산	37.9	21.9	0	부결
2002.3.3	UN 가입	58.4	54.6	12	가결
2002.6.2	태아보호 및 산모지원	41.7	18.3	0	부결
2004.2.8	성범죄자와 강력범죄자 종신형	45.5	56.2	21.5	가결
2005.11.27	유전자변형 음식 중단	42.2	55.7	23	가결
2008.11.30	청소년 대상 포르노범죄	47.5	51.9	18	가결
2009.11.29	이슬람 사원 첨탑 건축금지	53.8	57.5	19.5	가결
2010.11.28	외국인 범죄자 국외추방	52.9	52.9	17.5	가결
2012.3.11	모든 국민을 위한 6주 휴가	45.4	33.5	0	부결
2013.11.24	기업의 최고 임금 제한	53.6	34.7	0	가결

다. 기본소득 국민발안

2012년 4월 11일 국민발안위원회를 구성해 '조건 없는 기본소득을 위한 국민발안'에 관한 서명운동을 개시했다.[66] 국민발안위원회는 정치계, 종교계 등 8명으로 구성됐다. 위원회 대표는 기본소득지구네트워크(Basic Income Earth Network; BIEN) 스위스 지부장인 가브리엘 바르타가 맡았다.

공식적으로 서명이 시작(2012. 4. 11.)되기 전인 2012년 3월 27일 연방내각사무처는 서명명부와 국민발안 제목을 미리 검토하고 승인했다. 국민발안위원회는 서명 수집기한 만료(2013. 11. 10.) 전에 유권자 126,408명의 서명을 확보했다. 서명이 완료된 '조건 없는 기본소득을 위한 국민발안'이 2013년 10월 4일 연방내각에 제출됐다. 국민발안의 주요 내용은 연방헌법에 기본소득 관련 조항을 제110조의 a로 신설하는 것이다. 2013년 11월 7일 연방내각사무처의 국민발안에 관한 법적 검토가 완료됐다.

2014년 8월 27일 연방의회는 조건 없는 기본소득이 경제 질서, 사회보장제도 및 사회통합에 부정적인 영향을 끼치고, 특히 조세 부담의 급증을 초래할 것이라는 의견을 토대로 국민발안을 채택하지 않기로 의결했다.[67] 연방의회는 2015년 12월 18일 국민발안을 국민투표에 회부하되, 연방의회 차원의 대안은 제시하지 않고, 유권자에게 국민발안의 반대(부결)를 권고했다. 연방의회의 부결 권고를 담은 「조건 없는 기본소득을 위한 국민발안에 관한 연방결의」가 공포됐다.[68] 이에 대한 국민투표가 2016년 6월 5일 실시돼 찬성 23.1%(568,660표), 반대 76.9%(1,897,528표)로 부결됐다.

2. 여러 차례 제기된 국민발안

국민발안이 국민투표에서 부결된 경우 다시 일정한 요건을 갖추어 국민발안을 제기할 수 있다. 국민발안이 제기하는 내용(주제)에 대한 중복성 제한이 없기에 비례대표제 도입이나 연방각료의 직접 선출 등은 세 차례 이상 제기됐다.

가. 비례대표제 도입

칸톤 차원의 비례대표 선거는 1890년대에 몇몇 칸톤에서 실시됐지만,[69] 하원선거는 다수대표제 방식으로 실시됐다. 하원선거를 다수대표제에서 비례대표제로 변경하려는 국민발안이 1900년 11월 4일 처음으로 제출됐다. 당시 유권자 58.8%가 참여해 국민의 40.9%가 찬성하고, 10.5개 칸톤만 찬성해 부결됐다. 10년 후인 1910년 10월 23일 두 번째로 하원선거를 비례대표제로 변경하려는 국민발안이 제출됐으나, 투표율 62.3%에 유권자 47.5%의 찬성과 12개 칸톤의 찬성으로 부결됐다. 칸톤의 과반수는 찬성했지만, 국민의 과반수 지지를 얻지 못해 부결된 첫 번째 사례였다.

1913년에 사회민주당과 가톨릭보수당은 공동으로 하원에 비례대표제를 도입하기 위한 국민발안을 추진했다. 비례대표제 도입 국민발안은 사회민주당의 세 번째 시도였다. 제1차 세계대전으로 국민발안에 대한 국민투표가 연기됐다가 1918년 10월 13일 국민투표가 실시됐다.[70] 당시 투표율은 49.5%로 이전보다 하락했지만, 국민 과반수인 66.8%의 지지와 19.5개 칸톤의 찬성으로 가결됐다. 이는 국민발안이 연방헌법의 개혁을 도모하기 위한 수단임을 보여준다. 비례대표제 도입은 스위스 정치체제를 근본적으로 안정시키는 데 결정적으로 기여했기 때문이다.

나. 연방각료 직접 선출

20세기 초부터 연방각료의 직접 선출과 관련해 세 차례의 국민발안이 제기됐으나 모두 부결됐다. 1900년 11월 4일 연방각료에 대한 직접선거 및 연방각료 숫자 증원에 관한 국민발안이 국민투표에 회부됐다. 당시 유권자 58.8%가 참여했고, 국민의 35.0%와 8개 칸톤이 찬성해 해당 안건은 부결됐다.

42년 뒤에 연방각료에 대한 직접선거를 통해 민주주의를 확대하고, 연방각료를 좀 더 증원하자는 국민발안이 다시 제기됐다. 1942년 1월 25일 투표결과 62%의 유권자가 참여하고, 유권자의 32.4% 찬성과 모든 칸톤의 반대로 해당 국민발안은 부결됐다. 가장 최근인 2013년 6월 9일 연방내각을 국민의 직접선거로 구성하자는 안건이 국민투표에 회부됐으나, 국민다수인 76.3%와 모든 칸톤이 반대해 부결됐다(투표율 39.5%). 여전히 국민의 대다수는 연방각료의 직접 선출은 이르다고 보는 것 같다.

다. 원자력 관련

원자력 발전 중지와 관련해서는 5번의 국민발안과 1번의 선택적 국민투표가 실시됐다. 1979년 2월 18일 원자력발전소 건설 · 운영 시 국민의 권리 및 안전을 보호하자는 국민발안은 49.6%의 투표율에 국민 과반수에 못 미친 48.8% 찬성 및 9개 칸톤의 찬성을 얻어 부결됐다. 1984년 9월 23일 '신규 원자력발전소 없는 미래'라는 국민발안도 41.7%의 투표율에 국민의 45% 및 6개 칸톤의 지지를 얻어 부결됐다. 녹색당은 1990년에 원자력발전소 건설을 10년간 일시적으로 중단하는 국민발안을 제안했다. 1990년 9월 23일 실시된 국민투표(투표율 40.4%)에서 국민의 54.5%가 찬성하고, 19.5개 칸톤이 찬성해 가결됐다. 반면 같은 날 실시한 원자력 발전 중지에 관한 국민발안은 국민의 47.1%와 7개 칸톤의 찬성으로 부결됐다(투표율 40.4%).

2003년 5월 18일에는 원자력 발전과 관련해 2건의 국민발안에 대한 국민투표가 동시에 실시됐다. 원자력 발전소의 점진적 폐기에 관한 국민발안은 투표율 49.7%에 국민의 33.7% 찬성과 0.5개 칸톤의 찬성을 얻어 부결됐다. 같은 날 실시된 신규 원자력 발전소 건설 중단 연장과 관련된 국민발안은 49.6%의 투표율 속에 국민의 41.6%가 찬성하고 1개 칸톤만 찬성해 부결됐다.[71]

또한 노후 원자력발전소의 조기폐쇄와 관련된 국민발안은 2016년 11월 27일 실시한 국민투표에서 국민의 54.2%가 반대하고, 5개 칸톤만 찬성해 부결됐다. 마지막으로 2017년 5월 21일 실시된 '에너지 전략 2050 법안'에 대한 선택적 국민

투표에서 국민의 58.2% 지지를 얻어 2050년까지 5기의 원전 가동을 모두 중단하기로 결정됐다.[72]

한편 사회민주당이 제기한 핵무장 금지와 관련한 국민발안은 1962년 4월 1일 국민투표에 회부돼 국민의 34.8%가 찬성하고, 4개 칸톤이 찬성해 부결됐다. 1963년에 군대가 핵무기를 보유할지에 대한 결정은 의무적 국민투표를 거쳐야 한다는 국민발안이 제출됐지만, 1963년 5월 26일 실시한 국민투표에서 국민의 37.8%가 찬성하고, 4.5개 칸톤이 찬성해 부결됐다.

라. 군대 관련

청년사회민주당[73]은 군대의 완전한 폐지라는 국민발안을 제출했다. 이는 스위스의 전통적 가치인 '무장중립'에 대한 도전이었다. 1989년 11월 26일 실시한 국민투표에서 국민의 35.6% 찬성과 2개 칸톤의 찬성을 얻어 부결됐지만, 유권자의 1/3 이상이 군대 폐지에 찬성했다는 의외의 결과를 낳았다. 군대의 존재와 사회적 역할을 더 이상 당연시할 수 없으며, 일부 국민의 군대 폐지 의견에 맞서 그 필요성을 소명해야 했다.

이후 군대를 해산하자는 국민발안이 재차 제기돼 2001년 12월 2일 국민투표가 실시됐지만, 모든 칸톤이 반대하고, 국민의 21.9%만 찬성해 해당 안건은 부결됐다. 2년 뒤인 2003년 5월 18일에 군대를 감축하는 법률에 대한 선택적 국민투표가 실시돼 국민의 76%가 찬성해 가결됐다.

한편, 1970년대 평화를 옹호하는 단체가 무기산업을 통제하고, 무기수출을 금지하는 내용의 국민발안을 제안했다. 1972년 9월 24일 실시한 국민투표에서 국민의 49.7%가 찬성하고, 7개 칸톤이 찬성해 부결됐다. 당시 투표율은 33.3%에 불과했으나 무기수출을 금지하는 국민의 지지가 거의 과반수에 달했고, 찬성과 반대를 가른 표차는 7,000표에 불과했다.[74]

1987년에 좌파단체는 군대와 관련해 국민발안 2건을 제안했다. 첫 번째는 모든 군사비 지출 예산을 선택적 국민투표에 상정하는 내용의 국민발안이었다. 1987년 4월 5일 국민투표가 실시돼 찬성 40.6%, 2.5개 칸톤의 찬성으로 국민발안은 부결됐다. 두 번째 국민발안은 로텐투름(Rothenthurm) 군사 기지의 건설을 반대하는 사안이었다. 로텐투름 군사 기지는 전망 좋은 초지에 건설되기 때문에 자연환경을 훼손하는 것에 반대하는 해당 국민발안은 국민으로부터 폭넓은 지지를 얻었다. 1987년 12월 6일 실시된 국민투표에서 국민의 57.8%가 찬성하고 20개 칸톤이 찬성해 가결된 로텐투름 국민발안은 1949년 이후 두 번째로 성공한 국민발안이었다.[75]

마. 외국인 추방

기자인 제임스 슈바르첸바흐(James Schwarzenbach)는 1967년 '국민행동'(Aktion gegen Überfremdung von Volk und Heimat)의 대표로 제38대 하원(1967~1971)에 처음 진출했다. 그는 스위스에 체류하는 외국인의 1/3을 강제로 출국시키고, 외국인 비율이 모든 칸톤에서 10% 이상을 초과해서는 안 되며, 국제기구가 많은 제네바 칸톤은 외국인이 칸톤 인구의 25% 이상을 넘어서는 안 된다는 국민발안을 제출했다. 해당 국민발안에 따르면 약 30만 명의 외국인이 강제추방될 예정이었다.

1970년 6월 7일 실시한 국민투표에서 무려 74.7%의 국민이 참여했다. 국민의 46%가 찬성했는데 찬성에서 5만 표가 부족해 부결됐다. 칸톤 투표에서는 6개 칸톤(베른, 루체른, 우리, 슈비츠, 프리부르, 졸로투른)과 2개의 반 칸톤(니트발덴, 옵발덴)이 찬성했다. 외국인 추방에 관한 국민발안을 가톨릭과 시골 지역 칸톤에서 지지했던 것이다.[76]

1971년 제39대 하원선거에서 국민행동은 4석을 얻었다. 1972년 국민행동은 1970년에 실시된 국민발안보다 더 극단적으로 1977년까지 외국인 노동자 50만 명을 추방하자는 국민발안을 제안했다. 1974년에 노동력의 17%를 스페인과 이탈리아에서 온 외국인이 차지하고 있는 상황에서 국민발안이 통과될 경우 외국인 노동력에 의존하는 산업이 붕괴할 수 있기에 연방내각은 국민발안에 반대할 것을 밝혔다. 1974년 3월 슈바르첸바흐는 '자신의 양심이 스위스를 재앙 직전까지 초래할 국민발안의 지지를 용인하지 않는다'고 선언하면서 국민행동의 국민발안과 결별했다. 1974년 10월 20일 실시된 국민투표에서 1970년보다 훨씬 적은 국민의 34.2%가 국민발안에 찬성했고, 모든 칸톤이 반대해 부결됐다(투표율 70.3%).

극우 정당이나 우익단체는 외국인 혐오를 명분으로 외국인을 추방하거나 제한하자는 7건의 국민발안을 제안했지만, 국민투표에서 가결되지 못했다. 오히려 외국인 노동자 추방 등과 관련돼 지속적으로 제기된 국민발안은 외국인 노동자의 처우에 직 · 간접적으로 영향을 미쳤다.[77]

바. 국제기구 가입 등

스위스의 EU 가입을 지지하는 제안인 'EU 가입 찬성(Yes to Europe)'이라는 국민발안이 제기됐다. EU 가입에 관한 국민발안에 대해 2001년 3월 4일 국민투표가 실시돼 55.8%의 투표율 속에 23.2%의 국민 찬성과 모든 칸톤의 반대로 부결됐다. 스위스는 EU 회원국은 아니지만 EU와 쌍무조약을 체결해 EU 회원국과 큰 차이 없이 인적 · 물적 교류를 하고 있다. 이러한 EU와의 쌍무조약은 선택적 국민투표를 통해(2005.6.5., 2009.2.8. 등) 국민의 동의를 얻었다.

또한 UN 가입에 관한 국민투표는 1986년과 2002년 두 번 실시됐다. 1986년 3월 16일 실시된 국민투표에서는 조약에 관한 의무적 국민투표 형식으로 제출됐으나 부결됐다(국민 24.3% 찬성, 모든 칸톤 반대). 그러나, 2002년 3월 3일 실시된 국민투표에서는 국민발안 형식으로 제출돼 스위스의 UN 가입 안건이 가결됐다(국민 54.6%와 12개 칸톤 찬성).

제 5 장

법률 주민발안, 주민소환, 란츠게마인데

제1절 법률 주민발안

1. 개요

법률 주민발안은 일정 수 이상의 주민이 직접 법률의 제 · 개정을 요구할 수 있는 조치이다.[1] 연방 차원에서 연방헌법의 전부 또는 일부 개정을 위해 10만 명 이상의 유권자 서명을 얻어 국민발안을 제안할 수 있을 뿐(연방헌법 제138조 및 제139조), 법률에 대한 국민발안을 허용하지 않는다. 모든 칸톤에서 칸톤법률에 대한 주민발안을 허용한다는 점에서 향후 연방 차원에서 도입될 직접민주주의제도는 법률 국민발안이 유력하다.

1793년 프랑스 지롱드 헌법에는 법률 주민발안과 유사한 조치를 제안했고, 1794년 제네바 헌법에는 700명의 주민이 청원 형식으로 칸톤의원들로 하여금 유권자 총회에 법안의 제출을 요구하는 규정이 있었다. 따라서 1845년 보 칸톤이 처음으로 법률 주민발안을 칸톤헌법에 규정했지만, 1845년 당시에 법률 주민발안은 새로운 것은 아니었다.

칸톤법률 주민발안은 1852년 아르가우 칸톤, 1863년 바젤란트 칸톤, 1869년 취리히, 투르가우, 졸로투른 칸톤에 도입됐다. 이후 제네바 칸톤(1891년), 티치노 칸톤(1892년), 발레 칸톤(1907년), 프리부르 칸톤(1921년) 등 10개의 칸톤에서 칸톤법률에 대한 주민발안 제도가 도입됐다. 지금은 모든 칸톤에서 칸톤법률에 대한 주민발안을 실시하고 있다.

1990~2009년 취리히 칸톤에서는 53건의 법률 주민발안이 있었다. 옵발덴, 그라우뷘덴, 투르가우, 보, 뇌샤텔 칸톤은 같은 기간에 5건 이하의 법률 주민발안이 있었다. 이러한 차이는 주민발안 요건이 다르기 때문이다. 또한 도시 칸톤은 직접민주주의의 중심지라 말할 정도로 지역 내 직접민주주의에 대한 관심이 높지만 슈비츠 같은 작은 칸톤에서는 상대적으로 낮은 편이다.[2]

주민발안을 제기하기 위해 필요한 서명자 수는 칸톤 유권자의 0.7~4.8%이다. 티치노 칸톤에서 주민발안을 제기하기 위해서는 4.8%의 유권자 서명이 필요하지만, 아르가우, 취리히, 바젤 칸톤은 0.7~0.8%만 필요하다. 칸톤법률에 대한 주민발안에 필요한 서명 기간은 대체로 30~360일이고, 칸톤 당국이 서명의 유효성을 검증한다.[3]

2. 제네바 칸톤의 법률 주민발안

제네바 칸톤은 18세 이상 국내 · 외 유권자가 참정권을 가지고, 8년 이상 거주한 외국인은 코뮌 차원의 주민투표에서 참정권을 가진다(제네바 칸톤헌법[4] 제48조,[5] 정치적 권리 행사에 관한 제네바 칸톤법[6] 제2조). 따라서 18세 이상 유권자는 칸톤법률과 칸톤헌법 개정을 위한 주민발안을 제출할 수 있다.

칸톤법률의 제 · 개정 · 폐지 등을 위한 주민발안은 유권자 2%의 서명이 필요하고(제네바 칸톤헌법 제57조 제1항), 칸톤헌법의 전부 또는 일부 개정을 위한 주민발안은 유권자 3%의 서명이 필요하다(제네바 칸톤헌법 제56조 제1항). 2020년 12월 31일 기준, 제네바 칸톤 유권자는 269,940명이고, 칸톤법률 개정을 위한 주민발안에 필요한 유권자 수는 5,398명이며, 칸톤헌법 개정을 위한 주민발안에 필요한 유권자 수는 8,089명이다.[7]

주민발안을 제기하려는 유권자는 서명 작업을 시작하기 전에 서면으로 개인 또는 단체의 이름을 통지하고, 주민발안의 대표자를 지명한다(정치적 권리 행사에 관한 제네바 칸톤법 제86조 제1항 제a호 · 제b호). 또한 주민발안을 철회할 권한이 있는 9명의 성명, 주소가 적힌 서명 명부 견본을 제네바 칸톤 선거관리위원회에 제출한다(정치적 권리 행사에 관한 제네바 칸톤법 제86조 제1항 제c호 · 제d호). 주민발안 서명 명부에는 주민발안 제출 이유를 기재할 수 있다(정치적 권리 행사에 관한 제네바 칸톤법 제86조 제2항).

주민발안을 요구하는 유권자 서명 명부는 최소 5명의 서명을 표시할 수 있는 명부로 구성한다(정치적 권리 행사에 관한 제네바 칸톤법 제89조 제1항 제a호). 유권자 서명 명부 상단에는 구체적인 주민발안의 대상, 다른 사람의 서명 또는 2

개 이상의 서명을 기재할 경우 100프랑 이상의 과태료에 처한다는 내용을 각각 기재한다(정치적 권리 행사에 관한 제네바 칸톤법 제89조 제1항 제a호 · 제b호).

유권자 서명명부에는 서명인의 ① 성(姓), ② 이름, ③ 생년월일, ④ 출생 칸톤 또는 국적 ⑤ 주소(도로명 번호, 건물번호, 우편번호, 코뮌명), ⑥ 서명이 기재된다. 이러한 내용은 서명인이 각각 수기로 작성하지만, 장애인에게는 적용되지 않는다(정치적 권리 행사에 관한 제네바 칸톤법 제87조 제1항 제c호, 제2항 · 제3항).

주민발안은 칸톤법률 또는 칸톤헌법의 개정을 요구하는 법조문 형식 또는 일반적인 제안서 형식으로 제출할 수 있다(제네바 칸톤헌법 제56조 제2항, 제57조 제2항). 제네바 칸톤 관보에 주민발안 개시 공고가 나면 주민발안에 필요한 서명작업을 시작하고, 주민발안 공고일부터 4개월 이내에 필요한 서명을 얻어야 한다(제네바 칸톤헌법 제59조).

제네바 칸톤정부는 주민발안의 유효성을 심사하고, 형식적 · 내용(주제)상 요건이 충족되지 않은 주민발안의 전부 또는 일부를 무효로 한다(제네바 칸톤헌법 제60조). 제네바 칸톤의회가 결정하는 주민발안의 유효성 여부에 대한 심사기간은 4개월이다(제네바 칸톤헌법 제62조 제1항 제a호, 정치적 권리 행사에 관한 제네바 칸톤법 제92조의a).

제네바 칸톤의회는 주민발안에 대해 찬성 또는 반대 여부를 1년(12개월) 이내에 결정한다(제네바 칸톤헌법 제61조 제1항, 제62조 제1항 제b호). 제네바 칸톤의회가 주민발안을 반대하고, 칸톤의회 차원의 대안을 제출할 수 있는데, 이 경우 2년(24개월) 이내에 대안을 제출한다(제네바 칸톤헌법 제61조 제2항 · 제3항, 제62조 제1항 제c호).

또한 제네바 칸톤의회는 제안서 형식으로 제출된 주민발안에 대해 2년 이내에 수용 여부를 결정한다(제네바 칸톤헌법 제62조 제1항 제c호). 제안서 형식의 주민발안을 주민투표에서 가결한 경우 제네바 칸톤의회는 1년(12개월) 이내에 법조문 형식으로 개정안을 작성한다(제네바 칸톤헌법 제64조)

따라서 제네바 칸톤의회가 법조문 형식의 주민발안을 심의하거나, 제안서 형식으로 제출된 국민발안을 법조문 형식의 개정안을 마련하는데 필요한 심의기간은 1년이다. 그러나 제네바 칸톤의회가 제안서 형식의 주민발안을 심의하거나, 주민발안에 대한 칸톤의회의 대안을 마련하는데 필요한 심의기간은 2년이다.

주민발안은 칸톤의회 심의 후 또는 칸톤의회의 대안을 공고한 이후 30일 이내에 언제든지 철회할 수 있다(제네바 칸톤헌법 제58조, 정치적 권리 행사에 관한 제네바 칸톤법 제93조 제1항). 주민발안의 철회결정은 주민발안을 철회할 수 있는 유권자의 다수결로 정하고, 제네바 칸톤 선거관리위원회에 통지된다(정치적 권리 행사에 관한 제네바 칸톤법 제93조 제2항 · 제3항).

제네바 칸톤의회가 반대한 주민발안이 철회되지 않는 경우, 이 주민발안은 주민투표의 대상이 돼 칸톤 유권자의 판단에 맡긴다. 또한 주민발안에 대한 칸톤의회의 대안도 칸톤 유권자의 판단에 맡긴다. 이 경우 제네바 칸톤의회는 주민발안과 칸톤의회의 대안 중 어느 안건을 선호하는지 우선순위를 명시한다(제네바 칸톤헌법 제63조).

주민발안은 찬반 투표에서 절대다수 즉, 유효투표의 과반을 얻은 경우 가결된다(정치적 권리 행사에 관한 제네바 칸톤법 제94조 제2항). 주민발안에 반대하는 대안이 있고, 주민발안과 대안 모두 절대다수를 얻은 경우 추가질문에서 가장 많이 득표한 안건이 채택된다. 주민발안과 대안이 동일한 득표를 얻은 경우 찬반투표에서 가장 많이 득표한 안건이 채택된다(정치적 권리 행사에 관한 제네바 칸톤법 제94조 제3항).[8]

3. 연방 차원의 법률 국민발안 논의

법률에 대한 국민발안을 도입하자는 요구가 있다. 연방헌법 개정과 관련한 국민발안의 대부분은 기본적으로 입법사항과 관련이 있고, 법률 사항을 연방헌법 개정에 관한 국민발안 형식으로 제기하는 것이 적절치 않다는 것이다. 아울러 모든 칸톤에서 칸톤법률에 대한 주민투표가 실시되고 있어 이를 연방차원으로 확장할 필요가 있다고 주장한다.

이에 반대하는 견해는 연방의회는 유일한 입법자로서 유권자 개인에 의해 연방법률이 산발적으로 만들어져서는 안 되고, 국민발안의 대상이 연방의회에서 의결된 법률까지 확대될 경우 연방의회의 권한을 제약할 수 있음을 지적한다.[9] 또한 연방법률에 대한 국민발안은 양원제 시스템을 약화하고, 연방과의 관계에 있어서 칸톤의 지위를 약화한다고 주장한다.

국민은 연방 차원의 법률 국민발안을 반대하고 있다. 1872년 5월 12일 실시한 연방헌법 전부 개정에 관한 의무적 국민투표에서 연방법률에 대한 국민발안을 도입하는 내용이 포함됐으나, 국민의 49.5%와 9개 칸톤이 찬성해 부결됐다. 1961년 10월 22일 연방법률에 대해 국민발안을 허용하는 내용의 국민투표가 실시됐으나, 투표율 40.1%에 국민의 29.4%만 찬성하고, 모든 칸톤이 반대해 부결됐다.

제2절 주민소환 제도

1. 의의

주민소환제도(recall)는 선출직 공직자에 대한 마지막 통제수단으로 사용된다. 현재 미국,[10] 독일, 폴란드, 페루, 아르헨티나 등 몇몇 국가에서[11] 주민소환제도를 운영 중이다. 고도로 분권화되고 국민투표가 활성화돼 국민의 직접적인 정치참여가 활발한 스위스이지만, 연방 차원의 주민소환 제도는 도입되지 않았고, 연방이 아닌 칸톤과 코뮌에만 도입돼 있다. 26개 칸톤 중 베른, 샤프하우젠, 졸로투른, 투르가우, 우리, 티치노 칸톤을 합해 6개 칸톤이 주민소환제도를 제도화했다. 우리 칸톤과 티치노 칸톤은 칸톤 외에 코뮌 차원에서도 주민소환제도를 도입했다.

주민소환제도는 첫째, 정치 엘리트에 대한 이의제기를 통해 물리적 폭력을 피할 수 있다. 정치권에 불만을 가진 집단이 주민소환 과정에서 불만을 해소할 수 있기 때문이다. 또한 직접민주주의 수단이 다양할수록 정치적 무기로 주민소환 제도를 활용하는 경향은 감소할 것이다. 둘째, 주민소환제도는 정당의 정치적 도구로 사용될 수 있다. 유권자의 관심을 끌고 선거에서 득표율을 극대화하거나 소수 정당의 인지도 제고나 정책을 알리기 위한 목적으로 주민소환 제도가 활용될 수 있다. 특히 2~3개 주요 정당의 지지율이 비슷할수록 주민소환 제도를 선호하는 경향이 있다. 셋째, 주민소환제도는 모든 통제방법이 실패할 경우 최후의 수단으로 사용된다. 무능한 부패 정치인은 법원을 통해 처벌할 수 있고, 언론을 통해 사퇴 압박을 가할 수 있지만, 이러한 제재수단이 효과적이지 않을 경우 주민소환 제도를 활용해 정치적 갈등을 해소할 수 있다.

2. 도입 연혁

주민소환제도의 역사적 기원은 불분명하지만 일부 칸톤의 주민소환제도는 거부권, 주민투표, 주민발안보다 오래됐다. 18세기 말 제네바 그라보(grabeau)에서 일어난 공직자에 대한 불신임은 유력한 기원 중 하나이다. 또는 1802년 나폴레옹에 의해 다소 변형된 형식으로 적용된 프랑스의 헤보카시옹(revocation, 파면) 방식을 차용한 것일 수 있다. 이 제도는 공직자에 대한 불신임 수단으로 바젤, 취리히, 샤프하우젠, 베른, 루체른, 프리부르, 졸로투른 칸톤으로 확대됐다.

19세기 초 스위스는 나폴레옹 군대가 점령한 상태였고, 가톨릭과 프로테스탄트 간 종교적 혼란과 도시와 농촌 간 갈등이 심화했다. 이처럼 선출직에 대한 불신임(주민소환)제도는 가톨릭과 프로테스탄트 간 종교적 갈등이 치열할 때 사용됐고, 혁명을 막기 위한 목적도 있었다.[12] 선출된 기관을 소환하는 형태의 주민소환제도는 대부분 1850~1860년대의 민주화운동 과정에서 확산한 것이다.[13]

또한 1869년 취리히 칸톤헌법의 전부 개정을 위한 주민발안이 가결돼 칸톤의회 선거가 다시 실시됐다. 이는 칸톤의원의 전면 교체를 뜻하는 것으로 칸톤의원의 간접적인 소환으로 이해된다.[14] 주민소환에 대한 관심이 낮기에 연방헌법의 전부 개정을 목표로 하는 국민발안을 통해 연방의원을 전면 교체하는 간접적인 연방의원 소환 방법도 있다. '국민전선'(National Front)은 민족주의 운동과 함께 연방헌법의 전부개정을 요구하는 국민발안을 제출했으나, 1935년 9월 8일 실시된 국민투표에서 국민의 72.3% 반대로 부결됐다.

보 칸톤에서 1845년과 2003년에, 제네바 칸톤에서 1847년에 각각 주민소환제도를 도입하자는 논의가 있었지만 칸톤헌법에 반영되지 않았다. 오히려 아르가우 칸톤(1980년), 바젤란트 칸톤(1984년), 루체른 칸톤(2007년)은 칸톤헌법을 전부 개정하는 과정에서 이견 없이 주민소환제도를 폐지했다.

3. 요건

칸톤의 주민소환 대상은 칸톤정부나 칸톤의회 전부의 교체를 목적으로 한다. 즉 칸톤정부나 칸톤의회 구성원 일부에 대한 해임을 허용하지 않고, 구성원 전체를 대상으로 한다. 우리 칸톤은 모든 선출직을 소환할 수 있어 기관(칸톤정부, 칸톤의회) 외에 선출직 개인에 대한 소환도 이론적으로 가능하다. 티치노 칸톤에서는 소환대상을 칸톤정부로 한정한다. 1986년 졸로투른 칸톤에서 주민소환 대상을 칸톤 각료로 허용하자는 논의가 있었으나 부결됐다.

칸톤별로 주민소환에 필요한 최소한의 서명요건은 유권자의 2~16.6% 수준이고, 유권자 증가에 따라 서명요건도 함께 조정됐다. 유권자의 30% 서명을 요구하는 티치노 코뮌, 16.6%인 투르가우 칸톤, 11.1%인 티치노 칸톤 등을 제외하고 대체로 4% 이하의 서명요건을 나타낸다. 또한 대부분의 칸톤은 서명 수집에 기간 제한을 두지 않지만, 티치노, 투르가우, 졸로투른 칸톤은 각각 2개월, 3개월, 6개월의 수집기간 제한이 있다.

일반적으로 소환 사유는 법률적 또는 정치적 정당성을 필요로 하지 않는다. 주민소환 안건이 투표권을 행사한 유권자의 과반수 찬성으로 가결되면 기관의 모든 구성원은 일괄 사퇴하고, 이들을 대체할 새로운 선거가 실시된다. 새롭게 선출된 기관 구성원은 종전 기관 구성원의 잔여 임기까지 활동한다. 이런 점에서 스위스의 주민소환제도는 개별 정치인에 대한 처벌보다는 불신임투표의 성격을 가진다.[15]

4. 실시 사례

주민소환제도가 실제 활용된 사례는 많지 않다. 1845~2015년까지 모두 12건의 주민소환 사례가 있었지만, 실제 주민소환투표가 실시된 것은 12건 중 4건이고, 딱 한 차례인 1862년 아르가우 칸톤에서 주민소환이 가결됐을 뿐이다.[16] 베른 칸톤에서 1852년에, 샤프하우젠 칸톤에서 2000년 3월 12일, 벨린초나 코뮨(티치노 칸톤)에서 2011년 각각 주민소환에 필요한 서명을 얻어 주민투표가 실시됐지만, 의결정족수를 충족하지 못해 모두 부결됐다.

선출직 공직자를 소환하려는 시도가 티치노 칸톤에서 3건, 졸로투른 칸톤에서 4건이 제기됐지만 필요한 서명을 확보하지 못해 실패했다. 투르가우 칸톤과 우리 칸톤은 주민소환제도가 존재하지만, 지난 100년 동안 한 번도 시도된 적이 없다. 이처럼 주민소환제도를 운영 중인 칸톤에서 주민소환을 시도한 사례가 드물고, 소환을 시도했다고 해도 투표로 이어지지 않는 경우가 많아 주민소환은 상징적인 의미를 가진다.

[표 21] 주민소환제도를 실시 또는 폐지한 칸톤

주	시작 연도	폐지 연도	서명 요건(명)	서명 유권자 비율(%)	적용 대상	기간	소환 시도	소환 투표	실제 소환
베른	1846	-	1846a: 8,000	6	의회 정부	1개월	1	1	0
			1893a: 12,000	8		-			
			1993: 30,000	4		-			
졸로투른	1869	-	1869a: 4,000	19.5	의회 정부	-	4	0	-
			1977: 8,000	6		-			
			1986: 6,000	4		6개월			

주	시작 연도	폐지 연도	서명 요건(명)	서명 유권자 비율(%)	적용 대상	기간	소환 시도	소환 투표	실제 소환
투르가우	1869	–	1869a: 5,000	9	의회 정부	–	0	–	–
			1953a: 20%	20		3개월			
			1987: 20,000	16.6		3개월			
샤프하우젠	1876	–	1876a: 1,000	10	의회	–	1	1	0
			2013: 1,000	2	정부				
티치노(칸톤)	1892	–	1892a: 11,000	50	정부	60일	3	0	–
			1954a: 11,000	23					
			1970: 15,000	11.1					
티치노(코뮌)	2011	–	2011: 30%	30	정부	60일	2	1	0
우리(칸톤)	1915	–	1929a: 150	2.0	모두	–	0	–	–
			1955a: 300	2.6					
			1997: 600	2.4					
우리(코뮌)	1915	–	1979: 10%	10	모두		0	–	–
아르가우	1852	1980	1852a: 6,000	11	의회	–	1	1	1
			1885a: 5,000	8					
			1980: 5,000	1.8					
바젤란트	1863	1984	1863a: 1,500	10	의회	–	0	–	–
			1984: 1,500	1					
루체른	1875	2007	1875a: 5,000	12	의회	–	0	–	–
			2007: 5,000	2					

* a: 당시 남성만이 투표권을 가짐

* 자료: Uwe Serdült(2015: 168) 등 참조

5. 칸톤별 주민소환제도

가. 베른 칸톤

1846년 베른 칸톤은 칸톤의회를 소환할 수 있는 제도를 처음 도입했다. 1846년 당시 남성 유권자 8,000명의 서명을 1개월 내에 받아 주민들이 칸톤 관청에 신청했다. 1993년부터 유권자 30,000명의 서명이 필요하고(2013년 기준 유권자의 4%) 서명수집에 대한 기간 제한은 없다. 베른 칸톤은 1993년 칸톤헌법을 전부 개정하면서 주민소환제도를 유지하되, 소환대상에 칸톤정부를 추가했다.

베른 칸톤이 주민소환 제도를 폐지하지 않은 것은 칸톤정부와 관련된 재정 스캔들(1984~1985년)과 관련이 있다. 베른 칸톤에서는 1852년에 칸톤의 재물을

부정 축재한 사건(보물 사건)으로[17] 주민소환 투표가 실시됐다. 이는 역사상 실제 주민소환 투표가 이루어진 첫 번째 사례이다. 주민소환에 필요한 서명의 2배에 달하는 총 16,000명의 서명을 얻었고, 1852년 4월 18일 투표가 실시됐다. 투표결과 54%의 반대로 부결됐다.[18]

나. 졸로투른 칸톤

졸로투른 칸톤에서는 1850년과 1856년에 주민소환제도를 도입하려 했으나 실패했고, 1869년 칸톤정부와 칸톤의회에 대한 주민소환 제도가 도입됐다. 졸로투른 칸톤은 1986년 전부 개정된 칸톤헌법에서 주민소환 조항을 유지했고, 유권자 6,000명 이상의 서명이 있으면 주민소환 투표가 가능하다(2013년 기준 유권자의 3.4%).

졸로투른 칸톤에서는 주민소환을 요구하는 4번의 시도가 있었다. 1887년에는 야당이 보다 민주적인 칸톤헌법이 도입되도록 정치적 압박을 가하기 위해 주민소환 제도를 시도했다. 1961년에는 군사훈련장에 반대하는 위원회가, 1973년에는 원자력발전소 반대 단체가 주민소환을 시도했다. 1995년에는 칸톤 은행의 부실과 관련해 칸톤정부와 칸톤의회를 모두 해산하기 위해 제기됐다.[19] 그러나 이들 모두 필요한 서명을 확보하지 못해 주민투표가 실시되지 못했다.

다. 투르가우 칸톤

투르가우 칸톤은 1869년 주민소환제도를 도입한 이래, 한 번도 주민소환이 실시된 적이 없다. 그러나 1987년 전부 개정된 칸톤헌법에서는 여전히 주민소환제도를 유지했다. 칸톤 주민의 뜻에 따라 주민소환 투표를 실시하려면 3개월 내에 20,000명의 유효한 서명을 받아야 한다(2012년 기준, 유권자의 12.5%). 또한 투르가우 칸톤은 유권자 4분의 1의 서명을 얻어 종신직으로 선출된 성직자와 교사에 대한 소환을 허용한다(정치적 권리에 관한 투르가우 칸톤법률 제48조, 제50조).[20]

라. 샤프하우젠 칸톤

샤프하우젠 칸톤은 1876년 1,000명 이상의 남성 유권자(2013년 기준, 유권자의 2%)가 서명하면 칸톤정부와 칸톤의회를 소환하는 제도를 도입했다. 2000년 자유당 소속 칸톤의원인 게롤트 마이어(Gerold Meier)가 칸톤정부를 소환하기 위해 주민소환을 발의했다. 그는 칸톤정부와 보험사 간에 이루어진 450만 프랑(약 57억 원)의 부동산 거래가 법에 저촉된다고 주장했다. 2000년 3월 12일 주민투표에서 유권자의 2/3가 반대표를 던짐으로써 주민소환은 부결됐다.[21]

마. 티치노 칸톤

티치노 칸톤은 1875년 이래 정치적 격변기를 겪었고, 1890년에는 폭력사태로 인해 정치적 혼란이 최고조에 달했다. 티치노 칸톤은 1892년 정치적 혼란을 극복하기 위해 칸톤정부에 대한 주민소환제도를 도입했다. 1892년 칸톤의회에서 칸톤정부뿐 아니라 칸톤의회에 대한 주민소환 제도를 도입할지에 대한 논쟁이 있었다. 그러나 주민들이 칸톤법률에 대한 주민투표를 요구할 수 있는 권한을 갖기 때문에 이러한 제안은 거부됐다. 1970년부터 주민소환을 요구하기 위해서는 60일 이내에 15,000명의 서명을 얻어야 한다(2013년 기준 유권자의 7%).

티치노 칸톤은 주민소환을 요구할 수 있는 시간적 제약을 두고 있다. 종전에는 선거 후 4개월 동안 주민소환이 허용되지 않았으나, 1954년부터 칸톤정부를 선출하는 선거 전후 1년(선거 후 1년, 다음 선거가 있기 1년 전)에는 주민소환이 허용되지 않는다. 따라서 티치노 칸톤에서는 칸톤정부 구성 후 2~3년에만 주민소환제도를 사용할 수 있다. 티치노 칸톤에서는 3번의 주민소환 시도가 있었다. 1945년 좌익 운동, 1991년 티치노동맹,[22] 2008년 스위스국민당의 주도로 주민소환이 요구됐으나, 주민소환에 필요한 정족수를 얻지 못해 주민투표가 실시되지 못했다.

1921년과 1994년에 티치노 칸톤헌법을 전부 개정하면서 빈번하게 발생하는 코뮌 집행부의 분쟁을 해소하기 위해 코뮌 차원의 주민소환제도를 도입하려 했으나 실패했다. 기민당 소속의 알렉스 페드라찌니(Alex Pedrazzini)는 2006년 칸톤 의회 발의를 통해 코뮌 차원의 주민소환제도를 칸톤헌법에 제안했고, 2010년 3월 7일 실시한 주민투표에서 유권자의 58.5%의 지지를 얻어 가결됐다.

2011년부터 코뮌 집행부를 대상으로 60일 내에 유권자 30%의 서명을 얻으면 주민소환 투표를 실시할 수 있다. 주민소환에 필요한 서명 요건이 높은 것은 인구가 적은 다수의 소규모 코뮌에서 서명 정족수가 쉽게 충족되는 것을 막기 위해서였다. 주민소환 투표는 서명 결과를 코뮌 공보에 게재한 후 60일 이내에 실시한다. 코뮌 차원의 주민소환제도가 도입된 후 얼마 지나지 않아 티치노 칸톤의 수도인 벨린초나 코뮌에서 첫 번째 주민소환이 제기됐다. 녹색당원 3명이 서명 작업을 시작했으나 필요한 서명 인원(3,074명)을 채우지 못해 실패했다.[23]

바. 우리 칸톤

우리 칸톤은 1915년 은행 스캔들 문제로 소집된 란츠게마인데를 통해 칸톤 뿐만 아니라 코뮌 차원에서 주민소환제도를 도입했다. 우리 칸톤헌법에 따르면 칸톤과 코뮌의 모든 기관이 주민소환 대상이 될 수 있다. 주민소환 대상은 칸톤정부, 칸톤정부 대표 · 부대표, 칸톤법원, 칸톤의회, 상원의원 2명이 포함된다.[24] 이론적으로는 직접 선출된 개개인을 소환하는 것이 가능하다. 1928년 란츠게마인데가 폐지되기 전까지는 란츠게마인데에서 거수방식으로 소환여부를 결정했다.

현재 칸톤 차원에서 주민소환을 요구하기 위해서는 600명 이상의 유권자의 서명이 필요하다(2013년 기준, 유권자의 2.3%). 코뮌 차원에서 주민소환을 요구하기 위해서는 코뮌 유권자 10%의 서명이 필요하다.[25]

6. 주민소환 성공사례: 아르가우 칸톤

가. 배경

아르가우 칸톤은 1852년 아르가우 칸톤헌법에 남성 유권자 6,000명이 칸톤의회를 대상으로 주민소환을 실시할 수 있도록 했으나, 1980년 칸톤헌법에서 주민소환제도를 폐지했다. 지금까지 주민소환제도의 유일한 성공사례는 1872년 아르가우 칸톤에서 찾을 수 있다.

아르가우 칸톤의 유대인은 주로 엔딩엔(Endingen)과 렝나우(Lengnau)에 거주했다. 엔딩엔과 렝나우는 1798년 이전까지 수십 년 동안 유대인 정착이 허용된 유일한 지역이지만, 가톨릭교도가 대다수인 지역의 가운데에 위치했다. 유대인만의 자치기구와 학교가 있었지만, 야간 통행금지, 결혼 허가제 등 경제적으로나 일상적으로 심각한 제약이 있었다.[26] 1860년경 유대인들은 엔딩엔과 렝나우 인구의 절반을 차지했다. 가난한 농촌인 엔딩엔과 렝나우 지역에 거주하는 기독교인과 유대인 사이의 갈등은 종교와 문화뿐만 아니라 경제적인 성격을 띠고 있었다. 기독교인은 천연자원(숲) 이용과 빈민을 위한 재정지원에서 유대인들이 배제되기를 원했다. 그러나 1848년 연방헌법은 모든(남성) 주민에게 동등한 권리를 부여했기 때문에 모든 칸톤헌법이 개정돼야 했고, 19세기 후반에 걸친 민주화운동에 따라 아르가우 칸톤의회는 유대인에게 완전한 시민권을 부여했다.[27]

아르가우 칸톤의회는 유대인을 지자체에 완전히 통합시키는 대신 그들만의 특별 코뮌을 설정할 것을 제안한 칸톤 법률안을 심사했다. 칸톤정부는 유대인과 기독교인을 분리하기 위한 조사원을 파견했지만, 기독교 주민들은 땅을 내어주려 하지 않았다. 엔딩엔에 거주하는 유대인 주택이 파손되는 등 몇 주 동안 혼란이 지속됐다. 폭동이 계속되자 오베르엔뎅엔(Oberendingen)과 렝나우 내 기독교 코뮌의 권리가 변경돼서는 안 된다는 내용으로 칸톤 법률안이 수정됐고, 유대인 해방은 사실상 무효화됐다(1차 법안 심의). 몇 개월 동안 유대인 해방에 반대하는 운동이 칸톤 전체로 확산했다. 수백 명이 참석한 가운데 반유대 집회가 열렸다. 이처럼 유대인의 완전한 법적 해방에 반대하며 일어난 운동을 '작은 이들의 폭풍'[28]이라 했다.

1862년 5월 15일 칸톤의회에서 2차 법안 심의를 했다. 다수당인 자유당은 정치적 권리와 주민의 권리는 종교와 무관하고, 유대인에게도 이들 권리가 부여돼야 한다고 강조했다. 50명에 달하는 칸톤의원들이 기권표를 던졌지만, 투표결과는 113:2로 가결됐다. 「해방법(emancipation law)」은 1862년 7월 1일부터 시행됐다. 이에 보수 야당은 1852년 아르가우 칸톤헌법에 규정된 주민소환과 칸톤의회에서 통과된 칸톤법률에 대한 선택적 주민투표를 모두 활용했다. 유권자 6,000명의 서명이 필요한 주민소환과 유권자 5,000명의 서명이 필요한 선택적 주민투표 모두를 전개하기 위한 서명운동을 시작했다. 한 달도 되지 않아 각각의 안건에 대해 약 9,000명의 서명을 얻었다.[29]

나. 투표결과

유대인 해방 정책에 관한 주민소환 투표가 1862년 7월 27일 실시됐다. 유권자의 63%가 찬성해 칸톤의회가 해산됐고, 칸톤정부는 자발적으로 퇴진했다. 이후 1862년 8월 12일 실시한 칸톤의회 선거에서 칸톤의원의 3분의 2가 교체됐지만, 자유당은 다수당을 유지했다. 칸톤정부 선거에서도 비슷한 결과가 나타났다.

해방법에 대한 선택적 주민투표는 1862년 11월 11일, 12일 양일에 걸쳐 실시했고, 투표율은 83%이었다. 투표결과 해방법은 11개 지역 중 어느 곳에서도 지지받지 못했고, 해방법의 개정을 원하는 쪽과 해방법을 여전히 반대하는 쪽으로 구분됐다. 전체 230개 코뮌 중 오직 4개 코뮌에서 찬성표가 나왔다. 이러한 반유대적인 주민투표결과는 연방법률에서 유대인을 스위스 주민으로 규정하고, 칸톤법은 이를 따르도록 한 조치와 상반되기에 갈등을 초래했다.

새로 구성된 칸톤정부는 연방법률과 주민투표결과 모두를 수용하는 법안을 제안해야 했다. 그 결과 해방법은 폐지되고 유대인 자치기구는 복권됐다. 유대인들은 어디에서나 정착할 수 있는 자유를 얻었고, 결혼허가를 받을 필요가 없어졌다. 반면 연방 및 칸톤 차원의 투표권은 제외돼 정치적 권리를 보장받지 못했다.

아르가우 칸톤법이 연방법률에 위반되기에 연방내각은 연방 및 칸톤 차원의 정치적 권리(투표권)를 유대인에게 부여하라고 요구했다. 칸톤의회는 연방의 요구에 따라 1863년 8월 28일 아르가우 칸톤법을 개정했으나 코뮌 차원에서 유대인에 대한 시민권이 부여되지 않았기 때문에 연방법원의 판결로 해결했다. 연방법원 판결을 통해 2개의 유대인 자치기구가 완전한 지자체로 승격됐고, 1879년 1월 1일부터 엔딩엔과 렝나우의 유대인 지자체와 기독교 지자체는 하나의 지방자치단체로 합병됐다.[30]

제3절 란츠게마인데

1. 의의

란츠게마인데는 칸톤의 유권자 전원이 공개된 장소에 모여 손을 들어 찬반을 표현하여 투표하는 전통적인 주민총회이다. 현재 2개 칸톤이 매년 4월 마지막 일요일(아펜첼이너로덴 칸톤) 또는 5월 첫째 일요일(글라루스 칸톤)에 란츠게마인데를 개최한다.

란츠게마인데는 13세기를 전후해 도입돼 8개 칸톤(우리, 슈비츠, 옵발덴, 니트발덴, 글라루스, 추크, 아펜첼이너로덴, 아펜첼아우서로덴 칸톤)에서 실시됐다. 우리, 슈비츠, 옵발덴, 니트발덴 칸톤에는 14세기 초부터 란츠게마인데가 정기적으로 개최됐다. 추크 칸톤에서 1376년, 아펜첼 칸톤에서 1378년, 글라루스 칸톤에서 1387년 각각 란츠게마인데가 열렸다.[31]

이처럼 14세기 초반까지 란츠게마인데는 3개의 동맹 칸톤(우리, 슈비츠, 운터발덴 칸톤)과 다른 산악 칸톤에서 개최됐고, 란츠게마인데의 규모는 1,000명 이하부터 10,000명 이상까지 다양했다.[32] 또한 란츠게마인데 전후에 물리적 폭력과 매표행위와 같은 관행이 일상적인 것으로 간주됐다. 중세 후기에 취리히, 루체른, 바젤, 제네바에서 시민총회가 개최됐는데, 제네바는 1798년 제네바공화국이 붕괴할 때까지 시민총회가 존속했다.

그러나 추크 칸톤과 슈비츠 칸톤은 1848년, 우리 칸톤은 1928년, 니트발덴 칸톤은 1996년, 아펜첼아우서로덴 칸톤은 1997년, 옵발덴 칸톤은 1998년 란츠게마인데를 각각 폐지했다.[33] 란츠게마인데를 폐지한 이유는 증가하는 인구수에 맞추어 유권자를 수용할 충분한 공간이 없고, 비밀투표 위반 문제 때문이다.

2. 심의 사항

란츠게마인데는 대의제 의결기구가 아니라 선거권이 있는 모든 주민들로 구성된 직접적인 의결기구이다. 18세 이상 유권자들은 란츠게마인데를 통해 칸톤정부의 구성원을 선출하거나 칸톤정부나 칸톤의회에서 제안한 사항들을 결정한다. 예를 들면 아펜첼이너로덴 칸톤은 다른 칸톤과 달리 상원의원을 란츠게마인데에서 선출한다. 또한 지방세 세율, 예산, 주요 칸톤법률 등 주요 정책들을 란츠게마인데를 통해 직접 결정한다. 이러한 정책과정은 칸톤의 재정 투명성을 확보하고, 채무를 억제한다.

란츠게마인데는 연방정부와 칸톤정부의 정책 결정 과정에 여론형성 역할을 한다. 란츠게마인데를 통해 세율이 결정되기에 주민들이 직접 다른 칸톤과의 조세 경쟁을 하고, 기업유치 등을 주민들이 직접 결정한다. 나아가 란츠게마인데는 주민들의 직접적 경험을 통해 교육기관이자 공동체의 가치를 실현하는 실천적 공간이 되고 있다. 다만, 란츠게마인데는 유권자로 구성된 최고 의사 결정 기관으로 집단적 자치 정부의 특색을 가지지만 의례적이고 장식적인 색채가 강해 실질적인 논의를 하기에는 한계가 있다.

비밀투표는 기본적으로 준수되는 투표원칙이지만 란츠게마인데에서는 비밀투표 원칙이 지켜지지 않는다. 란츠게마인데는 공개된 장소에서 손을 들어 찬성 여부를 표시하기 때문에 「시민적 및 정치적 권리에 관한 국제규약」[34]에 규정된 모든 시민이 비밀투표방식으로 투표할 권리가 있다는 규정과 상반될 수 있다. 또한 찬반 숫자를 계산하는 데 있어서 투명성 문제가 있다.[35] 연방대법원은 란츠게마인데의 몇 가지

흠결에 대해 지적했지만, 란츠게마인데의 합헌성에 대한 판단은 하지 않았다.[36]

3. 아펜첼이너로덴 칸톤의 란츠게마인데

가. 개요

아펜첼이너로덴 칸톤의 인구는 2020년 현재 1만 6,293명이며, 면적은 172㎢이다. 인구는 26개 칸톤 중에서 가장 적으며, 면적도 26개 칸톤 중에서 두 번째로 작다. 아펜첼이너로덴 칸톤의 최고 의사결정 기관은 란츠게마인데이고, 칸톤의회(Grosser Rat)가 있다.

칸톤의회는 6개 코뮌[37]에서 선출된 4~18명을 합해 50명으로 구성되고, 임기는 4년이다. 칸톤헌법에 따라 칸톤의회는 연 5회 정례회가 열린다. 칸톤의 집행기관으로 7명으로 구성된 칸톤정부(Standeskommission)가 있다. 7명 중 2명(1명은 현직, 1명은 대리)이 칸톤정부 대표인 란다만(Landammann)이라 불리며, 칸톤정부를 대표해 란츠게마인데 의장이 된다.

아펜첼이너로덴 칸톤은 매년 4월 마지막 일요일에 란츠게마인데를 개최한다.[38] 아펜첼이너로덴 칸톤의 란츠게마인데는 아펜첼 시내 광장에서 약 3천 명의 주민이 모여 칸톤의 주요 안건에 대해 '손을 들어' 투표한다. 아펜첼이너로덴 칸톤에 거주하는 스위스 주민 중 만 18세 이상만 참여한다. 1991년부터 투표카드를 제시하고 입장이 가능하지만, 전통복장을 입은 남자들은 집안 대대로 물려받은 허리춤의 칼을 보여주는 것만으로도 란츠게마인데 입장이 가능하다. 투표 전에 각 안건에 대해 개개인이 각자의 의견을 이야기할 수 있는 시간도 주어진다.[39]

실제 투표는 오른손을 드는 것으로 진행되지만, 많은 인원으로 인해 과반수가 넘었는지 확인이 어려울 경우 일일이 세어 득표를 확인한다. 란츠게마인데의 참가율은 날씨에 따라 변동이 있지만 매년 40% 정도이다. 야외 회의장은 들어가지 못할 정도로 꽉 차서 되돌아가는 사람도 있었고, 참석자들은 회의 중간에 회의장을 자유롭게 이동한다.

[그림 5] 아펜첼이너로덴 칸톤 란츠게마인데 전경

아펜첼이너로덴 칸톤 란츠게마인데

란츠게마인데가 개최되는 아펜첼 시내 광장

아펜첼 시내 광장

아펜첼 시내 광장앞 건물

나. 2015년 4월 개최 사례

2015년 사례를 살펴보면 4월 26일(일) 아침 9시 가톨릭교회 미사로 시작된다.[40] 미사에서는 가장 먼저 각 코뮌의 깃발을 든 제복 차림의 사람들이 입장한다. 그 후 사제들이 입장하고 기도가 시작된다. 전 세계의 분쟁과 비극에 희생된 사람들을 추모한 뒤 오늘이 란츠게마인데가 열리는 날이며 신의 가호가 있기를 기도한다. 미사가 종료된 후 퇴장은 입장 순서와 반대로 사제들, 마지막으로 코뮌의 깃발을 든 제복 차림의 사람들이 퇴장한다. 아펜첼이너로덴의 란츠게마인데는 종교와의 관계성이 강해 매우 의식적인 란츠게마인데이다.

란츠게마인데가 시작되기 전인 11시 30분부터 고적대가 칸톤정부 대표와 사제를 칸톤 청사까지 맞이하러 가면서 행진이 시작됐다. 회의장인 란츠게마인데 광장에는 많은 사람들이 모여 있고, 많은 관람객이 있었다. 12시에 칸톤 청사에서 란츠게마인데 광장까지 칸톤정부 위원과 칸톤 법관의 행진이 시작됐다. 이 행진에는 도리스 로이타르트(Doris Leuthard) 환경 · 교통 · 에너지 · 통신부 장관이 내빈으로 참석했다. 행진이 란츠게마인데 회의장에 도착하자 란츠게마인데 준비가 완료됐다.

12시 25분에 칸톤정부 대표인 다니엘 패슬러(Daniel Fässler)의 선언으로 란츠게마인데가 시작됐다. 칸톤헌법에 따른 칸톤 행정을 보고한 이후, 칸톤정부 대표, 칸톤정부 위원, 칸톤 법관, 상원의원(2015~2019년)을 각각 거수로 선출했다. 그 이후 2013년 결산 심의가 있었다. 결산내용을 낭독하는 데 상당한 시간이 소요됐지만, 특별한 반대 없이 가결됐다.

그리고 란츠게마인데 의결이 필요한 7가지 안건이 상정됐다. ① 칸톤헌법 개정, ② 칸톤법률의 형식 조정, ③ 경찰법 개정, ④ 마틴 피스터(Martin Pfister)가 발의한 '모두를 위한 주거', ⑤ 수해방지 계획 지출, ⑥ 아펜첼의 실내 수영장 신설을 위한 지출, ⑦ 장크트갈렌 주립병원 부지 내의 어린이 병원 건설을 위한 융자안건이었다. 특히 950만 프랑(약 121억 원)이 소요되는 실내 수영장 신설안(⑥)은 찬반 거수 결과가 명확하지 않아 칸톤의회로 회부됐다.

오후 2시 30분에 안건심의를 마친 란츠게마인데는 다시 고적대를 선두로 칸톤정부 대표, 사제, 내빈이 광장에서 중앙로를 통해 칸톤 청사까지 행진했고 오후 3시경 종료됐다. 란츠게마인데 종료 후 광장 근처에서 유권자들은 차, 케이크, 맥주, 와인 등을 마시면서 란츠게마인데 의결사항 등 다양한 화제로 이야기를 나눈다.

4. 글라루스 칸톤의 란츠게마인데

글라루스 칸톤의 인구는 2020년 현재 4만 851명이고, 면적은 685km^{2}이며, 3개의 코뮌으로 구성된다. 글라루스 칸톤의 코뮌은 25개였지만, 2006년 5월 7일 란츠게마인데 의결로 2011년 1월 1일부터 3개 코뮌으로 축소했다. 글라루스 칸톤 의회(Landrat)는 3개 코뮌에서 비례대표제로 선출되는 60명의 의원으로 구성된다. 5명의 위원으로 구성되는 칸톤정부가 칸톤 행정을 담당하고, 칸톤정부의 대표인 란다만(Landammann)이 칸톤정부를 대표한다.[41]

아펜첼이너로덴 칸톤의 란츠게마인데가 끝나고 1주일 후인 5월 첫 번째 일요일에 글라루스 칸톤의 란츠게마인데가 개최된다.[42] 2015년 5월 3일 일요일에 개최된 란츠게마인데 사례를 살펴보면, 9시 30분에 교회의 종이 울리자 고적대를 선두로 관계자가 입장했다.[43] 아펜첼이너로덴의 란츠게마인데에 비하면 고적대 규모가 작고, 군대가 뒤를 이었다. 칸톤정부 대표가 입장하고 내빈으로 연방내무부 장관인 알랭 베르세(Alain Berset)가 참석했다. 그 뒤를 이어 유권자도 들어와 개회할 즈음에는 회의장에 빈자리가 없었다.

란츠게마인데 회의장은 중앙에 의장석이 있고 이를 둘러싸듯 유권자석이 있으며, 약간의 거리를 두고 관람석이 있었다. 이런 점은 아펜첼이너로덴 칸톤의 회의장과 동일하지만 유권자들이 단상(유권자석)에 올라 서 있는 형태인 점이 다르다. 회의장은 중심 쪽으로 낮고 밖으로 갈수록 높아지는 타원형으로 설치됐다. 기본적으로 유권자와 관람객 모두 일어서 있다. 관람석도 단상 위에 있어 잘 보이고, 4대의 대형 스피커도 설치됐다.

회의장 출입구에는 경찰관이 유권자 확인서(해마다 색깔이 다르며, 2015년은 노란색, 2018년은 흰색)를 확인했다. 란츠게마인데 회의장은 모든 유권자를 수용할 수 없지만 란츠게마인데에 젊은 층의 참여가 많았고, 유권자가 아닌 어린 아이까지도 견학했다.[44] 유권자의 참여를 독려하기 위해 란츠게마인데의 유권자는 당일 대중교통을 무료로 이용할 수 있다. 유권자는 단순히 손만 드는 아펜첼이너로덴 칸톤과 달리 노란색 유권자 확인서를 손에 드는 거수방식으로 이루어졌다. 란츠게마인데 중 비가 내릴 경우 유권자의 참석이나 투표가 어렵다.

[그림 6] 2018년 5월 6일 글라루스 칸톤 란츠게마인데 전경

글라루스 칸톤 란츠게마인데 귀빈 행진

글라루스 칸톤 란츠게마인데 전경

유권자 확인서를 잡고 손을 들어 의사표시

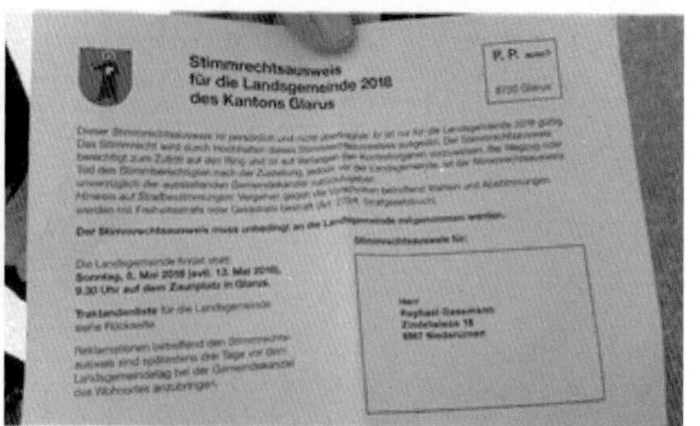

Stimmrechtsausweis
für die Landsgemeinde 2018
des Kantons Glarus

P.P.

란츠게마인데 유권자 확인서(흰색)

란츠게마인데는 칸톤정부 대표의 개회 선언으로 시작되고, 의사일정에 따라 회의를 진행했다. 란츠게마인데에 상정된 안건은 ① 란츠게마인데 개회 선언, ② 내년도 세율 결정, ③ '건축 이용 제한율 폐지' 관련 개인 제안, ④ 세법 개정, ⑤ 스포츠 행사 시의 폭력 대책에 협약(훌리건 협약) 개정, ⑥ 연방 의료보험법 관련 칸톤법(EC KVG), ⑦ 공적사회부조법 개정, ⑧ 글라루스 칸톤 은행에 관한 법률 개정, ⑨ 학교와 교육에 관한 법률 개정 ⑩ 란츠게마인데 권한의 조치전환 관련 효과 분석 ⑪ 연방삼림법 관련 칸톤법 개정(임도에서의 운전)이다. 안건에 대해서는 찬성, 반대의견을 모두 발언한 뒤 의장의 선언에 따라 의결하는 방법으로 진행됐다. 마지막 안건(연방삼림법 관련 칸톤법 개정)을 제외한 나머지 안건은 모두 가결됐다.

12시 49분에 칸톤정부 대표가 란츠게마인데 종료를 선언했다. 란츠게마인데 종료 후 유권자들은 광장 인근에 설치된 야외 식당, 카페 등에서 음식과 술을 마

시거나 물품을 구매하면서 일요일 오후를 즐겼다.

제4절 코뮌 주민총회

1. 의의

코뮌 주민총회(코뮌총회)는 예전부터 이어져 온 전통이다. 코뮌의 권한은 14~16세기에 약해졌고, 1798년 나폴레옹의 점령으로 대부분의 권한을 잃었지만, 지금도 코뮌의 80%에서 주민총회가 실시된다. 특히 독일어권 지역에서는 코뮌 주민총회가 대체로 봄과 가을에 개최된다.

종전의 코뮌 주민총회는 조례 및 규칙 제 · 개정 · 폐지, 금지와 계고 안내 외에 부동산 및 민사 재판 위반에 대한 벌칙 부과 등 하급 법원의 역할까지 수행했다. 코뮌 수준에서 란츠게마인데 형태의 직접민주주의가 활용되고 있는 것이다.[45] 코뮌을 대상으로 실시한 여론조사에서 82%가 코뮌 주민총회를 통해 중요한 결정이 이루어진다고 밝혔다.[46]

2. 취리히 칸톤의 킬히베르크 코뮌 주민총회

가. 킬히베르크 코뮌 개요

취리히 칸톤의 킬히베르크(Kilchberg) 코뮌은 인구 8,077명(2015년 말 현재), 면적은 2.58㎢으로 1년에 2~3회 주민총회가 열린다. 취리히 칸톤에서 제정한 코뮌법에 따르면 코뮌 기본조례[47] 제 · 개정, 코뮌 기본조례에서 정하는 지출, 2,000명 이상의 주민이 요구하는 코뮌 기본조례 개정은 의무적으로 주민투표에 회부한다(취리히 칸톤의 코뮌법 제116조).[48]

취리히 칸톤의 「킬히베르크 코뮌 기본조례」 제11조는 의무적 주민투표, 제12조는 선택적 주민투표를 규정한다. 의무적 주민투표 안건은 코뮌 기본조례 제 · 개정, 1회에 150만 프랑(약 19억 원) 이상 및 매년 15만 프랑(약 1.9억 원)을 초과하는 지출 · 융자 또는 그에 상당하는 손실을 위한 결정이다. 선택적 주민투표는 주민총회에서 출석 유권자의 3분의 1 이상이 주민투표를 요구한 경우에 실시된다.

킬히베르크 코뮌의 기본조례에 따르면 주민총회의 일반적인 권한으로 ① 코뮌 행정 감독, ② 코뮌 집행부의 재정 능력을 넘는 지출 관련 업무, ③ 코뮌 기본조례 제11조에 따른 주민투표, ④ 코뮌 경계 변경, ⑤ 목적 사무조합 협정(Zweckverbandsvereinbarung)의 가입 · 탈퇴, 승인 · 개정 의결, ⑥ 보수규칙 제 · 개정, ⑦ 시민권 부여 · 수수료 관련 규정 제 · 개정, ⑧ 수수료 징수를 위한 기본원칙의 제 · 개정, ⑨ 코뮌의 공간 계획, 건설 · 지구 조례, 개발계획, 특별 건축기준, 설계 계획 제정 · 변경, ⑩ 공적 출판 기관 결정이 있다.

또한 코뮌 주민총회의 재정 권한으로 ① 연간 예산 결정, ② 코뮌 세율 결정, ③ 결산 승인, ④ 코뮌 집행부의 추가 융자, ⑤ 1회에 10만 프랑(약 1.3억 원)을 넘거나 매년 2만 5,000프랑(약 3,200만 원)을 넘는 새로운 지출, 추가 지출 또는 그에 상당하는 수입 손실을 위한 결정, ⑥ 100만 프랑(약 13억 원)을 넘는 소유지 처분, ⑦ 15만 프랑(1.9억 원)을 넘는 비상장기업에 대한 재정 투자 결정, ⑧ 10만 프랑을 넘는 긴급채무 결정이 있다.

나. 주민총회 사례(2014~2015년)

킬히베르크의 주민총회는 2014년 3회(6월, 9월, 12월), 2015~2017년 각각 2회 개최됐다.

2014년 6월 24일 주민총회 안건은 2013년 결산과 선거관리위원회 위원 선출이었는데, 두 안건 모두 가결됐다. 6월 24일 주민총회 참가자는 75명으로 참석률은 1.57%였다. 2014년 9월 16일 개최된 주민총회 안건은 '탈(Thal)' 지역의 소방서와 수리 시설 신설을 위한 46만 프랑(약 5.8억 원) 지출로, 총회 참가자 115명(참석률 2.52%)의 의결로 가결됐다. 2014년 12월 2일 주민총회 안건은 3건이었다. ① 2015년의 경영 및 투자 경비와 2015년의 세율 76% 확정, ② 2015년 1월 1일에 미취학 자녀가 있는 가족의 수당 도입, ③ 호르겐 학교 심리상담 제도의 목적 사무조합에 관한 규정 일부 개정이었다. 총회에 104명이 참가했고(참석률 2.29%), 3가지 안건이 모두 가결됐다.

2015년에는 6월 23일에 53명이 참석해(참석률은 1.16%) 첫 주민총회가 개최됐다. 안건은 ① 2014년 결산, ② 침머베르크 민간 보호 목적 사무조합가입과 관련 규약의 승인, 킬히베르크 뤼슬리콘의 안전을 위한 목적 사무조합 규약, ③ 호르겐 특별 학교 목적 사무조합 규약 일부 개정안을 포함한 3건이었다. 2015년 12월 1일에 열린 주민총회에서는 66명이 참석해(참석률은 1.42%) 2016년 예산안이 가결됐다.

2015년 5월 11일에 다음 달 실시되는 주민투표(2016. 6. 14.)에 대한 사전설명회(Informationsveranstaltung)가 개최됐다. 회의장은 코뮌 청사에 인접한 킬히베르크 학교 체육관이다. 회의장에는 150석 정도의 좌석이 준비돼 있었으나 출석자는 90~100명 정도였다. 코뮌의 인구가 7,583명(2014년 현재)인 점을 볼 때 1.3%의 유권자가 참석했고, 노년층 중심으로 출석했다.

20시 정각부터 설명회가 시작됐다. 첫 순서로 코뮌 집행부 대표인 마틴 베르거(Martin Berger)의 인사가 있었다. 다음 달 주민투표 안건인 슈토켄에 있는 농장의 새로운 정책, 브룬넨모스의 학교 개보수에 대해 집행부의 설명이 있었다. 안건설명 후 투표방법이 투표용지 샘플과 함께 제시됐다. 그 후 참석자가 안건에 대한 의견과 질문을 던지고 답변하는 절차가 진행됐다. 이 두 가지 주제에 대해 6월 14일 주민투표가 실시됐고, 이 날 연방 차원의 국민투표 안건 4건도 함께 회부됐다.[49]

3. 그라우뷘덴 칸톤의 스크올 코뮌 주민총회

가. 스크올 코뮌 개요

그라우뷘덴 칸톤의 엥지아디나 바사/발 뮈스타이어(Engiadina Bassa/Val

Müstair) 지구에 있는 스크올(Scuol) 코뮌은 2015년에 아르데츠(Ardez), 프탄(Ftan), 과르다(Guarda), 센트(Sent), 타라스프(Tarasp)와 합병해 최대 규모의 코뮌이 됐다. 스크올 코뮌의 인구는 4,638명(유권자 3,073명), 면적은 438.77㎢이다. 합병 전의 각 코뮌은 주민총회를 개최했고, 합병 후의 새로운 스크올 코뮌도 주민총회를 개최한다.

스코올 코뮌의 기본조례에 따르면 주민총회의 권한은 예산 및 결산 승인, 세율 결정, 별장 및 아파트 호텔의 주거 취득에 대한 제한이다. 또한 주민총회 출석 유권자의 3분의 1 이상이 요구하는 재정지출 안건에 대한 주민투표 여부를 결정할 수 있다. 주민투표의 대상이 되는 것은 ① 코뮌집행부위원, 감사위원, 교육위원의 선출, ② 코뮌 기본조례 제 · 개정, ③ 자치단체법 제 · 개정, ③ 300만 프랑(약 38억 원) 이상의 지출, 매년 20만 프랑(약 2.5억 원) 이상의 지출, 300만 프랑 이상의 보증 채무 및 출자 체결, ④ 300만 프랑을 넘는 부동산 매매, ⑤ 수리권(水利權) 부여와 중요 변경, 수리권 법상의 귀속권 행사, 특별 이용권 승인, ⑥ 지역에 업무 위임, ⑦ 다른 코뮌과의 합병, ⑧ 선택적 주민투표 회부안건이다.

또한 주민총회는 ① 예산에 반영되지 않은 지출(200만~300만 프랑 지출, 매년 50만~200만 프랑 지출, 20만~300만 프랑 보증 채무 및 출자 체결), ② 연간 20만~300만 프랑 부동산 매매 등에 대해 주민투표 실시 여부를 결정할 수 있다.

나. 주민총회 사례(2015년)

2015년은 6개 코뮌이 합병된 첫 번째 연도라서 스코올 주민총회는 2015년 여섯 번, 2016년 세 번, 2017년 8월까지 세 번 개최됐다. 2015년은 1월 26일과 12월 14일 예산총회(Budget-Versammlung)가 각각 개최됐고, 4월 20일, 6월 29일, 10월 26일에 오리엔테이션 주민총회(Orientierungsversammlung)가 개최됐다. 7월 27일에는 결산총회(Rechnungsablage)가 개최됐다.

2015년 1월 26일 주민총회는 예산총회로서 20시 15분부터 22시 45분까지 스크올 코뮌 회관에서 약 150명의 유권자가 참석한 가운데 개최됐다. 심사안건은 2015년 예산, 2015년 투자 지출, 외국인의 부동산 취득률(50%), 주민투표(2015.3.8.) 대상이 되는 조례 논의(급수, 위생, 폐기물 조례) 등이었다.

2015년 4월 20일 스크올 코뮌 회관에서 20시부터 22시 20분까지 주민총회가 개최됐다. 약 100명의 유권자가 참석한 가운데 6월 14일 실시할 주민투표 안건인 경찰 조례, 소방 조례 등 4가지 조례와 스키장 지역의 계획에 대한 보고가 있었다. 2015년 6월 29일에 90명의 유권자가 모여 20시부터 23시 10분까지 9월 13일 실시할 주민투표 안건에 대한 설명이 있었다. 주민투표 안건은 '엥가딘 스크올 주식회사' 이행 계약, '엥가딘 에너지 협회' 이행 계약, 지역 조례 등이었다.

2015년 7월 27일 20시부터 23시까지 65명이 참석한 가운데 결산총회가 개최돼 통합 전 6개 코뮌의 2014년 결산, 100만 프랑을 넘는 케이블카 신설 지출, 우편 버스 정류소 지출(33만 3,000프랑)을 논의했다. 2015년 10월 26일 프탄 지구의 스포츠홀에서 20시부터 23시까지 약 200명이 참석한 가운데 주민총회가 개최됐다. 안건은 2015년 11월 29일 실시할 주민투표(국립공원의 생물권 보호구, 숙박업 조례 등 4건)에 관한 설명, 프탄 전문학교에 대해 2년 동안 300만 프랑(약 38억 원) 이상의 무이자 융자 계약 등이었다.

2015년 12월 14일 센트 지구에서 20시부터 23시까지 여섯 번째 주민총회가 개최됐다. 약 90명이 참석한 가운데 2017~2021년 재정계획, 2016년 코뮌 예산안, 2016년 투자 지출 · 추가 지출, 외국인에 대한 부동산 판매를 심사하고, 2016년 2월 28일 실시할 주민투표 안건에 대한 설명이 있었다.

제 6 장

직접민주주의 운동

제1절 참여자 및 투표일

1. 참여자

유권자의 국민투표율은 연방정부, 연방의원, 정당, 이익단체, 언론 보도 등으로부터 영향을 받는다.[1] 연방정부는 국민에게 제공하는 국민투표 안내 책자를 통해 국민투표 안건에 대한 정부의 견해와 관점을 밝히고, 연방 차원의 권고안을 제시하기도 한다. 이에 대해 연방정부는 단지 중립적인 의견과 정보만을 제시하고 세금으로 국민투표 운동을 해서는 안 된다는 견해도 있다.[2]

연방 차원의 국민투표에 앞서 각 정당은 국민투표 안건에 대해 의견을 밝힌다. 연방내각에 참여하는 4개 정당은 대체로 국민투표 안건에 대해 연방내각의 의견을 지지하지만, 안건에 따라 1개 이상의 정당이 반대하기도 한다.[3] 또한 이익집단은 국민투표 안건에 대해 정당과 연대해 특별위원회를 구성하거나 언론매체를 통해 의견을 밝힌다. 이익집단은 동일한 정치이념을 공유하지 않는 단체 간에 이질적인 연합체를 구성할 수 있고, 경제단체처럼 경제, 재정 정책 등과 관련된 국민투표 안건에 대해 상당한 자금을 지원할 수도 있다.

2. 국민투표일

연방 차원의 국민투표는 1년에 4번, 일요일에 실시한다. 연방 차원의 국민투표일은 정치적 권리에 관한 연방법 시행령에 구체적으로 규정돼 있다. 1분기에는 부활절인 일요일이 4월 10일 이후에 있는 연도에는 2월의 두 번째 일요일, 그렇지 않은 연도에는 부활절의 4주 전 일요일에 실시한다. 2분기에는 성령강림절인 일요일이 5월 28일 이후에 있는 연도에는 5월의 세 번째 일요일, 그렇지 않은 연도에는 성령강림절 이후의 세 번째 일요일에 실시한다. 3분기에는 속죄의 날 이후의 일요일, 4분기에는 11월의 마지막 일요일에 실시한다(정치적 권리에 관한 연방법 시행령 제2조의 a 제1항).[4] 이는 일반력과 교회력의 차이로 발생하는 충돌을 피하기 위함이다(정치적 권리에 관한 연방법 제10조 제1항).

연도마다 다르지만 2~3월, 5~6월, 9~10월, 11~12월의 일요일에 국민투표가 실시된다. 다만, 국민투표 안건이 없는 경우 국민투표가 실시되지 않는다. 연방내각사무처는 전년도 6월에 향후 예정된 국민투표일을 공고한다(정치적 권리에 관한 연방법 시행령 제2조의 a 제4항). 연방내각사무처는 필요한 경우 칸톤과 협의해 연방내각에 투표일 연기를 요청할 수 있다(정치적 권리에 관한 연방법 시행령 제2조의 a 제2항). 하원선거가 있는 연도의 9월에는 국민투표를 실시하지 않는다(정치적 권리에 관한 연방법 시행령 제2조의 a 제3항). 하원선거가 4년마다 10월 셋째 주 일요일에 실시되기 때문이다.[5]

제2절 직접민주주의 운동방법

1. 직접민주주의 운동

국민투표 주제가 복잡하고 다양해짐에 따라 각종 선거에서 후보자를 선출하는 것보다 국민투표에서 찬반을 결정하기가 더 어려워지고 있다. 그러나 70%의 유권자들이 국민투표 기간에 결정을 번복하기에 국민투표 운동이 중요해지고 있으며 치열하다. 유권자들은 국민투표를 행사하기 전에 신문, 텔레비전, 홍보 책자, 라디오, 신문광고 등 5개 이상의 매체를 이용해 국민투표와 관련된 정보를 습득하는 것으로 나타났다.[6] 따라서 이익단체들은 유권자를 설득하기 위해 신문 및 라디오 광고 등을 실시한다.

스위스에서는 국민투표와 관련한 행위에 대한 제한규정이 없다. 정당이 개인, 기업 등으로부터 받는 선거자금의 출처가 공개되지 않고, 선거운동 비용의 상한이 없기에 선거비용의 지출이 많은 정당과 그렇지 않은 정당 간 불평등이 초래될 수 있다.[7]

[그림 7] 2017년 5월 21일 국민(주민)투표 설명자료(안내문)

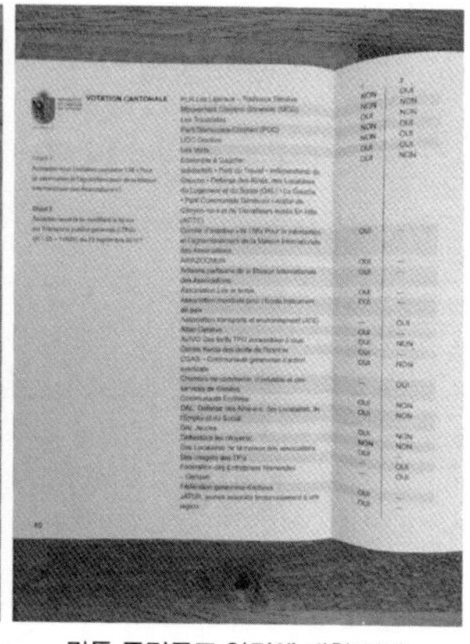

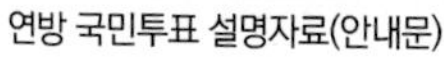

연방 국민투표 설명자료(안내문) 제네바 칸톤 주민투표 설명자료 칸톤 주민투표 안건에 대한 정당, 단체별 찬반입장

가. 광고

라디오 및 텔레비전을 이용해 국민투표와 관련된 정치광고를 하는 것이 금지되고(라디오 및 텔레비전에 관한 연방법[8] 제10조 제1항), 정치 활동과 관련된 프로그램의 후원은 허용되지 않는다(동법 제13조 제5항). 따라서 국민투표 안건을 지지하거나 반대하기 위한 운동은 라디오와 텔레비전을 통해 실시되지 않는다.

「라디오 및 텔레비전에 관한 연방법」으로 규정되지 않은 그 밖의 사항은 허용됨에 따라 신문광고가 중요한 홍보수단이다. 신문광고는 국민투표 운동에 참여하는 정당 및 이익집단이 사용하는 가장 효과적인 수단 가운데 하나이며, 유권자들이 정보 습득을 목적으로 주로 이용하는 매체 가운데 하나이다. 국민투표 전 4주 동안 3개의 독일어 일간지와 3개의 프랑스어 일간지에 게재된 광고에 대한 연구 결과에 따르면, 약 85%의 유권자가 신문기사를 활용하고, 50%의 유권자가 신문 지면에 실린 독자 투고란과 광고를 참고하는 것으로 나타났다.[9]

1990~2010년 간 유권자는 라디오 및 텔레비전(각각 59.1%, 74.6%)을 통해 정보를 습득하지만, 전단지 · 홍보 책자(42.0%)나 홍보부스(9.0%)는 이보다 적게 이용했다. 연방내각이 제공하는 국민투표 안내책자는 유권자의 70.6%가 이용했다. 도

로변에 설치된 국민투표 관련벽보는 다른 매체보다 적게 이용됐지만, 1990~2000년에 비해 2000~2010년에 더 많이 이용된 것으로 조사됐다(27.3%→43.1%). 그리고 국민투표 안건에 대한 논쟁이 많을수록, 보수파의 주장에 반대하는 정당이 존재할수록 국민투표 광고에 더욱 집중한다.

[표 22] 유권자의 정보 습득 매체

유권자 정보 습득 매체	1990~2010년	1990~2000년	2000~2010년
1. 신문기사	84.6%	84.8%	84.4%
2. 텔레비전	74.6%	75.1%	74.1%
3. 공식 광고(안내 책자)	70.6%	69.3%	72.1%
4. 라디오	59.1%	59.9%	58.1%
5. 독자투고란	49.8%	46.9%	53.4%
6. 신문광고	47.1%	44.4%	50.2%
7. 전단, 홍보 책자 등	42.0%	38.7%	45.9%
8. 여론조사	37.2%	-	37.2%
9. 도로변 벽보	34.4%	27.3%	43.1%
10. 다이렉트 메일링	19.1%	16.1%	22.4%
11. 직장 내 정보	16.2%	18.2%	14.2%
12. 인터넷 정보	10.2%	3.9%	12.5%
13. 홍보 부스	9.0%	8.1%	10.1%
정보 매체 평균 수	5.4		

자료: Pascal Sciarini/Anke Tresch (2014: 505).

나. 정당 활동

정당은 홍보선전물을 활용해 국민투표에 회부된 안건에 대해 찬성 또는 반대할 것을 호소한다. 1981~1999년에 이루어진 148건의 국민투표 광고를 분석한 결과 국민투표 운동의 향방에 대한 찬반은 정당 간 연대에 따라 달라졌다.[10] 중도좌파 간 연대가 이루어질 경우 연방내각의 주장에 반대하는 쪽에 유리하게 작용한다. 사회민주당은 1970년대 선택적 국민투표나 국민발안에 회부된 안건에 대해 2건 중 1건의 비율로 반대했고, 최근에는 국민발안 3건 중 2건의 비율로 반대했다.

중도민주연합(스위스국민당, UDC)[11]은 1970년대 연방내각의 입장을 적극적으로 지지했고, 연방내각의 정책 방향과 일치했다. 그러나 1995~2003년에 중도민주연합은 선택적 또는 의무적 국민투표에 회부된 안건에 대해 3건 중 1건의 비율로, 국민발안 안건은 5건 중 1건의 비율로 반대했다. 그 결과 1971~1979년과 1995~2003년에 사회민주당 또는 중도민주연합(스위스국민당)은 의무적 국민투표에서 28~40%, 선택적 국민투표에서 53~71%, 국민발안에서 52~83%의 반대 비율을 보였다.

2003~2011년에 사회민주당 또는 중도민주연합(스위스국민당)은 모든 국민발안, 선택적 국민투표를 거치는 거의 모든 법률, 의무적 국민투표 안건의 3/4에 대해 반대의견을 표명했다.[12]

[표 23] 국민투표 안건에 따른 사회민주당과 중도민주연합의 반대 비율

(괄호 안의 숫자는 투표 횟수임)

구분	사회민주당		중도민주연합(스위스 국민당)		사회민주당 또는 중도민주연합(스위스 국민당)		
구분	1971~1979	1995~2003	1971~1979	1995~2003	1971~1979	1995~2003	2003~2011
의무적 국민투표	25%	15%	3%	30%	28%(39)	40%(19)	71%(14)
선택적 국민투표	47%	43%	6%	29%	53%(16)	71%(26)	95%(20)
국민발안	52%	65%	0%	18%	52%(34)	83%(60)	100%(18)

자료: Pascal Sciarini/Anke Tresch (2014: 549).

2. 직접민주주의 운동과 투표결과

1999~2005년 실시한 국민투표 연구에 따르면 외교 · 안보 정책과 환경 · 에너지 · 국토개발 정책에서 국민투표 운동의 강도가 높은 것으로 나타났다. 또한 논쟁의 여지가 없는 연방헌법 개정안은 국민투표 운동의 강도가 낮았다. 국민투표 운동이 연방정부의 주장에 반대할수록 국민투표에서 가결될 가능성은 낮아지지만,

국민투표 운동이 방어적 형태의 연대가 될수록 국민투표에서 가결될 가능성은 높아진다.

1981~1999년에 실시한 국민투표의 시기적 변화를 분석한 연구에 따르면 국민투표 운동이 국민투표 전 4주 동안 일정하게 진행되는데, 이는 우편투표의 영향으로 추정된다. 그 결과 개별 정치 주체들이 더 일찍 국민투표 운동을 시작하는 것으로 나타났다.

또한 국민투표 운동의 2/3는 일관되게 진행됐고, 국민투표일에 가까워져도 국민투표 운동의 강도가 증가하지 않았다.[13] 상대 정당이 국민투표 운동을 일찍 시작하는 경우에도 국민투표 안건의 찬성 또는 반대를 위한 국민투표 운동은 거의 같은 기간에 동시에 진행되며, 특히 선택적 국민투표의 경우 이러한 현상이 더욱 두드러진다.

제3절 투표방법

유권자는 각종 투표서류를 우편으로 받고, 유권자 선택에 따라 투표소 투표, 우편투표, 전자투표 중 1개의 투표방식을 이용해 투표할 수 있다.

1. 투표소 투표

투표소 투표를 원하는 유권자는 신분증을 제시하고, 거주지 인근 투표소에서 투표할 수 있다. 유권자는 투표할 때 신분증 외에 공식적인 투표 봉투, 투표카드, 투표용지, 유권자 확인서 등을 지참한다. 투표소는 유권자의 주민등록지에 설치된다. 최근 투표소에서 직접 투표하는 유권자가 2%에 불과함에 따라 투표소 수가 줄어들고 있다.

투표소의 투표시간은 지역별로 상이하다. 대체로 투표일 오전 10시부터 12시

[그림 8] 2018년 국민투표 모습(제네바 칸톤)

까지 투표소가 운영되지만, 일부 투표소는 30분만 열기도 하고, 2시간 30분 동안 운영되기도 한다.

2. 우편투표

우편투표는 유권자가 투표소에 가지 않고, 투표용지를 우편으로 보내 투표하는 방식이다. 투표소 투표는 점점 적어지고 우편투표가 보편적인 투표방법이자 가장 선호하는 투표방식으로 자리 잡았다. 유권자의 90%가 이용하는 우편투표는 투표율 저하를 막는 등 투표율 제고에 긍정적인 효과를 가져왔다.[14]

제네바와 바젤 등 도시지역 칸톤은 우편투표 방식을 활용하는 투표자가 80%를 상회한다. 특히 낮은 투표율을 보였던 제네바 칸톤은 우편투표가 도입된 이후부터 평균 이상의 투표율을 나타냈다. 1992년 평균 16%였던 우편투표 비율은 2003년 69%로 상승했다.[15]

3. 전자투표

전자투표는 투표방식에 전자적 요소를 가한 것으로 유권자 등록, 투표, 개표 등 선거 과정의 전부 또는 일부를 디지털화하여 컴퓨터를 활용한 투표를 말한다. 전자투표는 엄격한 보안성, 검증가능성, 투명성 원칙 아래 2004년부터 15개 칸톤에서 300번 이상 점진적으로 실시됐고,[16] 2011년 10월 하원선거에서 4개 칸톤(바젤슈타트, 아르가우, 장크트갈렌, 그라우뷘덴)은 재외국민의 전자투표를 허용했다.[17]

전자투표시스템은 취리히 시스템, 제네바 시스템, 뇌샤텔 시스템, 우정 포털 시스템으로 분류된다. 취리히 시스템은 독일어를 사용하는 9개 칸톤이 컨소시엄을 구성해 전자투표시스템을 개발한 것으로 컨소시엄 시스템이라고도 한다. 2011년 말 취리히 칸톤이 기술적 문제로 전자투표 시범사업을 중단한 이후, 아르가우 칸톤이 운영책임을 맡았으나 2015년 컨소시엄 시스템을 포기한 이후 컨소시엄 시스템은 해산됐다.

제네바 칸톤은 2000년에 이미 자체적인 전자투표 시스템을 개발할 정도로 전자투표 부분에 있어 선구적이었다. 그러나 제네바 칸톤이 2019년 6월 재정 부족을 이유로 2020년 2월부터 제네바 시스템 개발 및 유지보수를 중단하기로 결정함에 따라 제네바 시스템은 더 이상 활용되지 않고 있다. 뇌샤텔 시스템은 뇌샤텔 칸톤의 전자정부 포털사이트를 통해 전자투표를 실시하도록 했다. 민간기업(Scytl)에서 개발하여 2005년부터 적용된 뇌샤텔 시스템은 뇌샤텔 칸톤에서만 사용됐으나 2011년 하원선거에서 활용되지 못한 채 중단됐다.

우정 포털 시스템은 뇌샤텔 칸톤에서 스위스 우정국과 민간기업(Scytly)이 공동 개발해 2016년부터 뇌샤텔, 프리부르, 바젤슈타트, 투르가우 칸톤에서 사용됐다. 2019년 7월 5일 기술적 · 보안상 이유로 우정 포털 시스템을 2019년 하원선거에 적용하지 않기로 결정함에 따라 스위스의 모든 전자투표는 잠정 중단된 상태이다.

제4절 직접민주주의 참여율(투표율)

1. 시기별 투표율

국민투표율은 높은 편이 아니지만, 국민투표 의결에 필요한 최소한의 투표율(최소 투표율)을 필요로 하지 않는다. 1848년 국민투표가 도입된 이후 1880년대 60.6%를 보인 투표율이 점차 낮아졌다가 1930년대에는 투표율이 64.6%로 높아졌다.[18] 유권자들이 경제 대공황의 여파와 나치즘, 파시즘의 소용돌이 속에서 민주주의를 수호하기 위해 국민투표에 적극 참여했기 때문이다. 급진적 변혁을 도모한 정치적 극단주의자들 역시 1930년대 국민투표 참여율을 높이는 데 일조했다. 1940~1960년대 투표율은 1920~1930년대와 비교해볼 때 무려 21.4% 포인트 낮아진 40~59%를 나타냈고, 1970년대에는 국민투표율이 44.2%로 하락했다.

[표 24] 10년 단위별 국민투표율 추이

기 간	1880년대	1890년대	1900년대	1910년대	1920년대	1930년대
평균 투표율(%)	60.6	57.8	56.2	50.6	63.2	64.6
기 간	1940년대	1950년대	1960년대	1970년대	1980년대	1990년대
평균 투표율(%)	58.8	50.8	43.2	44.2	40.3	43.4

자료: 안성호(2005: 318)

1970년대부터 1990년대의 국민투표율은 1960년대와 비슷한 추세가 이어졌다. 1990년대 초반 국민투표율은 연방의원 선거와 비교할 때 상대적으로 낮았지만, 20세기 말에는 국민투표와 연방의원 선거의 투표율이 거의 비슷해졌다.[19] 2005년까지 모든 칸톤에 우편투표가 전면 시행되고 정치적 관심이 높아지자 약간의 국민투표율 상승세가 나타났다.

지난 30년 동안 국민투표율은 평균 40~50% 사이인데, 1940년대 이전의 평균 국민투표율 60%와 비교된다.[20] 2010년 이후 국민투표율을 살펴보면 2012년 11월 25일 국민투표에서 27.6%로 가장 낮았고, 2016년 2월 28일 국민투표에서는

63.3%로 가장 높았다. 이처럼 1990년부터 2020년까지 30년간의 평균 투표율은 50%를 넘지 못했고, 평균적으로 40%를 약간 상회하는 수준에 그쳤다.

또한 국민투표율은 칸톤에 따라 차이를 보이는데, 2001년~2010년에 샤프하우젠 칸톤이 57.5%, 바젤슈타트 칸톤이 48.5%로 높은 편이나, 아펜첼이너로덴 칸톤은 31.3%, 글라루스 칸톤은 31.3%로 가장 낮다.[21] 또한 연방 전체와 제네바 칸톤의 투표율을 비교하면, 연방 차원에서는 평균적으로 40% 내외의 국민투표율을 보였고, 제네바 칸톤도 비슷한 국민투표율을 보였다. 낮은 국민투표율은 직접민주주의 실행에 따른 결과이지만 국민투표가 매년 실시된다는 점을 고려할 필요가 있다.

[표 25] 2010년 이후 국민투표율(스위스 전체 및 제네바 칸톤)

(단위: %)

국민투표일	스위스 전체	제네바 칸톤	국민투표일	스위스 전체	제네바 칸톤
2010.3.7.	45.8	49.1	2016.2.28.	63.3	55.4
2010.9.26.	35.8	41.6	2016.6.5.	46.8	51.6
2010.11.28.	52.9	54.3	2016.9.25.	43.0	45.7
2011.2.13.	49.1	47.8	2016.11.27.	45.4	45.4
2012.3.11.	45.0	53.8	2017.2.12.	46.7	49.4
2012.6.17.	38.6	48.1	2017.5.21.	42.9	43.2
2012.9.23.	42.6	43.8	2017.9.24.	47.3	45.9
2012.11.25.	27.6	28.3	2018.3.4.	54.4	53.6
2013.3.3.	45.7	46.5	2018.6.10.	34.6	36.9
2013.6.9.	38.9	45.4	2018.9.23.	37.5	39.7
2013.9.22.	46.9	47.5	2018.11.25.	48.4	44.1
2013.11.24.	53.6	52.2	2019.2.10.	37.9	43.8
2014.2.9.	55.4	57.4	2019.5.19.	43.8	43.5
2014.5.18.	56.2	57.2	2020.2.9.	41.7	43.1
2014.9.28.	46.3	57.1	2020.9.27.	59.5	54.1
2014.11.30.	49.1	51.1	2020.11.20	47.0	45.6
2015.3.8.	41.6	47.2	2021.3.7.	51.3	52.7
2015.6.14.	43.6	45.4	2021.6.3.	59.7	50.8

자료: 제네바칸톤 홈페이지, https://www.ge.ch/statistique/graphiques/affichage.asp?filtreGraph=17_03&dom=1 (2021. 12. 13. 최종 확인).

2. 40% 투표율

가. 유권자별 투표 성향

유권자는 다양한 논거와 정보를 기반으로 투표하기 때문에 국민투표 안건과 관련한 정보가 중요한 역할을 한다. 유권자는 정당과 이익집단의 견해를 참고하고, 연방정부나 연방의회의 찬반 권고를 판단 논거의 하나로 삼아 투표한다. 또한 유권자는 언론매체의 보도, 국민투표와 관련된 단체의 활동, 종교 그룹으로부터 영향을 받는다.[22] 그러나 국민투표에 참여하는 유권자의 50%는 정당, 이익단체의 호소나 권고에도 불구하고 자신의 의견대로 투표권을 행사한다. 이처럼 유권자는 국민투표 운동의 방향, 국민투표 안건의 내용과 관련 정보, 본인의 의사에 따라 투표권을 행사한다.

연구에 따르면 국민의 26%는 정기적으로 국민투표에 참여하는 '단골 투표자'이다.[23] 이들은 50세 이상의 남성으로서 정치에 관심이 있고, 좋은 교육을 받은 투표자로서 꾸준히 선거에 참여한다. 이에 비해 국민의 56%는 국민투표의 쟁점과 내용에 따라 국민투표에 참여하는 '선택적 투표자'이다. 선택적 투표자는 연령, 교육, 정당과 일체감, 좌우 성향, 정부에 대한 신뢰에서 유권자의 중간층을 이루고 있다. 유권자의 과반수를 차지하는 선택적 투표자로 인해 국민투표율은 30~70%의 편차를 보인다. 나머지 18%는 국민투표에 전혀 참여하지 않는 '투표 포기층'이다.[24] 투표 포기층(무투표층)은 대체로 여성, 20~39세의 젊은 세대, 낮은 교육을 받은 유권자이다. 이들은 정당을 덜 인식하고, 정부를 신뢰하지 않는 경향을 가진다.

또한 남성이면서, 교육과 소득 수준이 높으며 안정된 직업을 가진 사람들, 중간 연령대를 가진 사람들, 사회적으로 통합적인 사람들은 투표에 참여하는 비율이 높다. 여성이고, 교육과 소득 수준이 낮으며 안정되지 않은 직업을 가진 사람들, 젊은 사람들, 그리고 홀로 거주하는 사람들은 투표참여율이 상대적으로 낮다. 즉, 교육수준이 높고 소득이 많은 중년 남성일수록 노동자들보다 투표율이 상대적으로 높은 반면, 교육수준이 낮고, 소득이 적으며, 젊은 유권자일수록 국민투표에 참여하는 비율이 낮았다. 이처럼 국민투표율은 연령, 성별, 정치적 관심도, 교육 수준, 정치적 판단 능력에 따라 좌우된다.[25]

나. 원인

국민투표율이 낮은 원인 중 하나로 잦은 국민투표가 가져다주는 피로감을 꼽을 수 있다. 또한 국민투표 내용을 정확히 이해하지 못한 유권자는 국민투표에 나서지 않는다. 연구에 따르면 잠재적 유권자의 30%는 국민투표 내용을 알지 못하고, 단지 14%만 확신을 가진 채 투표한 것으로 나타났다.[26] 이는 윤리적이거나 이해하기 어려운 국민투표 안건에 대한 투표결과를 통해 확인할 수 있다. 예컨대 2000년 3월 12일 유전자 조작 기술에 관한 국민발안은 유권자의 28.2% 찬성하여 부결됐다. 그러나 15개월 후인 2001년 6월 10일 새로운 가톨릭 교구의 설치를 금지해 온 연방정부의 권한을 폐지하는 의무적 국민투표는 국민의 64.2%가 찬성하고, 23개 칸톤이 찬성해 가결됐다.

또한 국민투표 안건의 이해도(친숙도)와 국민투표 운동의 강도에 따라 국민투표율이 좌우된다. 국민투표 운동이 활발하면 이해도가 낮은 안건에 대한 국민투표율 저하를 상쇄하지만, 국민투표 안건의 이해도가 높으면 국민투표 운동이 미치는 영향은 낮아진다. 그러나 국민투표 운동이 활발하더라도 정치에 대한 관심이나 개인의 정치적 판단에는 영향을 미치지 않는다.[27]

다. 결과

유권자의 낮은 투표율은 보수주의를 강화한다. 나이가 많고 전통적인 가치관을 가진 유권자가 더 많이 투표에 참여하기 때문이다. 국민투표에서 찬반을 결정하는 다수는 전체 인구의 10~20%다.[28] 때에 따라 유권자의 8%가 국민투표 안건을 부결시킬 수 있다.

여성참정권이 인정된 1971년 이전에는 찬반 결정권을 행사한 비율은 전체 인구의 5~14%에 불과했다. 이처럼 낮은 국민투표율은 민주적 결정의 정당성 문제를 야기한다. 많은 사람들이 투표에 참여하지 않을 경우 국민투표결과가 국민 전체의 의사를 정확하게 반영하지 못하기 때문이다. 이는 국민 전체의 의사가 아니라 국민투표에 참여한 일부 국민의 의사에 따라 국민투표결과가 좌우될 수 있다는 한계를 보여준다.

제5절 직접민주주의 비용

1. 개요

국민투표 관련 포스터를 제작하고, 여러 언론매체에 지지 또는 반대를 위한 광고를 게재하는 등 국민투표 운동에 필요한 비용은 연방정부나 칸톤 또는 정당, 이익단체 등이 부담한다. 국민투표 찬 · 반 운동을 위해서는 큰 비용이 필요하지만, 스위스는 국민투표 운동에 따른 비용 제한이 없다. 국민발안이나 선택적 국민투표를 제기하는 데 필요한 서명을 대행해주는 회사들도 있지만, 유권자 서명을 받기 위해 유권자에게 금품을 제공하는 것은 금지된다.

[그림 9] 국민투표 찬반 벽보(주거지, 도로변)

국민투표 운동에 필요한 재원조달과 관련해 경제계 등 이익단체가 국민투표 운동에 필요한 지출 규모를 결정한다. 따라서 국민투표를 주도하는 단체의 재정규모 차이로 국민투표 운동을 위한 자금모집에 있어 격차가 발생한다. 또한 안건을 지지하는 단체와 반대하는 단체 간에 비용지출의 불균형이 존재하는데, 3건 중 2건의 국민투표에서 4대 1의 비율로 국민투표 안건을 지지하는 단체의 비용지출이 많았다.

스위스경제인연합[29], 스위스중소기업협회(USAM), 스위스국민당은 국민투표 운동에 수백만 프랑(수십억 원)을 투입하는 등 재정 여력이 상당하다. 예컨대 스위스국민당은 국민투표 운동을 위해 자민당에 비해 3배 이상을 지출하고, 사민당이나 기민당보다 9배 이상을 지출한다.[30]

2. 직접민주주의 실시 비용

언론 보도에 따르면 1년에 3~4회 실시하는 국민투표에 소요되는 비용은 연방내각사무처 추산으로 750만 프랑(약 96억 원)이다. 이를 유권자 수로 환산하면 유권자 1명당 1.65프랑(약 2,109원)인 셈이다. 직접민주주의 비용을 연방, 칸톤, 코뮌에서 누가 부담할지는 칸톤마다 다양하고, 정확한 비용추산은 어렵다. 국민(주민)투표 비용의 대부분은 칸톤 또는 코뮌에서 부담한다. 따라서 투표자료 인쇄 · 발송 등에 필요한 비용부담 주체는 칸톤 · 코뮌마다 다를 수 있다.

스위스에서 가장 큰 코뮌인 취리히시 사례를 살펴보면, 취리히시에서 실시하는 코뮌, 칸톤, 연방차원의 국민(주민)투표에 필요한 비용은 모두 60만 프랑(약 7억 6,700만 원)으로 코뮌이 부담했다. 취리히시 선거국장인 스테판 미틀(Stefan Mittl)에 따르면, 60만 프랑 중 30만 프랑(3억 8,350만 원)은 투표자료 발송비용으로, 20만 프랑(약 2억 5,560만 원)은 개표사무원 등에 대한 실비보상금으로, 10만 프랑(약 1억 2,780만 원)은 투표자료 인쇄비용으로 지출됐다. 취리히시의 유권자가 20만 명이므로 유권자 1명당 2.4프랑(약 3,067원)이 지출된 셈이다.[31]

관련 연구에 따르면 2005~2011년에 실시한 39건의 국민투표에서 선전 벽보, 언론 보도 등에 집행된 국민투표 비용은 안건 당 평균 290만 프랑(37억 600만 원)이었다.[32] 직접민주주의 운동을 주장하는 브루노 카우프만은 '스위스 전 국민이 국민투표를 한 번 해서 쓰는 돈은 전투기 한 대 값도 되지 않는다'라는 비유를 했다.[33] 다시 말해 직접민주주의를 유지하기 위한 필요 최소한의 비용으로 보는 것이다.

3. 직접민주주의 비용과 투표결과

일반적으로 국민투표 안건이 복잡할수록, 투표결과가 백중세일수록, 국민투표 안건에 대한 찬 · 반 의견이 팽팽할수록 국민투표 운동의 강도가 높아진다. 또한 정보량이 적을수록 국민투표에서 국민투표 운동이 미치는 영향력이 높아진다.[34] 그러나 국민투표와 국민투표 운동비용 간 관계에 대해 상반된 주장이 있다.

국민투표결과는 돈으로 살 수 있다고 주장하는 연구결과가 있다. 1977년부터 1981년 사이에 실시한 41개 국민투표를 대상으로 투표 전 마지막 주 3개의 일간지(2개의 유료 신문과 1개의 무료 신문)에 게재된 광고와 투표결과를 비교 · 분석했다. 안건을 찬성한 측이 국민투표에서 승리한 경우 찬성 측이 반대 측보다 3배 많은 광고비를 지출했다. 안건을 반대한 측이 국민투표에서 승리한 경우 찬성 측이 반대 측보다 2배 많은 광고비를 지출했다.

즉, 국민투표 운동에 사용한 자금이 많을수록 국민투표 표결에 중요한 영향을 미쳤고, 이는 국민투표 운동과 국민투표 성공 간에 높은 상관관계가 있음을 보여준다.[35] 2012년 연구를 보면 국민투표 운동 과정에서 한쪽이 다른 쪽보다 100만 프랑(12억 7,800만 원)을 더 투입할 때마다 국민투표 득표율은 대략 1.7% 높아진 것으로 나타났다.[36]

반면, 국민투표 운동비용과 국민투표결과 사이에는 상관관계가 없다는 의견도 있다. 국민투표결과에서 자금력보다 정당 간 연대가 중요하고, 국민투표 운동의 강도 및 방향은 국지적으로 국민투표결과에 영향을 미치지만, 정당 간 연대가 이루어진다면 국민투표 운동의 강도 및 방향은 그리 중요하지 않은 것으로 분석했다. 즉 직접민주주의 투표에서 정당 간 연대가 국민투표 운동비용보다 중요하다는 것이다.

다른 연구에 따르면 국민투표의 박빙 여부에 따라 국민투표 운동자금의 지출 규모가 크게 달라졌다. 국민투표결과가 백중세일수록 더 많은 국민투표 운동자금을 투입하지만, 유권자가 연방정부의 주장을 수용할수록 국민투표 운동비용은 투표결과에 제한적인 영향을 미친다.

특히 박빙의 투표결과가 예상되는 경우 광고비 지출이 국민투표결과를 바꿀 수 있다는 점에서 국민투표 운동에 투입된 자금은 국민투표결과에 결정적인 요인이 될 수 있다.[37] 또한 광고비 지출은 특히 국민발안에 상당한 영향을 미치지만, 의무적 국민투표나 선택적 국민투표에는 그 효과가 덜한 것으로 나타났다.

[별첨 1] 1848년부터 2021년 11월까지 스위스 직접민주주의 실시통계[1]

〈투표 유형〉

- 데이터 없음

A 헌법 개정을 위한 의무적 국민투표

B 국민발안(법조문 형식)

C 국민발안에 대한 연방의회의 반대제안

D 연방법령에 관한 선택적 국민투표

E 연방헌법 전부개정에 관한 국민발안

F 조약에 관한 선택적 국민투표

G 긴급 연방법령에 관한 의무적 국민투표

H 조약에 관한 의무적 국민투표

I 국민발안(제안서 형식)

번호	유형	일 자	안 건	투표율	찬성 투표율	찬성 투표 칸톤	결 과
1	A	1848년 6월 6일	1848년 9월 12일 연방헌법	–	72.8	15.5	가결
2	A	1866년 1월 14일	도량형 정하기	–	50.4	9.5	부결
3	A	1866년 1월 14일	유태인 및 귀화시민을 위한 평등권	–	53.2	12.5	가결
4	A	1866년 1월 14일	공동체 문제에 대한 참정권	–	43.1	8	부결
5	A	1866년 1월 14일	타 주 출신의 거주자를 위한 조세 및 시민권	–	39.9	9	부결
6	A	1866년 1월 14일	주 문제에 대한 참정권	–	48.1	10	부결
7	A	1866년 1월 14일	종교의 자유	–	49.2	11	부결
8	A	1866년 1월 14일	특정 형벌의 제외	–	34.2	6.5	부결
9	A	1866년 1월 14일	지적 재산권의 보호	–	43.7	9.5	부결
10	A	1866년 1월 14일	복권 및 운수 게임의 금지	–	44.0	9.5	부결
11	A	1872년 5월 12일	헌법 전부 개정(법률 국민발안, 연방각료 직접선거 등)	–	49.5	9	부결
12	A	1874년 4월 19일	헌법 전부 개정(법률에 대한 선택적 국민투표, 자유권 등)	–	63.2	13.5	가결
13	D	1875년 5월 23일	시민 지위와 결혼	–	51		가결
14	D	1875년 5월 23일	스위스 국민의 투표권	–	49.4		부결
15	D	1876년 4월 23일	은행권의 발행 및 현금화	–	38.3		부결
16	D	1876년 7월 9일	병역 면제에 대한 세금	–	45.8		부결
17	D	1877년 10월 21일	공장 내 노동에 관한 법	–	51.5		가결
18	D	1877년 10월 21일	병역 면제에 대한 세금	–	48.4		부결
19	D	1877년 10월 21일	투표권법	–	38.2		부결
20	D	1879년 1월 19일	사설 알프스 철도에 대한 보조금	61.9	70.7		가결
21	A	1879년 5월 18일	사형 허용	60.3	52.5	15	가결
22	E	1880년 10월 31일	은행권의 독점 및 헌법의 전부 개정	59.4	31.8	4.5	부결
23	A	1882년 7월 30일	발명품 보호	47.0	47.5	7.5	부결
24	D	1882년 7월 30일	위험한 전염병 방지 대책	50.7	21.1		부결
25	D	1882년 11월 26일	연방 교육부 장관직 신설	75.6	35.1		부결
26	D	1884년 5월 11일	연방 법무부 및 경찰의 조직	60.1	41.1		부결

번호	유형	일 자	안 건	투표율	찬성 투표율	찬성 투표 칸톤	결 과
27	D	1884년 5월 11일	외판원에 대한 특허세	60.1	47.9		부결
28	D	1884년 5월 11일	1853년 2월 4일의 연방 형법전	60.1	44.0		부결
29	D	1884년 5월 11일	워싱턴 소재 스위스 대사관의 유지비로 1만 프랑 지원	60.1	38.6		부결
30	A	1885년 10월 25일	주류세	60.4	59.4	15	가결
31	D	1887년 5월 15일	독주에 대한 연방 독점권	62.5	65.9		가결
32	A	1887년 7월 10일	발명품 보호	42.4	77.9	20.5	가결
33	D	1889년 11월 17일	부채 및 파산의 고발에 관한 연방법	70.9	52.9		가결
34	A	1890년 10월 26일	상해 및 건강 보험에 관한 법률을 제정할 권한	59.8	75.4	20.5	가결
35	D	1891년 3월 15일	일할 수 없게 된 연방공무원 및 직원에 대한 연방법	68.6	20.6		부결
36	A	1891년 7월 5일	헌법의 일부개정을 위한 국민발안의 제출	49.9	60.3	18	가결
37	A	1891년 10월 18일	은행권에 대한 독점권	61.9	59.4	14	가결
38	D	1891년 10월 18일	관세	61.6	58.1		가결
39	D	1891년 12월 6일	사설 철도의 매입	64.3	31.1		부결
40	B	1893년 8월 20일	사전마취 없이 행하는 도살의식의 금지	49.2	60.1	11.5	가결
41	A	1894년 3월 4일	전문직에 관한 법률을 제정할 권한	46.8	46.1	7.5	부결
42	B	1894년 6월 3일	일할 권리 보장	57.6	19.8	0	부결
43	B	1894년 11월 4일	주 사이의 관세수입의 일부 분배	72.9	29.3	8.5	부결
44	D	1895년 2월 3일	외교법	46.3	41.2		부결
45	A	1895년 9월 29일	성냥에 대한 정부의 독점권	48.7	43.2	7.5	부결
46	A	1895년 11월 3일	군대의 완전한 중앙집권화	67.9	42.0	4.5	부결
47	D	1896년 10월 4일	소 매매 시 보증서	57.6	45.5		부결
48	D	1896년 10월 4일	향후 정부의 매입을 위한 철도 계정의 규제	57.8	55.8		가결
49	D	1896년 10월 4일	스위스 군대의 징계 규정	57.6	19.9		부결
50	D	1897년 2월 28일	스위스국립은행의 설립	64.6	43.3		부결
51	A	1897년 7월 11일	수력발전과 삼림에 대한 연방정부의 감독	38.7	63.5	16	가결
52	A	1897년 7월 11일	생명 또는 건강을 위협할 수 있는 식료품에 대한 연방법률 제정	38.8	65.1	18.5	가결
53	D	1898년 2월 20일	철도 국유화	78.1	67.9		가결
54	A	1898년 11월 13일	민법 통합을 위한 연방정부의 권한	52.8	72.3	16.5	가결
55	A	1898년 11월 13일	형법 통합을 위한 연방정부의 권한	52.8	72.4	16.5	가결
56	D	1900년 5월 20일	근로자의 건강·상해·군인 보험 가입 의무화	66.7	30.2		부결
57	B	1900년 11월 4일	하원선거에서 비례대표제 도입	58.8	40.9	10.5	부결
58	B	1900년 11월 4일	연방각료 직접선거 및 연방각료 증원	58.8	35.0	8	부결
59	A	1902년 11월 23일	공립초등학교 보조금	46.6	76.3	21.5	가결
60	D	1903년 3월 15일	관세	73.3	59.6		가결
61	D	1903년 10월 25일	직무기피 선동을 처벌하는 군형법	53.2	30.8		부결
62	B	1903년 10월 25일	스위스 거주 인구에 기반한 하원 선거	53.3	24.4	4	부결

번호	유형	일 자	안 건	투표율	찬성 투표율	찬성 투표 칸톤	결 과
63	A	1903년 10월 25일	독주 판매에 대한 연방정부 규제	53.1	40.7	4	부결
64	A	1905년 3월 19일	발명품 보호	40.0	70.4	21.5	가결
65	D	1906년 6월 10일	식품류 및 상품의 매매	51.4	62.6		가결
66	D	1907년 11월 3일	군대 편제	74.7	55.2		가결
67	A	1908년 7월 5일	전문직을 규제할 연방정부의 권한 연장	48.7	71.5	21.5	가결
68	B	1908년 7월 5일	압생트 금지	49.3	63.5	20	가결
69	C	1908년 10월 25일	수력발전 및 전기에너지에 대한 연방정부의 권한 연장	48.3	84.4	21.5	가결
70	B	1910년 10월 23일	하원선거에서 비례대표제 도입	62.3	47.5	12	부결
71	D	1912년 2월 4일	근로자의 건강·상해 보험 가입 의무화	64.3	54.4		가결
72	A	1913년 5월 4일	인간 및 동물 질병 방지	36.0	60.3	16.5	가결
73	A	1914년 10월 25일	행정법원	44.1	62.4	18	가결
74	A	1915년 6월 6일	비반복적 전쟁세 모금	56.0	94.3	22	가결
75	A	1917년 5월 13일	인지세	42.1	53.2	14.5	가결
76	B	1918년 6월 2일	연방 소득세제 도입	65.4	45.9	7.5	부결
77	B	1918년 10월 13일	하원선거에서 비례대표제 도입	49.5	66.8	19.5	가결
78	A	1919년 5월 4일	운항에 대한 연방정부의 권한	53.9	83.6	22	가결
79	A	1919년 5월 4일	신규 임시 전쟁세	53.8	65.1	20	가결
80	A	1919년 8월 10일	국민의회(하원)의 해산	32.8	71.6	21.5	가결
81	D	1920년 3월 21일	근로조건	60.3	49.8		부결
82.1	B	1920년 3월 21일	카지노 설립 금지	60.2	55.3	14	가결
82.2	C	1920년 3월 21일	카지노 설립 금지(반대 제안)	60.2	24.5	0.5	부결
83	H	1920년 5월 16일	스위스의 국제연맹 가입	77.5	56.3	11.5	가결
84	D	1920년 10월 31일	대중교통의 근로시간	68.1	57.1		가결
85	B	1921년 1월 30일	국제조약에 대한 국민투표의 도입	63.1	71.4	20	가결
86	B	1921년 1월 30일	군사재판 폐지	63.1	33.6	3	부결
87	A	1921년 5월 22일	자동차 및 자전거에 대한 법 제정	38.6	59.8	15.5	가결
88	A	1921년 5월 22일	항공법 제정	38.4	62.2	20.5	가결
89	B	1922년 6월 11일	귀화	45.6	15.9	0	부결
90	B	1922년 6월 11일	외국인 추방	45.6	38.1	0	부결
91	B	1922년 6월 11일	공무원의 하원의원 입후보 자격	45.6	38.4	5	부결
92	D	1922년 9월 24일	연방 형법	70.3	44.6		부결
93	B	1922년 12월 3일	일회성 자본세	86.3	13.0	0	부결
94	B	1923년 2월 18일	국가안보를 위협하는 스위스 국민의 예방구금	53.2	11.0	0	부결
95	F	1923년 2월 18일	통상관계 및 국경이동에 관한 스위스와 프랑스 간의 조약	53.4	18.5		부결
96	B	1923년 4월 15일	세관 업무에 있어서 국민의 권리 유지 및 보호	65.8	26.8	0.5	부결
97	A	1923년 6월 3일	알코올 음료에 대한 법 제정	64.6	42.2	10	부결

번호	유형	일 자	안 건	투표율	찬성 투표율	찬성 투표 칸톤	결 과
98	D	1924년 2월 17일	주당 근무시간 (근로법 제정)	77.0	42.4		부결
99	B	1925년 5월 24일	노령·유족·장애인 연금	68.2	42	6	부결
100	A	1925년 10월 25일	외국인 신분	67.9	62.2	18.5	가결
101	A	1925년 12월 6일	노령·유족·장애인 연금	63.1	65.4	16.5	가결
102	A	1926년 12월 5일	곡식의 공급	72.7	49.6	9	부결
103	A	1927년 5월 15일	알프스 도로 보조금	55.3	62.6	21	가결
104	D	1927년 5월 15일	자동차 및 자전거 보험 관련 연방법	57.8	40.1		부결
105	A	1928년 5월 20일	외국인 수 축소	45.3	70.7	19.5	가결
106	B	1928년 12월 2일	카지노	55.5	51.9	14.5	가결
107.1	B	1929년 3월 3일	곡식의 공급	67.3	2.7	0	부결
107.2	C	1929년 3월 3일	곡식의 공급(반대 제안)	67.3	66.9	21	가결
108	D	1929년 3월 3일	관세	67.3	66.4		가결
109	B	1929년 5월 12일	도로교통 분야의 입법권	65.1	37.2	3	부결
110	B	1929년 5월 12일	독주 금지	66.4	32.7	0.5	부결
111	A	1930년 4월 6일	알코올 음료에 대한 법 제정	75.7	60.6	17	가결
112	C	1931년 2월 8일	종교집단 금지	41.8	70.2	17	가결
113	A	1931년 3월 15일	하원선거(22,000명당 1명 비율)	53.5	53.9	13.5	가결
114	A	1931년 3월 15일	하원의원, 연방각료 및 연방내각사무처장 임기	53.5	53.7	16	가결
115	D	1931년 12월 6일	노령·유족·장애인 연금법	78.2	39.7		부결
116	D	1931년 12월 6일	담배 조세 관련 연방법	78.2	49.9		부결
117	D	1933년 5월 28일	연방 직원 급여의 일시적 감소	80.5	44.9		부결
118	D	1934년 3월 11일	법질서의 보호	79.0	46.2		부결
119	D	1935년 2월 24일	군사훈련	79.9	54.2		가결
120	D	1935년 5월 5일	공공도로상에서 자동차로 재화 및 동물 운송	63.2	32.4		부결
121	B	1935년 6월 2일	경제 위기 극복 조치	84.3	42.8	5	부결
122	E	1935년 9월 8일	헌법 전부 개정	60.9	27.7		부결
123	B	1937년 11월 28일	프리메이슨 금지	65.9	31.3	1	부결
124	A	1938년 2월 20일	레토로망스어를 네 번째 국어로 인정	54.3	91.6	22	가결
125	B	1938년 2일 20일	긴급입법을 선택적 국민투표 안건으로 포함	54.3	15.2	0	부결
126.1	B	1938년 2월 20일	민간 군수 산업	54.3	13.6	0	부결
126.2	C	1938년 2월 20일	민간 군수 산업(반대 제안)	54.3	72.6	22	가결
127	D	1938년 7월 3일	스위스 형사법전	57.1	53.5		가결
128	A	1938년 11월 27일	과도적인 예산조치	60.3	72.3	21	가결
129	B	1939년 1월 22일	헌법상의 관할권 연장	46.5	28.9	0	부결
130	C	1939년 1월 22일	긴급입법 적용 제한	46.5	69.1	21	가결
131	A	1939년 6월 4일	국방비 증액 및 실업 방지	54.7	69.1	19	가결

번호	유형	일 자	안 건	투표율	찬성 투표율	찬성 투표 칸톤	결 과
132	D	1939년 12월 3일	공무원의 지위	63.9	37.6		부결
133	D	1940년 12월 1일	군입대 전 훈련 의무화	63.6	44.3		부결
134	I	1941년 3월 9일	독주법 개혁	61.4	40.2		부결
135	B	1942년 1월 25일	연방각료의 직접선출 및 연방각료 증원	62.0	32.4	0	부결
136	B	1942년 5월 3일	하원 개편	51.5	35.0	0.5	부결
137	D	1944년 10월 29일	불공정 경쟁 규제법	50.9	52.9		가결
138	D	1945년 1월 21일	스위스 연방 철도	52.9	56.7		가결
139	C	1945년 11월 25일	가정 보호	55.5	76.3	21.5	가결
140	C	1946년 2월 10일	대중교통 조정	65.2	33.7	1	부결
141	B	1946년 12월 8일	일할 권리	50.1	19.2	0	부결
142	B	1947년 5월 18일	경제개혁 및 노동법 제정	59.4	31.2	0	부결
143	A	1947년 7월 6일	경제문제 관련 법을 제정할 연방정부의 권한	79.7	53.0	12	가결
144	D	1947년 7월 6일	노령·유족·장애인 연금법	79.7	80.0		가결
145	D	1948년 3월 14일	설탕 독점권	56.5	36.2		부결
146	A	1949년 5월 22일	은행권 발행	61.0	38.5	1.5	부결
147	D	1949년 5월 22일	결핵 대책	61.0	24.9		부결
148	B	1949년 9월 11일	직접민주주의로의 회귀(긴급입법에 대한 의무적 국민투표)	42.5	50.7	12.5	가결
149	D	1949년 12월 11일	연방정부공무원의 지위	72.0	55.3		가결
150	D	1950년 1월 29일	주택건설촉진방안	52.8	46.3		부결
151	A	1950년 6월 4일	연방정부 재정 및 예산	55.3	35.5	6	부결
152	B	1950년 10월 1일	투기 방지로 토지 및 직장 보호	43.7	27.0	0	부결
153	A	1950년 12월 3일	하원 선거(24,000명당 1명 비율)	55.7	67.3	20	가결
154	A	1950년 12월 3일	1951년-1954년 예산	55.7	69.5	20	가결
155	D	1951년 2월 25일	공공도로상에서 자동차로 사람 및 재화 운송	52.4	44.3		부결
156.1	B	1951년 4월 15일	구매력 및 완전고용 보장	53.1	12.4	0	부결
156.2	C	1951년 4월 15일	구매력 및 완전고용 보장(반대 제안)	53.1	69.0	22	가결
157	I	1951년 7월 8일	국방을 위한 공기업의 과세	37.6	32.7		부결
158	D	1952년 3월 2일	신규 호텔 건설 관련 규정	40.1	46.1		부결
159	D	1952년 3월 30일	농업 장려 및 농부 지원	64.2	54.1		가결
160	B	1952년 4월 20일	연방 매출세	49.1	19.0	0	부결
161	B	1952년 5월 18일	국방을 위한 공기업의 과세	53.9	43.7	4	부결
162	A	1952년 7월 6일	군사비 지출 충당	44.2	42.0	3	부결
163	D	1952년 10월 5일	담배세	52.6	68.0		가결
164	D	1952년 10월 5일	기존주택 내 대공 대피소	52.6	15.5		부결
165	A	1952년 11월 23일	제한적 가격 통제의 일시적인 연장	56.4	62.8	15	가결
166	A	1952년 11월 23일	곡식 공급	56.4	75.6	21.5	가결

번호	유형	일 자	안 건	투표율	찬성 투표율	찬성 투표 칸톤	결 과
167	D	1953년 4월 19일	우편 관세	52.7	36.5		부결
168	A	1953년 12월 6일	연방정부 예산 재편	60.3	42.0	3	부결
169	A	1953년 12월 6일	수질오염 방지	59.2	81.3	22	가결
170	D	1954년 6월 20일	제화공·미용사·마구제조인·마차제조공을 위한 연방 자격증	41.0	33.1		부결
171	D	1954년 6월 20일	전쟁 중에 부상을 당한 국외거주 스위스인을 위한 특별원조	40.7	44.1		부결
172	A	1954년 10월 24일	1955년-1958년 예산	46.8	70.0	21	가결
173	B	1954년 12월 5일	강 및 라이나우 유산의 보존	51.9	31.2	1	부결
174.1	B	1955년 3월 13일	가격 통제 연장	55.5	50.2	7	부결
174.2	C	1955년 3월 13일	가격 통제 연장(반대 제안)	55.5	40.7	8.5	부결
175	A	1956년 3월 4일	가격 통제 연장	49.4	77.5	22	가결
176	B	1956년 5월 13일	수력전력 사용을 위한 인가	52.1	36.9	2.5	부결
177	D	1956년 5월 13일	그라우뷘덴(Graubünden) 지역의 목재 가공공장에 보조금 지급	52.6	42.5		부결
178	A	1956년 9월 30일	곡식 공급	44.0	38.8	5.5	부결
179	C	1956년 9월 30일	국회의 비용 의사결정	43.8	45.5	9	부결
180	A	1957년 3월 3일	시민 보호	53.1	48.1	14	부결
181	A	1957년 3월 3일	라디오 및 텔레비전 법 제정	53.0	42.8	10.5	부결
182	A	1957년 11월 24일	원자력 및 방사선으로부터 보호	45.5	77.3	22	가결
183	A	1957년 11월 24일	곡식 공급	45.5	62.7	21.5	가결
184	B	1958년 1월 26일	경제력의 오용에 반대	51.8	25.9	0	부결
185	A	1958년 5월 11일	연방정부 재정원칙(균형재정, 채무상환 원칙)	53.2	54.6	17.5	가결
186	A	1958년 7월 6일	영화극장	42.3	61.3	20.5	가결
187	C	1958년 7월 6일	도로망 개선	42.4	85.0	21	가결
188	B	1958년 10월 26일	44시간의 주당 근무 시간	61.8	35.0	0.5	부결
189	A	1958년 12월 7일	휴양시설 및 카지노에서의 도박	46.2	59.9	20.5	가결
190	F	1958년 12월 7일	스위스와 이탈리아 간의 스푈(Spoel)강의 에너지 관련 협정	46.4	75.2		가결
191	A	1959년 2월 1일	여성의 연방차원의 참정권 허용	66.7	33.1	3	부결
192	A	1959년 5월 24일	시민 보호	42.9	62.3	22	가결
193	A	1960년 5월 29일	가격 통제	39.0	77.5	22	가결
194	D	1960년 12월 4일	우유 생산 관련 경제적 및 재정적 조치	49.8	56.3		가결
195	A	1961년 3월 5일	기체 및 액체 연료를 위한 파이프라인	62.8	71.4	22	가결
196	D	1961년 3월 5일	고속도로 자금조달을 위한 자동차세	63.3	46.6		부결
197	B	1961년 10월 22일	연방 차원의 법률 국민발안 도입	40.1	29.4	0	부결
198	D	1961년 12월 3일	시계제조 산업	45.9	66.7		가결
199	B	1962년 4월 1일	핵무기 금지	55.6	34.8	4	부결
200	A	1962년 5월 27일	자연 및 유산 보존	38.8	79.1	22	가결
201	D	1962년 5월 27일	연방의원 일일수당 인상(65프랑→100프랑)	38.8	31.7		부결

번호	유형	일 자	안 건	투표율	찬성 투표율	찬성 투표 칸톤	결 과
202	A	1962년 11월 4일	하원의원 정수를 200명으로 고정	36.3	63.7	16	가결
203	B	1963년 5월 26일	스위스 군이 핵무기를 보유할 것인지 여부를 결정하는 스위스 국민의 권리	48.8	37.8	4.5	부결
204	A	1963년 12월 8일	연방 금융협정 연장	41.8	77.6	22	가결
205	A	1963년 12월 8일	장학금 및 그 외 형태의 교육 지원책	41.8	78.5	22	가결
206	A	1964년 2월 2일	조세 사면	44.3	42.0	3.5	부결
207	D	1964년 5월 24일	전문 교육	37.0	68.6		가결
208	A	1964년 12월 6일	일시적 가격 통제 조치의 연장	39.2	79.5	21	가결
209	G	1965년 2월 28일	자본시장 및 은행업에 영향을 미치는 조치를 통한 인플레이션 통제	59.7	57.7	18.5	가결
210	G	1965년 2월 28일	건설분야에 영향을 미치는 조치를 통한 인플레이션 통제	59.7	55.5	17	가결
211	D	1965년 5월 16일	우유, 유제품 및 식용유	37.5	62.0		가결
212	A	1966년 10월 16일	해외 거주 스위스인	47.9	68.1	22	가결
213	I	1966년 10월 16일	알코올 중독과의 전쟁	48.0	23.4		부결
214	B	1967년 7월 2일	부동산 투기 반대	38.0	32.7	1	부결
215	A	1968년 2월 18일	조세 사면	41.8	61.9	22	가결
216	D	1968년 5월 19일	담배세	36.9	48.3		부결
217	D	1969년 6월 1일	연방 공과 대학교	33.9	34.5		부결
218	A	1969년 9월 14일	재산법, 수용, 도시 및 지방 계획	32.9	55.9	19.5	가결
219	D	1970년 2월 1일	국내 설탕 생산	43.8	54.2		가결
220	B	1970년 6월 7일	외국인 수 축소	74.7	46.0	7	부결
221	A	1970년 9월 27일	스포츠 및 체조	43.8	74.6	22	가결
222	B	1970년 9월 27일	주택 및 가정 보호 개선	43.8	48.9	8	부결
223	A	1970년 11월 15일	연방 재정(증세)	41.4	55.4	9	부결
224	A	1971년 2월 7일	여성의 연방차원의 참정권 허용	57.7	65.7	15.5	가결
225	A	1971년 6월 6일	유해환경으로부터 인간과 자연환경 보호	37.8	92.7	22	가결
226	A	1971년 6월 6일	연방 재정(증세)	37.8	72.8	22	가결
227.1	B	1972년 3월 5일	주택건설 촉진	35.7	28.9	0	부결
227.2	C	1972년 3월 5일	주택건설 촉진(반대 제안)	35.7	58.5	21	가결
228	A	1972년 3월 5일	임차인 보호 대책	35.7	85.4	22	가결
229	G	1972년 6월 4일	건설시장 안정화 대책	26.7	83.4	22	가결
230	G	1972년 6월 4일	스위스 화폐 가치 보호	26.7	87.7	22	가결
231	B	1972년 9월 24일	무기산업 통제 및 무기 수출 금지	33.1	49.7	7	부결
232.1	B	1972년 12월 3일	진정한 노령 및 질병 연금 지지	52.9	15.6	0	부결
232.2	C	1972년 12월 3일	진정한 노령 및 질병 연금 지지(반대 제안)	52.9	74.0	22	가결
233	H	1972년 12월 3일	스위스와 EEC간의 자유무역협정	52.9	72.5	22	가결
234	A	1973년 3월 4일	교육	27.5	52.8	10.5	부결
235	A	1973년 3월 4일	과학 연구 지원	27.5	64.5	19	가결

번호	유형	일 자	안 건	투표율	찬성 투표율	찬성 투표 칸톤	결 과
236	A	1973년 5월 20일	예수회 및 수도원 관련 헌법 제51조 및 제52조의 폐지	40.3	54.9	16.5	가결
237	G	1973년 12월 2일	물가 감시 대책	35.0	59.8	20	가결
238	G	1973년 12월 2일	은행권의 대책(신용 통제)	35.0	65.1	18.5	가결
239	G	1973년 12월 2일	건설시장 안정화 대책	35.0	70.4	20	가결
240	G	1973년 12월 2일	연방·주·지역 소득세 감가상각금액 제한	35.0	68.1	19.5	가결
241	A	1973년 12월 2일	동물 보호	35.0	84.0	22	가결
242	B	1974년 10월 20일	외국인 수 축소	70.3	34.2	0	부결
243	A	1974년 12월 8일	연방정부의 경제 변화	39.6	44.4	4	부결
244	A	1974년 12월 8일	연방정부의 지출에 대한 제동	39.5	67.0	22	가결
245.1	B	1974년 12월 8일	건강보험	39.7	26.7	0	부결
245.2	C	1974년 12월 8일	건강보험(반대 제안)	39.7	31.8	0	부결
246	A	1975년 3월 2일	경제 정책	28.4	52.8	11	부결
247	G	1975년 6월 8일	통화 가치 보호	36.8	85.5	22	가결
248	D	1975년 6월 8일	국립 고속도로용 자금조달	36.8	53.5		가결
249	D	1975년 6월 8일	관세, 연료	36.8	48.2		부결
250	A	1975년 6월 8일	1976년부터 조세를 통한 소득 인상	36.8	56.0	17	가결
251	A	1975년 6월 8일	연방정부의 지출에 대한 제동	36.8	75.9	22	가결
252	A	1975년 12월 7일	정착의 자유 및 사회복지 지원	30.9	75.6	22	가결
253	A	1975년 12월 7일	수자원	30.9	77.5	21	가결
254	D	1975년 12월 7일	농산물 수입 및 수출	31.2	52.0		가결
255.1	B	1976년 3월 21일	의사결정에 있어서 근로자의 참여	39.4	32.4	0	부결
255.2	C	1976년 3월 21일	의사결정에 있어서 근로자의 참여(반대 제안)	39.4	29.6	0	부결
256	I	1976년 3월 21일	보다 공정한 세제 및 세제상 특혜의 폐지	39.3	42.2		부결
257	D	1976년 6월 13일	공간계획 관련 연방법	34.6	48.9		부결
258	F	1976년 6월 13일	국제개발기관(International Development Agency)에 2억 프랑 대출	34.5	43.6		부결
259	A	1976년 6월 13일	실업 보험 가입 의무화	34.5	68.3	21	가결
260	A	1976년 9월 26일	라디오 및 텔레비전 관련 법 제정	33.5	43.3	3.5	부결
261	B	1976년 9월 26일	자동차 및 자전거의 책임보험 가입 의무화	33.5	24.3	0	부결
262	G	1976년 12월 5일	통화정책 및 신용정책	44.8	70.4	22	가결
263	G	1976년 12월 5일	물가 감시	45.0	82.0	22	가결
264	B	1976년 12월 5일	40시간으로 주당 근무 시간 축소	45.2	22.0	0	부결
265	B	1977년 3월 13일	외국인 수 축소	45.2	29.5	0	부결
266	B	1977년 3월 13일	외국인의 귀화 제한	45.2	33.8	0	부결
267.1	B	1977년 3월 13일	국제조약에 대한 국민투표 개편(국제조약 범위확대)	45.0	21.9	0	부결
267.2	C	1977년 3월 13일	국제조약에 대한 국민투표 개편(반대제안: 집단안전보장 조약의 의무적 국민투표, 장기간 국제조약의 선택적 국민투표)	45.0	61.0	20.5	가결

번호	유형	일 자	안 건	투표율	찬성 투표율	찬성 투표 칸톤	결 과
268	A	1977년 6월 12일	부가가치세 도입 및 연방정부의 직접과세	50.0	40.5	1	부결
269	A	1977년 6월 12일	주 조세 조화	49.9	61.3	17.5	가결
270.1	B	1977년 9월 25일	임차인 보호	51.6	42.2	3.5	부결
270.2	C	1977년 9월 25일	임차인 보호(반대 제안)	51.6	41.2	2	부결
271	B	1977년 9월 25일	사동자로 인한 공기오염에 반대	51.7	39.0	1.5	부결
272	A	1977년 9월 25일	선택적 국민투표에 필요한 서명 숫자(3만 명→5만 명)	51.6	57.9	18	가결
273	A	1977년 9월 25일	국민발안에 필요한 서명 숫자(5만 명→10만 명)	51.6	56.7	19	가결
274	B	1977년 9월 25일	(첫 12주 이내의) 낙태를 처벌대상에서 제외	51.9	48.3	7	부결
275	B	1977년 12월 4일	고소득에 대해 높은 세율 적용	38.3	44.4	2.5	부결
276	D	1977년 12월 4일	정치적 권리의 행사	38.1	59.4		가결
277	A	1977년 12월 4일	군 복무의 대안으로 민간 복무	38.3	37.6	0	부결
278	D	1977년 12월 4일	국가의 균형예산을 위한 대책	38.2	62.4		가결
279	B	1978년 2월 26일	고속도로 건설 문제에 있어서 민주주의	48.2	38.7	0	부결
280	D	1978년 2월 26일	노령 연금법의 9번째 개정	48.3	65.6		가결
281	B	1978년 2월 26일	정년퇴직 연령 낮추기	48.3	20.6	0	부결
282	A	1978년 2월 26일	경제 정책	48.0	68.4	22	가결
283	D	1978년 5월 28일	일광 절약 시간(서머 타임)	49.0	47.9		부결
284	D	1978년 5월 28일	관세	48.7	54.8		가결
285	D	1978년 5월 28일	낙태법	48.9	31.2		부결
286	D	1978년 5월 28일	고등교육 및 연구를 위한 자금 확보	48.9	43.3		부결
287	B	1978년 5월 28일	1년에 12번 자동차 교통 없는 일요일	49.1	36.3	0	부결
288	A	1978년 9월 24일	쥐라(Jura)주의 신설	42.0	82.3	22	가결
289	D	1978년 12월 3일	우유 공급	43.2	68.5		가결
290	D	1978년 12월 3일	동물 보호	43.3	81.7		가결
291	D	1978년 12월 3일	연방 보안 경찰	43.3	44.0		부결
292	D	1978년 12월 3일	전문 교육	43.2	56.0		가결
293	A	1979년 2월 18일	투표연령 18세로 하향	49.6	49.2	9	부결
294	C	1979년 2월 18일	보행자용 길 홍보	49.5	77.6	22	가결
295	B	1979년 2월 18일	술과 담배 광고 금지	49.5	41.0	0.5	부결
296	B	1979년 2월 18일	원자력발전소 건설 및 운영 시 국민의 권리 및 안전 보호	49.6	48.8	9	부결
297	A	1979년 5월 20일	부가가치세 도입 및 연방정부의 직접과세	37.7	34.6	0	부결
298	D	1979년 5월 20일	원자력 에너지 법 개정	37.6	68.9		가결
299	B	1980년 3월 2일	교회와 국가의 완전한 분리	34.7	21.1	0	부결
300	A	1980년 3월 2일	상품의 공급	34.5	86.1	23	가결
301	D	1980년 11월 30일	좌석벨트 및 헬멧의 의무화	42.1	51.6		가결
302	A	1980년 11월 30일	은행 인지세에서 주의 수입 지분을 철회	41.9	67.3	20	가결

번호	유형	일 자	안 건	투표율	찬성 투표율	찬성 투표 칸톤	결 과
303	A	1980년 11월 30일	증류주 세금의 수입을 재분배	41.9	71.0	21	가결
304	A	1980년 11월 30일	곡식의 가격	41.9	63.5	20	가결
305	B	1981년 4월 5일	외국인 거주자 정책	39.9	16.2	0	부결
306	C	1981년 6월 14일	남녀평등권	33.9	60.3	15.5	가결
307	C	1981년 6월 14일	소비자권리 보호	33.9	65.6	20	가결
308	A	1981년 11월 29일	연방정부 조세	30.4	69.0	23	가결
309	D	1982년 6월 6일	강력범죄에 대한 형법전	35.2	63.7		가결
310	D	1982년 6월 6일	외국인법	35.2	49.6		부결
311.1	B	1982년 11월 28일	가격통제제도:거짓가격 표시 방지	32.9	56.1	17	가결
311.2	C	1982년 11월 28일	가격통제제도:거짓가격 표시 방지(반대 제안)	32.9	21.6	0	부결
312	A	1983년 2월 27일	휘발유세	32.4	52.7	15.5	가결
313	A	1983년 2월 27일	연방정부의 에너지 정책	32.4	50.9	11	부결
314	A	1983년 12월 4일	국적법의 개정	35.8	60.8	20.5	가결
315	A	1983년 12월 4일	특정 경우 귀화 조건 완화	35.9	44.8	5	부결
316	A	1984년 2월 26일	대형수송차 세금 인상	52.8	58.7	15.5	가결
317	A	1984년 2월 26일	고속도로 통행요금	52.8	53.0	16	가결
318	B	1984년 2월 26일	민간 복무	52.8	36.2	1.5	부결
319	B	1984년 5월 20일	은행권의 비밀유지 및 권력 남용에 반대	42.5	27.0	0	부결
320	B	1984년 5월 20일	외국인에게 토지 판매 반대	42.5	48.9	8.5	부결
321	B	1984년 9월 23일	신규 원자력발전소 없는 미래 지지	41.7	45.0	6	부결
322	B	1984년 9월 23일	안전하고 경제적이고 친환경적인 에너지 정책 지지	41.6	45.8	6	부결
323	B	1984년 12월 2일	모권 보호	37.6	15.8	0	부결
324	A	1984년 12월 2일	라디오 및 텔레비전	37.5	68.7	23	가결
325	C	1984년 12월 2일	강력범죄의 피해자에 대한 보상	37.6	82.1	23	가결
326	A	1985년 3월 10일	공립초등학교에 대한 연방보조금 종료	34.4	58.5	18	가결
327	A	1985년 3월 10일	공중보건에 대한 연방보조금 종료	34.4	53.0	13	가결
328	A	1985년 3월 10일	교육에 대한 연방보조금 종료	34.4	47.6	8.5	부결
329	B	1985년 3월 10일	유급휴가 늘리기	34.6	34.8	2	부결
330	B	1985년 6월 9일	태어날 권리(낙태 반대)	35.7	31.0	5.5	부결
331	A	1985년 6월 9일	은행 인지세에서 주의 수입 지분 유예	35.2	66.5	22	가결
332	A	1985년 6월 9일	독주에 대한 세수 재분배	35.3	72.3	22	가결
333	A	1985년 6월 9일	곡식에 대한 보조금 철회	35.3	57.0	18.5	가결
334	C	1985년 9월 22일	모든 주의 학교 개학일 표준화	41.0	58.9	16	가결
335	D	1985년 9월 22일	중소기업의 혁신 관련 리스크에 대한 보험	40.9	43.1		부결
336	D	1985년 9월 22일	결혼 및 상속법 개정	41.1	54.7		가결
337	B	1985년 12월 1일	생체 해부 금지	38.0	29.5	0	부결

번호	유형	일 자	안 건	투표율	찬성 투표율	찬성 투표 칸톤	결 과
338	H	1986년 3월 16일	스위스의 유엔 가입	50.7	24.3	0	부결
339.1	B	1986년 9월 28일	예술과 문화 보조금	34.7	16.7	0	부결
339.2	C	1986년 9월 28일	예술과 문화 보조금(반대 제안)	34.7	39.3	0	부결
340	B	1986년 9월 28일	직업훈련 및 지속교육 보장	34.8	18.4	0	부결
341	D	1986년 9월 28일	설탕 생산 보조금	34.9	38.2		부결
342	C	1986년 12월 7일	임차인 보호	34.7	64.4	18.5	가결
343	B	1986년 12월 7일	대형화물차 조세	34.7	33.9	0	부결
344	D	1987년 4월 5일	망명법 개정	42.4	67.3		가결
345	D	1987년 4월 5일	외국인 관련법 개정	42.2	65.7		가결
346	B	1987년 4월 5일	모든 군사 지출에 대한 국민투표의 권리	42.4	40.6	2.5	부결
347	A	1987년 4월 5일	반대제안이 있는 발의에 대한 이중 찬성(Double-yes)	42.3	63.3	21	가결
348	D	1987년 12월 6일	철도 2000 프로젝트	47.7	57.0		가결
349	D	1987년 12월 6일	질병 및 임신 보험	47.7	28.7		부결
350	B	1987년 12월 6일	황야지역의 보호(로텐투름(Rothenthurm)군사기지 저지)	47.7	57.8	20	가결
351	A	1988년 6월 12일	교통정책의 조율을 위한 헌법상 근거	41.9	45.5	4	부결
352	B	1988년 6월 12일	정년퇴직연령 하향(남성의 경우 62세로, 여성의 경우 60세로)	42.0	35.1	2	부결
353	B	1988년 12월 4일	부동산 투기 반대	52.8	30.8	0	부결
354	B	1988년 12월 4일	주당 근무시간 40시간	52.9	34.3	2	부결
355	B	1988년 12월 4일	이민 제한	52.8	32.7	0	부결
356	B	1989년 6월 4일	친환경 농법 지지 - 동물공장 반대	36.0	49.0	8	부결
357	B	1989년 11월 26일	스위스 군대의 폐지 및 포괄적인 평화 정책	69.2	35.6	2	부결
358	B	1989년 11월 26일	제한속도를 시속 130km로 올리기	69.2	38.0	6	부결
359	B	1990년 4월 1일	모든 신규도로 건설사업 중지	41.1	28.5	0	부결
360	B	1990년 4월 1일	무르텐(Murten)-이베르동(Yverdon) 구간 고속도로 건설 반대	41.1	32.7	0	부결
361	B	1990년 4월 1일	베츠빌(Wettswil)-크노나우(Knonau) 구간 고속도로 건설 반대	41.1	31.4	0	부결
362	B	1990년 4월 1일	빌(Biel)-졸로투른/주흐빌(Solothurn/Zuchwil) 구간 고속도로 건설 반대	41.1	34.0	0	부결
363	D	1990년 4월 1일	포도주 수입 기준	40.8	46.7		부결
364	D	1990년 4월 1일	사법부 조직	40.7	47.4		부결
365	B	1990년 9월 23일	원자력발전 중지	40.4	47.1	7	부결
366	B	1990년 9월 23일	원자력발전소 건립을 10년간 일시중지	40.4	54.5	19.5	가결
367	A	1990년 9월 23일	에너지 정책에 대한 헌법 조항	40.3	71.1	23	가결
368	D	1990년 9월 23일	트럭의 최대 폭 허용치 증가	40.3	52.8		가결
369	A	1991년 3월 3일	투표연령 18세로 하향	31.3	72.8	23	가결
370	B	1991년 3월 3일	대중교통 촉진	31.2	37.2	1.5	부결
371	A	1991년 6월 2일	법인세를 대체할 연방 부가가치세 도입	33.3	45.7	2.5	부결

번호	유형	일 자	안 건	투표율	찬성 투표율	찬성 투표 칸톤	결 과
372	D	1991년 6월 2일	병역거부를 처벌대상에서 제외	33.3	55.7		가결
373	B	1992년 2월 16일	저렴한 건강보험	44.4	39.3	1	부결
374	B	1992년 2월 16일	동물실험 줄이기	44.5	43.6	3.5	부결
375	F	1992년 5월 17일	브레튼우즈(Bretton Woods) 기관(IMF 및 세계은행(World Bank)) 가입	38.8	55.8		가결
376	D	1992년 5월 17일	브레튼우즈(Bretton Woods) 기관 관여를 관장하는 규정	38.8	56.4		가결
377	D	1992년 5월 17일	물 보호법	39.2	66.1		가결
378	B	1992년 5월 17일	물 보호	39.2	37.1	0	부결
379	C	1992년 5월 17일	인간의 생식 및 유전자 기술	39.2	73.8	22	가결
380	A	1992년 5월 17일	양심적 병역거부자를 위한 민간 복무	39.2	82.5	23	가결
381	D	1992년 5월 17일	성적 진실성에 반하는 처벌가능한 위법행위	39.2	73.1		가결
382	D	1992년 9월 27일	알프스산맥을 가로지르는 철도 건설	45.9	63.6		가결
383	D	1992년 9월 27일	연방의회 개혁(법률의 형식, 공표, 발효)	45.4	58.0		가결
384	D	1992년 9월 27일	연방의원에게 지급되는 일일수당 등	45.5	27.6		부결
385	D	1992년 9월 27일	연방의원에게 제공되는 기반시설 비용(보좌진 등)	45.5	30.6		부결
386	D	1992년 9월 27일	인지세 개정	45.7	61.5		가결
387	D	1992년 9월 27일	농부 상속 규정	45.7	53.6		가결
388	H	1992년 12월 6일	유럽경제지역(European Economic Area) 가입	78.7	49.7	7	부결
389	D	1993년 3월 7일	유류세 인상(리터당 20센트)	51.3	54.5		가결
390	A	1993년 3월 7일	카지노에서 도박 금지안 폐지	51.3	72.5	23	가결
391	B	1993년 3월 7일	모든 동물실험 금지	51.2	27.8	0	부결
392	B	1993년 6월 6일	군사훈련소 숫자를 40개로 제한	55.6	44.7	7	부결
393	B	1993년 6월 6일	스위스의 신규 전투기 도입 중단	55.6	42.8	4	부결
394	A	1993년 9월 26일	무기 오용 대책	39.8	86.3	23	가결
395	A	1993년 9월 26일	라우펜(Laufen) 지역의 소속을 베른(Bern)주에서 바젤란트(Basel Landschaft)주로 변경	39.5	75.2	23	가결
396	B	1993년 9월 26일	8월 1일을 연방 공휴일로 지정	39.9	83.8	23	가결
397	D	1993년 9월 26일	건강보험 비용 상승에 대한 임시 대책	39.8	80.6		가결
398	D	1993년 9월 26일	실업보험 개정	39.7	70.4		가결
399	A	1993년 11월 28일	금융시스템 개정	45.4	66.7	22	가결
400	A	1993년 11월 28일	연방 수입에 대한 기여도 증가 (부가가치세를 6.5%로 인상)	45.4	57.7	18	가결
401	A	1993년 11월 28일	사회복지보험 유지 대책	45.4	62.6	22	가결
402	A	1993년 11월 28일	모든 재화 및 서비스에 대한 연방 부가가치세	45.4	60.7	20	가결
403	B	1993년 11월 28일	주류 광고 금지	45.5	25.3	0	부결
404	B	1993년 11월 28일	담배제품 광고 금지	45.5	25.5	0	부결
405	A	1994년 2월 20일	고속도로 세금 연장	40.8	68.5	21	가결
406	A	1994년 2월 20일	대형수송차 세금 연장	40.8	72.2	23	가결

번호	유형	일 자	안 건	투표율	찬성 투표율	찬성 투표 칸톤	결 과
407	A	1994년 2월 20일	엔진 크기 또는 연비에 따른 대형수송차 세금 부과	40.8	67.1	21	가결
408	B	1994년 2월 20일	알프스 지역을 통과 운송으로부터 보호	40.9	51.9	16	가결
409	D	1994년 2월 20일	항공교통법(개정)	40.7	61.1		가결
410	A	1994년 6월 12일	예술과 문화 장려	46.6	51.0	11	부결
411	A	1994년 6월 12일	젊은 외국인의 귀화요건 완화	46.8	52.8	10	부결
412	D	1994년 6월 12일	평화유지활동에 스위스 병력 활용	46.8	42.8		부결
413	A	1994년 9월 25일	곡식 보조금 종료	45.5	64.6	23	가결
414	D	1994년 9월 25일	스위스 형법전·군형법전 1993년 6월 18일자 개정	45.9	54.7		가결
415	D	1994년 12월 4일	건강보험법	44.0	51.8		가결
416	B	1994년 12월 4일	견실한 건강보험 지지	44.0	23.5	0	부결
417	D	1994년 12월 4일	외국인 관련 법적 의무 조치	44.0	72.9		가결
418	C	1995년 3월 12일	환경적으로 적절하며 효율적인 농업 지지	37.9	49.1	9	부결
419	D	1995년 3월 12일	1988년의 우유 생산 법령 개정	37.9	36.5		부결
420	D	1995년 3월 12일	농업법 개정	37.9	33.6		부결
421	A	1995년 3월 12일	경비지출에 대한 제동	37.9	83.4	23	가결
422	D	1995년 6월 25일	1994년 10월 7일자 노령·유족·장애인 연금법 개정	40.4	60.7		가결
423	B	1995년 6월 25일	노령·유족·장애인 연금의 확대	40.3	27.6	0	부결
424	D	1995년 6월 25일	국외거주자의 부동산 취득 제한 폐지	40.3	46.4		부결
425	A	1996년 3월 10일	언어 조항의 개정	31.0	76.2	23	가결
426	A	1996년 3월 10일	벨레랏(Vellerat) 코뮌의 소속을 베른(Bern)주에서 쥐라(Jura)주로 변경	31.0	91.6	23	가결
427	A	1996년 3월 10일	군 인사의 개인장비 관련 주의 권한 철회	31.0	43.7	3	부결
428	A	1996년 3월 10일	증류장비 구입 및 증류주 인수 의무 폐지	30.9	80.8	23	가결
429	A	1996년 3월 10일	기차역 주차장에 대한 연방 자금 지원 중지	31.0	54.0	14	가결
430	C	1996년 6월 9일	자연과 조화를 이루는 농업	31.4	77.6	23	가결
431	D	1996년 6월 9일	1995년 10월 6일자 정부 및 행정부의 조직 관련 법	31.3	39.4		부결
432	B	1996년 12월 1일	불법 이민 반대	46.8	46.3	11	부결
433	D	1996년 12월 1일	노동, 산업, 무역 및 상업에 대한 연방법	46.7	33.0		부결
434	B	1997년 6월 8일	EU 가입 협상	35.4	26.0	0	부결
435	B	1997년 6월 8일	군수품의 수출 금지	35.5	22.5	0	부결
436	A	1997년 6월 8일	화약의 제조 및 판매에 대한 연방정부의 독점권 중지	35.3	82.2	23	가결
437	D	1997년 9월 28일	실업보험 자금 지원	40.6	49.2		부결
438	B	1997년 9월 28일	마약 없는 아이들	40.8	29.3	0	부결
439	A	1998년 6월 7일	연방정부 재정(균형재정원칙)	40.9	70.7	23	가결
440	B	1998년 6월 7일	유전자 조작으로 부터 생명과 환경 보호	41.3	33.3	0	부결
441	B	1998년 6월 7일	경찰 도청 없는 스위스 만들기	41.0	24.6	0	부결

번호	유형	일 자	안 건	투표율	찬성 투표율	찬성 투표 칸톤	결 과
442	D	1998년 9월 27일	엔진크기에 따른 대형수송차 과세	51.8	57.2		가결
443	B	1998년 9월 27일	저렴한 음식물 및 친환경 농업 지지	51.6	23.0	0	부결
444	B	1998년 9월 27일	정년퇴직연령의 상승 없이 10차 노령 보험 조정	51.6	41.5	5	부결
445	A	1998년 11월 29일	대중교통 사회기반시설의 건설 및 자금지원	38.3	63.5	20.5	가결
446	A	1998년 11월 29일	곡식에 대해 헌법에 신규 임시 조항 추가	38.0	79.4	23	가결
447	B	1998년 11월 29일	불법 약물 및 마약 정책	38.4	26.0	0	부결
448	D	1998년 11월 29일	고용, 산업, 무역 및 상업에 대한 법	38.1	63.4		가결
449	A	1999년 2월 7일	국민의회(하원) 선거	38.0	74.7	21	가결
450	A	1999년 2월 7일	이식 의료	38.0	87.8	23	가결
451	B	1999년 2월 7일	모두를 위한 자택 소유	38.2	41.3	3	부결
452	D	1999년 2월 7일	공간계획법 개정	38.0	55.9		가결
453	A	1999년 4월 18일	신 연방헌법	35.9	59.2	13	가결
454	D	1999년 6월 13일	망명법	45.6	70.6		가결
455	D	1999년 6월 13일	망명신청자 및 외국인 관련 긴급 대책	45.6	70.8		가결
456	D	1999년 6월 13일	의사의 헤로인 처방	45.7	54.4		가결
457	D	1999년 6월 13일	장애보험법	45.6	30.3		부결
458	D	1999년 6월 13일	임신 보험	45.9	39.0		부결
459	A	2000년 3월 12일	사법부 개혁	41.9	86.4	23	가결
460	B	2000년 3월 12일	국민발안 처리 시한(직접민주주의 촉진)	42.1	30.0	0	부결
461	B	2000년 3월 12일	연방기관의 공정한 여성참여	42.2	18.0	0	부결
462	B	2000년 3월 12일	유전자 조작기술	42.2	28.2	0	부결
463	B	2000년 3월 12일	도로상의 자동차 및 오토바이 교통량을 절반으로 감소	42.4	21.3	0	부결
464	F	2000년 5월 21일	스위스와 EC/유럽원자력공동체(Euratom)간의 부문적 협정	48.3	67.2		가결
465.1	B	2000년 9월 24일	신재생에너지의 장려	44.7	31.3	0	부결
465.2	C	2000년 9월 24일	신재생에너지의 장려(반대 제안)	44.7	45.3	4.5	부결
466	C	2000년 9월 24일	환경 에너지 세금	44.9	44.5	2.5	부결
467	B	2000년 9월 24일	이민 규정	45.3	36.2	0	부결
468	B	2000년 9월 24일	직접민주주의 장치(건설적인 국민투표)	44.8	34.1	0	부결
469	B	2000년 11월 26일	여성의 정년퇴직연령 상승에 반대	41.7	39.5	6	부결
470	B	2000년 11월 26일	62세 이상의 남녀 근로자에게 유연한 정년퇴직연령 적용	41.7	46.0	7	부결
471	B	2000년 11월 26일	군사비 및 국방비 감축	41.7	37.6	4	부결
472	B	2000년 11월 26일	병원비용 낮추기	41.7	17.9	0	부결
473	D	2000년 11월 26일	연방정부 공무원	41.5	66.8		가결
474	B	2001년 3월 4일	유럽공동체 가입 찬성(Yes to Europe)	55.8	23.2	0	부결
475	B	2001년 3월 4일	약물 가격	55.7	30.9	0	부결
476	B	2001년 3월 4일	건물밀집지역의 속도를 시속 30km로 제한	55.8	20.3	0	부결

번호	유형	일 자	안 건	투표율	찬성 투표율	찬성 투표 칸톤	결 과
477	D	2001년 6월 10일	유엔 안보리 결의에 대한 무장 스위스 병력	42.5	51.0		가결
478	D	2001년 6월 10일	스위스 병력의 해외 훈련	42.5	51.1		가결
479	A	2001년 6월 10일	주교직 관련 연방정부의 권한 폐지	42.1	64.2	23	가결
480	A	2001년 12월 2일	연방정부의 비용지출 제동(총지출상한액: 채무제동준칙)	37.8	84.7	23	가결
481	B	2001년 12월 2일	에너지 세금	37.9	22.9	0	부결
482	B	2001년 12월 2일	스위스 군대 해산	37.9	21.9	0	부결
483	B	2001년 12월 2일	민간 평화 자원 봉사	37.9	23.2	0	부결
484	B	2001년 12월 2일	자본이득세	37.9	34.1	0	부결
485	B	2002년 3월 3일	UN 가입	58.4	54.6	12	가결
486	B	2002년 3월 3일	주간 근무 시간 단축	58.3	25.4	0	부결
487	D	2002년 6월 2일	낙태(12주)	41.8	72.2		가결
488	B	2002년 6월 2일	태아의 보호 및 어려움에 처한 산모를 위한 지원	41.7	18.3	0	부결
489.1	B	2002년 9월 22일	노령·유족·장애인 연금 펀드를 위한 금	45.2	46.4	6	부결
489.2	C	2002년 9월 22일	노령·유족·장애인 연금 펀드 및 칸톤을 위한 금(반대 제안)	45.2	46.4	6.5	부결
490	D	2002년 9월 22일	전력분야의 자유화(전기시장법)	44.8	47.4		부결
491	B	2002년 11월 24일	망명법 남용에 반대	47.9	49.9	12.5	부결
492	D	2002년 11월 24일	실업보험법 개정	47.6	56.1		가결
493	A	2003년 2월 9일	"종합 발의(general initiative)" 도입	28.7	70.4	23	가결
494	D	2003년 2월 9일	병원비용에 대한 주별 분담금 조정	28.7	77.4		가결
495	D	2003년 5월 18일	스위스 군대 감축	49.6	76.0		가결
496	D	2003년 5월 18일	민방위 개정	49.5	80.6		가결
497	B	2003년 5월 18일	임차인의 권리	49.6	32.7	1	부결
498	B	2003년 5월 18일	계절마다 1번 자동차 없는 일요일	49.8	37.7	0	부결
499	B	2003년 5월 18일	의료비용 지원	49.7	27.1	0	부결
500	B	2003년 5월 18일	장애인의 평등권	49.7	37.7	3	부결
501	B	2003년 5월 18일	에너지정책의 변화 및 원자력발전소의 점진적 폐기처분	49.7	33.7	0.5	부결
502	B	2003년 5월 18일	원자력발전소 건설 중단 연장	49.6	41.6	1	부결
503	B	2003년 5월 18일	직업교육	49.6	31.6	0	부결
504	C	2004년 2월 8일	안전하고 효율적인 고속도로	45.6	37.2	0	부결
505	D	2004년 2월 8일	세입자의 임차료 인상 제한	45.4	35.9		부결
506	B	2004년 2월 8일	성폭력 또는 강력범죄 가해자에게 종신형	45.5	56.2	21.5	가결
507	D	2004년 5월 16일	노령·유족·장애인 연금법 제11차 개정	50.8	32.1		부결
508	A	2004년 5월 16일	부가가치세 인상을 통한 노령·유족·장애인 연금의 자금 지원	50.8	31.4	0	부결
509	D	2004년 5월 16일	세제 개혁	50.8	34.1		부결
510	A	2004년 9월 26일	젊은 2세대 외국인의 귀화조건 완화	53.8	43.2	5.5	부결
511	A	2004년 9월 26일	3세대 외국인의 시민권 취득	53.8	48.4	6.5	부결

번호	유형	일 자	안 건	투표율	찬성 투표율	찬성 투표 칸톤	결 과
512	B	2004년 9월 26일	우편 제도	53.5	49.8	9.5	부결
513	D	2004년 9월 26일	산모에게 14주의 급여 지급 연장	53.8	55.5		가결
514	A	2004년 11월 28일	연방제의 재정균등화 지급 및 업무 분배	36.9	64.4	20.5	가결
515	A	2004년 11월 28일	연방정부 재정	36.8	73.8	22	가결
516	D	2004년 11월 28일	배아줄기세포 연구	37.0	66.4		가결
517	F	2005년 6월 5일	셍겐(Schengen) 및 더블린(Dublin) 합의 관련 스위스와 EU간의 쌍방협정	56.6	54.6		가결
518	D	2005년 6월 5일	동성 파트너십	56.5	58.0		가결
519	F	2005년 9월 25일	신규 EU회원국 국민의 자유로운 이동	54.3	56.0		가결
520	B	2005년 11월 27일	유전자변형 음식물의 중단	42.2	55.7	23	가결
521	D	2005년 11월 27일	가게 영업시간	42.3	50.6		가결
522	A	2006년 5월 21일	연방정부의 교육정책 조율 권한	27.8	85.6	23	가결
523	B	2006년 9월 24일	노령·유족·장애인 연금 펀드를 위한 국립은행의 이익금	48.8	41.7	2.5	부결
524	D	2006년 9월 24일	비EU국가 출신 외국인의 스위스 노동시장 합류	48.9	68.0		가결
525	D	2006년 9월 24일	보다 엄격한 망명법	48.9	67.8		가결
526	D	2006년 11월 26일	동유럽 국가와 협력	45.0	53.4		가결
527	D	2006년 11월 26일	가족 수당의 조화(Harmonization)	45.0	68.0		가결
528	B	2007년 3월 11일	건강보험 분야의 국가 독점권	46.0	28.8	2	부결
529	D	2007년 6월 17일	연방 장애보험법의 제5차 개정	36.2	59.1		가결
530	B	2008년 2월 24일	관광지역의 전투기	38.7	31.9	0	부결
531	D	2008년 2월 24일	민간기업 과세	38.6	50.5		가결
532	B	2008년 6월 1일	민주적 귀화 지지	45.2	36.3	1	부결
533	B	2008년 6월 1일	정부 선전을 하지 않는 민주주의 정치	44.9	24.8	0	부결
534	C	2008년 6월 1일	건강보험료 비용	44.8	30.5	0	부결
535	B	2008년 11월 30일	아이들을 대상으로 하는 포르노 범죄	47.5	51.9	18	가결
536	B	2008년 11월 30일	유연한 퇴직 연령	47.6	41.4	4	부결
537	B	2008년 11월 30일	기관의 항소권	47.2	34.0	0	부결
538	B	2008년 11월 30일	대마초 정책	47.3	36.8	0	부결
539	D	2008년 11월 30일	마약에 대한 연방법의 개정	47.1	68.1		가결
540	F	2009년 2월 8일	사람의 자유로운 이동에 관한 스위스와 유럽공동체 간의 협정	51.4	59.6		가결
541	C	2009년 5월 17일	대체의학	38.8	67.0	23	가결
542	F	2009년 5월 17일	생체여권 및 여행용 서류	38.8	50.2		가결
543	A	2009년 9월 27일	부가가치세 인상을 통한 장애 보험 자금 지원	41.0	54.6	12	가결
544	A	2009년 9월 27일	"종합 발의(general initiative)" 폐지	40.4	67.9	23	
545	A	2009년 11월 29일	항공교통 의무를 위한 특별펀드 조성	52.6	65.0	23	가결
546	B	2009년 11월 29일	군수품 수출	53.4	31.8	0	부결

번호	유형	일 자	안 건	투표율	찬성 투표율	찬성 투표 칸톤	결 과
547	B	2009년 11월 29일	이슬람 사원 첨탑 건축	53.8	57.5	19.5	가결
548	A	2010년 3월 7일	인간 연구	45.5	77.2	23	가결
549	B	2010년 3월 7일	동물 보호	45.8	29.5	0	부결
550	D	2010년 3월 7일	노령·유족·장애인 연금법 개정	45.8	27.3		부결
551	D	2010년 9월 26일	실업보험법 개정	35.8	53.4		가결
552.1	B	2010년 11월 28일	외국인 범죄자의 국외추방	52.9	52.9	17.5	가결
552.2	C	2010년 11월 28일	외국인 범죄자의 국외추방(반대 제안)	52.9	45.8	0	부결
553	I	2010년 11월 28일	조세	52.4	41.5	3.5	부결
554	B	2011년 2월 13일	총기 범죄로부터 보호	49.1	43.7	5.5	부결
555	B	2012년 3월 11일	2차 주택의 무분별한 건축 중단	45.2	50.6	13.5	가결
556	B	2012년 3월 11일	개인 주택 재산 촉진을 위한 저축 계획	45.0	44.2	4.5	부결
557	B	2012년 3월 11일	모든 국민을 위한 6주 휴가	45.4	33.5	0	부결
558	A	2012년 3월 11일	자선 목적을 위한 도박 규제	44.8	87.1	23	가결
559	D	2012년 3월 11일	도서 가격 통제	44.9	43.9		부결
560	B	2012년 6월 17일	개인 주택 재산 촉진을 위한 저축 계획	38.5	31.1	0	부결
561	B	2012년 6월 17일	국민에게 국제조약 제출	38.5	24.8	0	부결
562	D	2012년 6월 17일	건강보험(관리의료, Managed Care)	38.7	23.9		부결
563	A	2012년 9월 23일	청년들을 위한 음악 제고	42.4	72.7	23	가결
564	B	2012년 9월 23일	노인을 위한 주택	42.5	47.4	9.5	부결
565	B	2012년 9월 23일	담배연기 노출로부터 보호	42.8	34.0	1	부결
566	D	2012년 11월 25일	가축의 유행병에 관한 법 개정	27.6	68.3		가결
567	A	2013년 3월 3일	가족과 일, 학업의 양립에 대한 연방과 칸톤의 지원(헌법 개정)	46.6	54.3	10	부결
568	B	2013년 3월 3일	기업임원의 보수 규제 등(헌법 개정)	46.7	68.0	23	가결
569	D	2013년 3월 3일	국토이용개발법 개정(경관보호 관련 효율적 토지이용)	46.5	62.9		가결
570	B	2013년 6월 9일	연방각료의 직접 선거(헌법 개정)	39.5	23.7	0	부결
571	D	2013년 6월 9일	이민법 개정(연방의 난민 신청자용 시설 확충, 재외공관의 난민 신청 금지 등)	39.4	78.4		가결
572	B	2013년 9월 22일	병역 의무 폐지(헌법 개정)	47.0	26.8	0	부결
573	D	2013년 9월 22일	전염병법 개정	46.8	59.0		가결
574	D	2013년 9월 22일	노동법 개정(주유소 내 점포의 24시간 영업)	46.8	55.8		가결
575	B	2013년 11월 24일	기업의 최고 임금 제한(헌법 개정)	53.6	34.7	0	부결
576	B	2013년 11월 24일	어린이집 이용없이 양육하는 부모에 대한 세금 공제(헌법 개정)	53.6	41.5	2.5	부결
577	D	2013년 11월 24일	고속도로 이용 요금 인상	53.6	39.5		부결
578	C	2014년 2월 9일	철도 설비 확충 기금창설(반대제안)	56.2	62.0	22	가결
579	B	2014년 2월 9일	인공유산을 건강보험에서 지출하는 것을 중지(헌법 개정)	56.4	30.2	0.5	부결
580	B	2014년 2월 9일	이민 제한(헌법 개정)	56.6	50.3	14.5	가결

번호	유형	일 자	안 건	투표율	찬성 투표율	찬성 투표 칸톤	결 과
581	C	2014년 5월 18일	기초 의료 강화(반대제안)	55.9	88.1	23	가결
582	B	2014년 5월 18일	미성년자에 대한 성범죄자의 미성년자 관련 직종 취업금지(헌법 개정)	56.2	63.5	23	가결
583	B	2014년 5월 18일	법정 최저 임금 설정(헌법 개정)	56.4	23.7	0	부결
584	D	2014년 5월 18일	신형 전투기 구입을 위한 기금 창설법	56.3	46.6		부결
585	B	2014년 9월 28일	음식점 내에서 음식을 제공하는 경우와 테이크 아웃하는 경우의 세율 통일(헌법 개정)	47.0	28.5	0	부결
586	B	2014년 9월 28일	단일한 건강보험기금 조성(헌법 개정)	47.2	38.2	4	부결
587	B	2014년 11월 30일	백만장자에 대한 조세특례 폐지(헌법 개정)	49.9	40.8	1	부결
588	B	2014년 11월 30일	환경 보전을 위한 과잉인구 제한, 지속가능 천연자원 보전(헌법 개정)	50.0	25.9	0	부결
589	B	2014년 11월 30일	국립 은행에 대한 일정량의 금 보유 의무화(헌법 개정)	49.8	22.7	0	부결
590	B	2015년 3월 8일	아동 수당 및 직업 교육 수당의 비과세화(헌법 개정)	42.1	24.6	0	부결
591	B	2015년 3월 8일	비재생 에너지에 대한 과세·부가가치세 폐지(헌법 개정)	42.1	8.0	0	부결
592	A	2015년 6월 14일	착상 전 진단을 허가하기 위한 헌법 개정(헌법 개정)	43.5	61.9	18.5	가결
593	B	2015년 6월 14일	장학금 관련 사무를 연방으로 이관(헌법 개정)	43.5	27.5	0	부결
594	B	2015년 6월 14일	상속세 개혁(헌법 개정)	43.7	29.0	0	부결
595	D	2015년 6월 14일	라디오 및 TV법 개정(수신료를 공과금으로 변경)	43.7	50.1		가결
596	B	2016년 2월 28일	부부의 세제·사회보장 불이익 해소(헌법 개정)[2]	63.3	49.2	16.5	부결
597	B	2016년 2월 28일	특정범죄를 저지른 외국인의 자동 국외 추방(헌법 개정)	63.7	41.1	4.5	부결
598	B	2016년 2월 28일	농산물 또는 식료품의 투기적인 금융 거래 금지(헌법 개정)	62.9	40.1	1.5	부결
599	D	2016년 2월 28일	알프스 지역의 도로 교통을 위한 터널 건설법 개정	63.5	57.0		가결
600	B	2016년 6월 5일	영리 추구 금지 등의 새로운 공공 서비스 원칙(헌법 개정)	46.8	32.4	0	부결
601	B	2016년 6월 5일	조건없는 기본소득 도입(헌법 개정)	47.0	23.1	0	부결
602	B	2016년 6월 5일	광유세 수입을 도로 사업에 전액 공여(헌법 개정)	46.8	29.2	0	부결
603	D	2016년 6월 5일	생식의료법 개정(착상 전 진단 허용)	46.7	62.4		가결
604	D	2016년 6월 5일	난민법 개정(난민 신청 절차 신속화)	46.8	66.8		가결
605	B	2016년 9월 25일	천연 자원의 효율적 이용(헌법 개정)	43.0	36.4	1	부결
606	B	2016년 9월 25일	노령 연금의 급부 인상(헌법 개정)	42.1	40.6	5	부결
607	D	2016년 9월 25일	정보기관법 개정(도청·감청 허용)	42.9	65.5		가결
608	B	2016년 11월 27일	기존 원자력 발전소 폐로(헌법 개정)	45.4	45.8	5	부결
609	A	2017년 2월 12일	3세대 외국인의 용이한 귀화	46.8	60.4	17	가결
610	A	2017년 2월 12일	국도 및 도시 교통 기금 조성	46.6	61.9	23	가결
611	D	2017년 2월 12일	스위스 경쟁력 강화 관련 법인세 개혁법	46.6	40.9		부결
612	D	2017년 5월 12일	에너지법	42.9	58.2		가결
613	A	2017년 9월 24일	식량안보	47.1	78.7	23	가결
614	A	2017년 9월 24일	VAT 인상을 통한 AHV의 자금조달	47.4	49.95	9.5	부결
615	D	2017년 9월 24일	노령조항 개정	47.4	47.3		부결

번호	유형	일 자	안 건	투표율	찬성 투표율	찬성 투표 칸톤	결 과
616	A	2018년 3월 4일	2021년 신 재정준칙에 관한 결의	53.9	84.1	23	가결
617	B	2018년 3월 4일	라디오 및 TV 수신료 폐지	54.8	28.4	0	부결
618	B	2018년 6월 10일	연방은행만의 화폐	34.6	24.3	0	부결
619	D	2018년 6월 10일	머니게임법	34.5	72.9		부결
620	A	2018년 9월 23일	자전거도로, 보도, 하이킹 트레일(반대 제안)	37.5	73.6	23	가결
621	B	2018년 9월 23일	건강하고 친환경적이며 공정하게 생산 된 식품	37.5	38.7	4	부결
622	B	2018년 9월 23일	식량주권과 농업	37.5	31.6	4	부결
623	B	2018년 11월 25일	농장동물의 존엄	48.3	45.3	5	부결
624	B	2018년 11월 25일	외국법관 대신 스위스법	48.4	33.7	0	부결
625	D	2018년 11월 25일	사회보험법 개정	48.4	64.7		가결
626	B	2019년 2월 10일	대도시 교외의 무분별한 개발반대	37.9	36.3	0	부결
627	D	2019년 5월 19일	조세개혁법	43.7	66.4		가결
628	F	2019년 5월 19일	EU지침 채택관련 스위스와 EU간 양해각서의 채택과 집행	43.9	63.7		가결
629	B	2020년 2월 9일	더 저렴한 주택	41.7	42.9	4.5	부결
630	D	2020년 2월 9일	형법 및 군 형법 개정(성적 지향에 대한 차별 금지)	41.7	63.1		가결
631	B	2020년 9월 27일	온건한 이민	59.5	38.3	3.5	부결
632	D	2020년 9월 27일	사냥에 관한 연방법	59.3	48.1		부결
633	D	2020년 9월 27일	연방직접세법	59.2	36.8		부결
634	D	2020년 9월 27일	육아휴직법	59.4	60.3		가결
635	D	2020년 9월 27일	신규 전투기도입	59.4	50.1		가결
636	B	2020년 11월 29일	책임 있는 기업(인간과 환경 보호)	47.0	50.7	8.5	부결
637	B	2020년 11월 29일	군수품 생산자 자금조달 금지	47.0	42.5	3.5	부결
638	B	2021년 3월 7일	베일금지에 찬성	51.4	51.2	18	가결
639	D	2021년 3월 7일	전자식별서비스법	51.3	35.6		부결
640	F	2021년 3월 7일	인도네시아와 자유무역협정	51.1	51.6		가결
641	B	2021년 6월 13일	깨끗한 식수와 음식:살충제 등 보조금금지	59.8	39.3	0.5	부결
642	B	2021년 6월 13일	살충제 없는 스위스	59.8	39.4	0.5	부결
643	D	2021년 6월 13일	코로나19 대응법	59.7	60.2		가결
644	D	2021년 6월 13일	이산화탄소배출량 축소법(CO_2법)	59.7	48.4		부결
645	D	2021년 6월 13일	테러방지법	59.6	56.6		가결
646	B	2021년 9월 26일	99% 제안(공평세금, 임금조정)	52.2	35.1	0	부결
647	D	2021년 9월 26일	모두를 위한 결혼(동성결혼 허용)	52.6	64.1		가결
648	B	2021년 11월 28일	간호사 인력·임금 등 업무환경 개선	65.3	61.0	22.5	가결
649	B	2021년 11월 28일	연방법관 선출절차 개선 등 사법개혁	64.7	31.9	0	부결
650	D	2021년 11월 28일	코로나19 방역 및 피해구제법	65.7	62.0		가결

참고문헌

【국내 문헌】

1. 단행본

김계동, 현대유럽정치론, 서울대학교출판부 (2007).

김연식, 브렉시트(Brexit) 과정에서 영국 헌법 관련 쟁점과 전망, 한국법제연구원 (2019).

김영기, 뉴잉글랜드 타운정부론, 대영문화사 (2014).

구니마쓰 다카지(이덕숙 번역), 다부진 나라 스위스에 가다, 기파랑 (2008).

국회도서관, 세계의 헌법(제3판) 제1권 · 제2권 (2018).

_________, 세계의 헌법 한눈에 보기 (2010).

박영도, 선진 4개 국가의 법제 기구 및 법안심사(국외 출장보고서), 한국법제연구원 (2001).

_____, 스위스 연방의 헌법개혁과 향후 전망, 한국법제연구원 (2004).

부르노 카우프만 · 롤프 뷔치 · 나드야 브라운(이정옥 옮김), 직접민주주의로의 초대, 리북 (2008).

서울대학교 산학협력단, 국민투표법 개정을 위한 입법방안에 관한 연구, 중앙선거관리위원회 연구용역보고서 (2013).

신명순, 비교정치, 박영사 (2010).

안성호, 분권과 참여: 스위스의 교훈, 다운샘 (2005).

_____, 스위스연방 민주주의 연구, 대영문화사 (2001).

_____, 왜 분권 국가인가: 리바이어던에서 자치공동체로, 박영사 (2016).

윤범기 · 박창기 · 남충현, 블랙오션(그들은 어떻게 이권의 성벽을 쌓는가), 필로소픽 (2013).

융커(이주성 번역), 스위스 직접민주주의, 법문사 (1996)

이기우, 분권적 국가개조론, 한국학술정보 (2014).

_____, 모든 권력은 국민에게 속한다: 이제는 직접민주주의다, 미래를 소유한 사람들 (2016).

임도빈, 개발협력 시대의 비교행정학, 박영사 (2016).

외교부, 스위스 개황 (2014).

조두환, 하이 알프스: 작은 스위스, 아펜첼로 떠나는 문화기행, 청년정신 (2009).

찰스 틸리(이승협, 이주영 번역), 위기의 민주주의, 전략과 문화 (2010).

최용훈, 스위스 연방의회 제도에 관한 연구-입법과정 등을 중심으로-, 대법원 사법정책연구원

(2020).
헨드릭 빌렘 반 룬(임경민 역), 반 룬의 지리학, 아이필드 (2011).

2. 논문

박태조, "외국의회 소개: 스위스(하)", 국회보 1992년 5월호, 국회사무처 (1992).
이창규, "우리나라의 에너지 전환 정책을 위한 스위스 에너지법의 시사", 최신외국법제정보 제4호, 한국법제연구원 (2018).
이혜승, "스위스 선거공영제", 선거공영제: 제도 및 운영실태를 중심으로, 선거연수원 (2018).
윤인숙, "주민발안제의 쟁점과 전망", 헌정제도 연구사업 Issue Paper 2018-02-05, 한국법제연구원 (2018).
장준호, "독일의 민주주의: 자치분권 국가에서 시민입법과 주민투표의 현황을 중심으로", 선거연구 제7호, 중앙선거관리위원회 선거연수원 (2016).
_____, "스위스연방의 직접민주주의: 2008년 6월 1일 국민투표를 중심으로", 국제정치논총 제48집 4호, 한국국제정치학회 (2008).
전진영, "미국과 영국 하원의 의원윤리 심사현황", 이슈와 논점 제1851호, 국회입법조사처 (2021).
정재각, "직접민주제도의 확산과 정책적 영향-스위스를 중심으로", 한독사회과학논총 제18권 제1호, 한독사회과학회 (2008).
최용훈, "국민투표의 나라 스위스", 국회보 2016년 12월호, 국회사무처 (2016).
_____, "170년 전통을 가진 스위스 국민발안제도", 국회보 2018년 5월호, 국회사무처 (2018).
최정인, "국민발안제 도입 관련 쟁점", 이슈와 논점 제1399호, 국회입법조사처 (2017).
하혜영, "주민투표제도 운영 현황 및 향후 과제", 이슈와 논점 제1628호, 국회입법조사처 (2019).
_____, "「주민조례발안에 관한 법률」 주요 내용과 향후 과제", 현안분석 제225호, 국회입법조사처 (2021).
Felix Uhlmann, "Legislation and evaluation in Switzerland", 입법평가연구 제3호 (2010).

【외국 문헌】

1. 영어 문헌

Clive H. Church, The Politics and Government of Switzerland, Palgrave Macmillan UK (2004).

George Arthur Codding, The Federal Government of Switzerland, Houghton Mifflin (1961).

Jan-Erik Lane, The Swiss Labyrinth: Institutions, Outcomes and Redesign, Routledge (2001).

Johannes Reich, "An International Model of Direct Democracy: Lessons from the Swiss Experience", SSRN Electronic Journal (2008).

José M. Magone, M. Magone, The Statecraft of Consensus Democracies in a Turbulent World: A Comparative Study of Austria, Belgium, Luxembourg, the Netherlands and Switzerland, Routledge (2017).

Kris W. Kobach, The Referendum: Direct Democracy in Switzerland, Dartmouth Publishing (1993).

Lars P. Feld & Marcel R. Savioz, "Direct democracy matters for economic performance: an empircal investigation", Kylos Vol 50, no 4 (1997).

Marcin Rachwal, "Citizens' initiatives in Switzerland", Przeglad Politologiczny (2014).

Patricia Egli, Introduction to Swiss Constitutional Law, Dike Publishers (2016).

The Swiss Confederation: a brief guide 2008, Federal Chancellery (2008).

____________________: a brief guide 2020, Federal Chancellery (2020).

Urs Gasser & James M. Thurman & Richard Stäuber & Jan Gerlach, E-Democracy in Switzerland: Practice and Perspective, Dike publishing house (2010).

Uwe Serdült, "Referendum in Switzerland", in: Qvortrup M., Referendums Around the World, Palgrave Macmillan, 2014.

__________, "The history of a dormant institution: Legal norms and the practice of recall in Switzerland", Journal of Representation Democracy, 51:2, (2015).

Venelin Tsachevsky, The Swiss Model-The Power of Democracy, Peter Lang AG (2014).

Walter Haller, The Swiss Constitution, DIKE (2016).

William E. Rappard, "The initiative, referendum and recall in Switzerland", American Academy of Political and Social Science, 43:1 (1912).https://ia801700.us.archive.org/7/items/jstor-1012542/1012542.pdf (2021. 12. 13. 최종 확인).

Wolf Linder & Isabelle Steffen, Swiss Confederation, Forum of Federations (2006).

2. 독일어 및 일본어 문헌

Andreas Kley / Reto Feller, "Die Erlassformen der Bundesversammlung im Lichte des neuen Parlamentsgesetzes", Schweizerisches Zentralblatt füur Staats-und Verwaltungsrecht Jg. 105, 2004.

Pascal Sciarini, Processus législatif, in: Peter Knoepfel et al. (Hrsg.), Handbuch der Schweizer Politik: Manuel de la politique suisse, 5. Aufl., Verlag Neue Zürcher Zeitung (2014).

Pascal Sciarini/Anke Tresch, Votations populaires, in: Peter Knöpfel(Hrsg), Handbuch der Schweizer Politik: Manuel de la politique suisse (2014).

Wolf Linder / Mitarbeit von Rolf Wirz, Direkte Demokratie, in: Peter Knöpfel(Hrsg), Handbuch der Schweizer Politik: Manuel de la politique suisse (2014).

山岡規雄, "諸外国の国民投票法制及び実施例(第3版)", 調査と情報 ISSUE BRIEF 939号, 国立国会図書館 (2017).

岡本三彦, "住民総会の可能性と課題――スイスの住民総会を中心に――",「経済学論纂」第58巻 第3・4 合併号(2018. 3).

【웹사이트】

1. 국내

국회사무처 홈페이지, https://nas.na.go.kr/nas/info/diplomacy_active03.do?mode=view&articleNo=660219 (2021. 12. 13. 최종 확인).

국회 전자도서관 홈페이지, http://dl.nanet.go.kr/index.do (2021. 12. 13. 최종 확인).

국회의안정보시스템 홈페이지, http://likms.assembly.go.kr/bill/billDetail.do?billId=PRC_U2J0I0H3Q0E6O2T0C3T0O0K4K2T2Y8 (2021. 12. 13. 최종 확인).

네이버 지식백과 홈페이지, https://terms.naver.com/entry.nhn?docId=2117341&cid=50762&categoryId=508535 (2021. 12. 13. 최종 확인).

법제처 세계법제정보센터 홈페이지, http://world.moleg.go.kr/web/wli/lgslInfoReadPage.do?CTS_SEQ=38858&AST_SEQ=1289 (2021. 12. 13. 최종 확인).

주 스페인 대한민국대사관 홈페이지, https://overseas.mofa.go.kr/es-ko/brd/m_8097/view.do?seq=550398&srchFr=&srchTo=&srchWord=&srchTp=&multi_itm_

seq=0&itm_seq_1=0&itm_seq_2=0&company_cd=&company_nm= (2021. 12. 13. 최종 확인).

2. 국외

스위스 경제인연합 홈페이지 참조, https://www.economiesuisse.ch/en/organization (2021. 12. 13. 최종 확인).

스위스 글라루스 칸톤 홈페이지, https://www.landsgemeinde.gl.ch/landsgemeinde/2020 (2021. 12. 13. 최종 확인).

스위스 국립라디오와 텔레비전 방송국 홈페이지, "The cheap price of direct democracy" (2016. 5. 22.), https://www.srf.ch/news/schweiz/der-guenstige-preis-der-direkten-demokratie (2021. 12. 13. 최종 확인).

스위스 동맹서약 박물관 홈페이지, https://www.bundesbrief.ch/en.html/4 (2021. 12. 13. 최종 확인).

스위스 무역협회 홈페이지, https://www.sgv-usam.ch/ (2021. 12. 13. 최종 확인).

스위스 상공회의소 홈페이지, https://www.sihk.ch/ (2021. 12. 13. 최종 확인).

스위스 아펜첼이너로덴 칸톤 홈페이지, https://www.ai.ch/politik/landsgemeinde (2021. 12. 13. 최종 확인).

스위스 연방내각사무처 홈페이지, https://www.bk.admin.ch/bk/en/home/politische-rechte/e-voting/chronik.html (2021. 12. 13. 최종 확인).

스위스 연방내각사무처 국민투표(Chronologie Volksabstimmungen) 홈페이지; http://www.admin.ch/ch/d/pore/va/vab_2_2_4_1.html (2021. 12. 13. 최종 확인).

스위스 연방의회 홈페이지, https://www.parlament.ch/de/ratsbetrieb/suche-curia-vista/geschaeft?AffairId=20150498 (2021. 12. 13. 최종 확인).

스위스 연방통계청(국민투표) 홈페이지, https://www.bfs.admin.ch/bfs/de/home/statistiken/politik/abstimmungen.assetdetail.11807431.html (2021. 12. 13. 최종 확인).

스위스 정치시스템 홈페이지, https://www.ch.ch/en/demokratie/votes/how-do-i-vote-and-where/ (2021. 12. 13. 최종 확인).

스위스 제네바 칸톤 홈페이지, https://www.ge.ch/statistique/graphiques/affichage.asp?filtreGraph=17_03&dom=1 (2021. 12. 13. 최종 확인).

스위스 직접민주주의 센터 홈페이지, https://c2d.ch/country/CH (2021. 12. 13. 최종 확인).

스위스 취리히 칸톤 홈페이지, https://www.zh.ch/de/politik-staat/gesetze-beschluesse/gesetzessammlung/zhlex-ls/erlass-131_1-2015_04_20-2018_01_01-105.html (2021. 12. 13. 최종 확인).

스위스 칸톤헌법 홈페이지, http://www.verfassungen.ch/index.htm (2021. 12. 13. 최종 확인).

영국의회 홈페이지, https://www.legislation.gov.uk/primary+secondary?title=recall%20of%20mps%20act%202015 (2021. 12. 13. 최종 확인).

위키피디아 검색 홈페이지, https://en.wikipedia.org/wiki/Cantons_of_Switzerland (2021. 12. 13. 최종 확인).

【기타 자료】

뉴시스, "스위스 이슬람 첨탑 건설 금지 국민투표 가결" (2009. 11. 30.), https://news.naver.com/main/read.nhn?mode=LSD&mid=sec&sid1=104&oid=003&aid=0002977256 (2021. 12. 13. 최종 확인).

동아일보, "이탈리아 의원 수 300명 이상 줄어든다…국민투표서 70% '찬성'" (2019. 9. 22.), https://www.donga.com/news/Inter/article/all/20200922/103046929/1 (2021. 12. 13. 최종 확인).

________, "의원 수 줄이는 유럽… 伊 945명→600명 추진" (2019. 10. 10.), https://www.donga.com/news/Inter/article/all/20191010/97803371/1 (2021. 12. 13. 최종 확인).

서울경제, "佛, 노란 조끼 정국 타개 방편 '국회의원 감축 국민투표 검토'" (2019. 2. 4.), https://www.sedaily.com/NewsVIew/1VF6LS2I5P (2021. 12. 13. 최종 확인).

연합뉴스 "국회 본회의서 '국민발안제 개헌안' 투표 불성립…자동 폐기" (2020. 5. 8.) https://www.yna.co.kr/view/AKR20200508137400001?input=1195m (2021. 12. 13. 최종 확인).

________, "다시 시작은 했는데…유럽은 또 서머타임 논쟁" (2018. 3. 26.), https://www.yna.co.kr/view/AKR20180326153500088?input=1195m (2021. 12. 13. 최종 확인).

________, "스위스, 핵폐기장 건설 10년째 표류" (2003. 9. 20), https://news.naver.com/main/read.naver?mode=LSD&mid=sec&sid1=104&oid=001&aid=0000462208 (2021. 12. 13. 최종 확인).

________, "충남도 · 지방분권협 '주민참여 3법 조속히 통과돼야'" (2021. 7. 7.), https://www.yna.

co.kr/view/AKR20210707128100063?input=1195m (2021. 12. 13. 최종 확인).
영남일보, "좌파–우파" (2018. 6. 19.), https://www.yeongnam.com/web/view.php?key=20180619.010310820490001 (2021. 12. 13. 최종 확인).
조선일보, "스위스, 원전 완전 퇴출키로…국민투표 통과" (2017. 5. 22.), https://www.chosun.com/site/data/html_dir/2017/05/22/2017052201796.html (2021. 12. 13. 최종 확인).
_______, "伊 의석 '3분의 1' 없앤다, 이탈리아 국회의원 감축안, 70% 찬성으로 국민투표 통과" (2019. 9. 23.), https://www.chosun.com/international/europe/2020/09/23/R5LXDIOPXNAIJOY4GZ62PECMZE/?utm_source=naver&utm_medium=original&utm_campaign=news (2021. 12. 13. 최종 확인).
주간조선, "국민소환 당한 영국 의원들의 죄, 우리 국회에 영국 기준 적용하면 몇 명이나?" (2571호, 2019. 8. 19.), http://weekly.chosun.com/client/news/viw.asp?ctcd=C01&nNewsNumb=002571100001 (2021. 12. 13. 최종 확인).
중앙일보, "전자투표 확산, 정치 대변혁 부른다" (2020. 11. 12.), https://news.joins.com/article/23918356 (2021. 12. 13. 최종 확인).
파이낸셜뉴스, "주민투표결과 무조건 공개…'3분의 1 참여' 요건 없앤다" (2020. 10. 22.), https://www.fnnews.com/news/202010221409538462 (2021. 12. 13. 최종 확인).
한국일보, "'모든 시민에게 공교육을' 콩도르세 국민교육 주창하다" (2015. 9. 16.), https://www.hankookilbo.com/News/Read/201509161585626365 (2021. 12. 13. 최종 확인).
BBC News Korea, "카탈루냐 국민투표: 정말로 스페인으로부터 독립할 수 있을까?" (2017. 10. 2.), https://www.bbc.com/korean/news-41465271 (2021. 12. 13. 최종 확인).
MBC 뉴스, "대통령 개헌안 결국 부결…야당 '본회의 불참'" (2020. 5. 24.), https://imnews.imbc.com/replay/2018/nw1200/article/4617616_30135.html (2021. 12. 13. 최종 확인).
SRF News(스위스 국립라디오와 텔레비전 방송), "The cheap price of direct democracy" (2016. 5. 22.), https://www.srf.ch/news/schweiz/der-guenstige-preis-der-direkten-demokratie (2021. 12. 13. 최종 확인).
Swiss info. ch, "'Revocation right as democracy's security valve'" https://www.swissinfo.ch/eng/directdemocracy/people-power_-revocation-right-as-democracy-s-security-valve-/41952072 (2021. 12. 13. 최종 확인).

미 주

제1장 직접민주주의 일반론

1 김계동, 현대유럽정치론, 서울대학교출판부 (2007), 282.

2 칸톤
독일어로 kanton
프랑스어로 canton
한국어로 주(州) 등으로 번역된다.
칸톤이라는 용어는 1798년 나폴레옹 1세가 헬베티아 공화국을 세우고 지방의 공식명칭으로 프랑스어의 canton을 사용하기 시작한 데서 비롯됐다: 안성호, 스위스연방 민주주의 연구, 대영문화사 (2001), 33.

3 장준호, "스위스연방의 직접민주주의: 2008년 6월 1일 국민투표를 중심으로", 국제정치논총 제48집 4호, 한국국제정치학회 (2008), 244.

4 직접민주주의를 통해 국가에 대한 정체성이 높아지기에 탈세가 줄어들고, 정부 비용을 저렴하게 한다는 연구도 있다: 이기우, 분권적 국가개조론, 한국학술정보 (2014), 43.

5 윤범기 · 박창기 · 남충현, 블랙오션(그들은 어떻게 이권의 성벽을 쌓는가), 필로소픽 (2013), 275.

6 중앙일보, "전자투표 확산, 정치 대변혁 부른다" (2020. 11. 12.), https://news.joins.com/article/23918356 (2021. 12. 13. 최종 확인).

7 Jan-Erik Lane, The Swiss Labyrinth: Institutions, Outcomes and Redesign, Routledge (2001), 35.

8 미국의 경우 주민발안 대상은 연방 차원이 아닌 주 차원의 주 헌법개정안과 주 법률개정안이다. 알래스카, 애리조나, 아칸소, 캘리포니아, 콜로라도, 플로리다, 아이다호, 일리노이, 메인, 매사추세츠, 미시간, 미시시피, 미주리, 몬태나, 네브래스카, 네바다, 노스다코다, 오하이오, 오클라호마, 오레곤, 사우스다코타, 유타, 워싱턴, 와이오밍을 합한 24개 주에서 주민발안제를 채택한다. 이 중에서 18개 주가 주 헌법개정안에 대한 주민발안을, 21개 주가 주 법률개정안에 대한 주민발안을 인정하고 있다: 최정인, "국민발안제 도입 관련 쟁점", 이슈와 논점 제1399호, 국회입법조사처 (2017), 3; 신명순, 비교정치, 박영사 (2010), 346.

9 독일에서는 1920년대 바이마르 공화국에서 두 차례 국민투표가 실시됐다. 1933년 제정된 국민투표법을 토대로 1930년대 나치 체제에서 국민투표가 네 차례 실시됐다. 독일에서는 전체주의와 나치즘 통치를 정당화하는 데 국민투표를 악용했다는 역사적 배경을 이유로 국민투표는 부정적으로 인식됐다. 1938년 이후 연방 차원의 국민투표는 실시되지 않았다: 김계동, 현대유럽정치론, 서울대학교출판부 (2007), 288.

10 장준호, "독일의 민주주의: 자치분권 국가에서 시민입법과 주민투표의 현황을 중심으로", 선거연구 제7호, 중앙선거관리위원회 선거연수원 (2016), 10.

11 호주 국민투표(절차규정)법
영어로 「Referendum(Machinery Provisions) Act 1984」.

12 국회도서관, 세계의 헌법 한눈에 보기 (2010), 216; 국회도서관, 세계의 헌법(제3판) 제2권 (2018), 650-651.

13 안성호, 분권과 참여: 스위스의 교훈, 다운샘 (2005), 210; 안성호, 스위스연방 민주주의 연구, 대영문화사 (2001), 196.

14 취소적 국민투표

독일어로 aufhebende Referendum 또는 abrogative Referendum

영어로 abrogative referendum, resolutive referendum

한국어로 폐기적 국민투표 등으로 번역된다.

취소적 국민투표는 의회에서 이미 의결된 안건을 대상으로 국민투표를 요구할 수 있고, 국민투표 실시결과 의회에서 의결된 안건이 부결될 수 있다. 의회의 의결을 취소 또는 폐기하는 국민투표이다.

15 국회도서관, 세계의 헌법(제3판) 제2권 (2018), 207-216.

16 김계동, 현대유럽정치론, 서울대학교출판부 (2007), 287.

17 조선일보, "伊 의석 '3분의 1' 없앤다, 이탈리아 국회의원 감축안, 70% 찬성으로 국민투표 통과" (2019. 9. 23.), https://www.chosun.com/international/europe/2020/09/23/R5LXDIOPXNAIJOY4GZ62PECMZE/?utm_source=naver&utm_medium=original&utm_campaign=news (2021. 12. 13. 최종 확인).

18 이탈리아는 1983년 이래 37년 동안 7차례나 의원 수 감축을 시도했으나 실패했고, 2020년 9월 8차례 만에 성공한 것이다: 동아일보, "이탈리아 의원 수 300명 이상 줄어든다…국민투표서 70% '찬성'" (2019. 9. 22.), https://www.donga.com/news/Inter/article/all/20200922/103046929/1 (2021. 12. 13. 최종 확인).

19 헌법 제11조의 적용을 위한 조직법률 등이 있다: 서울대학교 산학협력단, 국민투표법 개정을 위한 입법방안에 관한 연구, 중앙선거관리위원회 연구용역보고서 (2013), 55-62.

20 프랑스 선거법

프랑스어로 「Code électoral」.

프랑스 선거법 조문은 L(예를 들면 Article L558)과 R(예를 들면 Article R319)로 구분되기에 프랑스 선거법 L 제558-44조라 기재했다.

21 프랑스 헌법 제11조

③ 제1항에 규정된 대상에 대한 국민투표는 선거인명부에 등록된 선거인 10분의 1의 지지를 받은 양원 의원 5분의 1의 발의로 실시될 수 있다. 이 발의는 의원발의법안의 형식을 취하며, 공포된 지 1년 미만인 법률을 폐지하려는 목적을 가질 수 없다.

④ 발의의 제출 요건과 헌법위원회가 제3항에 대한 적법성 준수 여부를 심의하는 요건은 조직법으로 규정한다.

⑤ 의원발의법안이 조직법이 규정한 기일 이내에 양원의 심의를 받지 못할 경우, 대통령은 이를 국민투표에 회부한다.

⑥ 의원발의법안이 국민투표에서 가결되지 않은 경우, 국민투표일로부터 2년이 경과하기 이전에는 동일한 안건에 관하여 새로운 국민투표 발의안이 제출될 수 없다.

22 프랑스 제3공화국에서 제4공화국으로의 전환은 1940년대 중반 국민투표로, 1958년 제5공화국 성립도 각각 국민투표로 이루어졌다.

23 1962년 드골 대통령은 대통령 직접선거에 대한 국민투표를 실시했고, 이에 대한 국민의 지지는 제5공화국의 특성에 큰 영향력을 미쳤다. 1969년의 국민투표에서 드골 대통령은 행정부개혁안의 성공 여부에 정권유지와 연결했다. 하지만 국민이 이를 거부해 드골은 사임했다: 김계동, 현대유럽정치론, 서울대학교출판부 (2007), 287.

24 서울경제, "佛, 노란 조끼 정국 타개 방편 '국회의원 감축 국민투표 검토'" (2019. 2. 4.), https://www.sedaily.com/NewsVIew/1VF6LS2I5P (2021. 12. 13. 최종 확인). 프랑스 내각은 2019년 8월 국무회의에서 하원 정원을 현행 577명에서 433명으로, 상원은 현행 348명에서 261명으로 줄이는 정치개혁법안을 의

결했다. 차기 총선이 열리는 2022년부터 하원의원의 20%를 비례대표 방식으로 선출하는 방안도 함께 추진되고 있다. 의원 감축안은 2019년 10월부터 의회에서 본격적으로 논의될 예정이다: 동아일보, "의원 수 줄이는 유럽… 伊 945명→600명 추진" (2019. 10. 10.), https://www.donga.com/news/Inter/article/all/20191010/97803371/1 (2021. 12. 13. 최종 확인)

25 유럽경제공동체
영어로 「European Economic Community(EEC)」. 영국은 1973년에 가입했다.

26 2015년 유럽연합 국민투표법
영어로 「European Union Referendum Act 2015」.

27 김연식, 브렉시트(Brexit) 과정에서 영국 헌법 관련 쟁점과 전망, 한국법제연구원 (2019), 69.

28 의원에 대한 주민소환법
영어로 「Recall of MPs Act 2015」.
영국의회 홈페이지, https://www.legislation.gov.uk/primary+secondary?title=recall%20of%20mps%20act%202015 (2021. 12. 13. 최종 확인).

29 영국 하원이 의원에게 내리는 징계의 종류는 ① 제명(expulsion), ② 자격 박탈(disqualification), ③ 직무 정지(suspension), ④ 호명(naming) 등이 있다. 하원의원이 범죄를 저질러 1년을 초과하는 징역형을 선고받는 경우 법률(Representation of the People Act 1981)에 따라 하원의원 피선거권과 함께 자동으로 의원직을 상실하며, 이 경우 의원에 대한 제명으로 분류한다. 의원이 제명되면 보궐선거를 실시하며, 자격 상실이 아닌 사유로 제명된 의원은 보궐선거에 출마할 수 있고, 제명되기 전에 사임하는 경우 제명으로 보지 않는다. 20세기 이후 의원 제명은 위조, 사기, 의회모독 등 3건의 사례가 있다.
직무 정지는 윤리 규범 위반 사유에 따라 회기일 기준 최소 5일간 내려지고, 두 번째 직무 정지는 20일간, 세 번째 이상의 직무 정지는 하원이 직무 정지 해지를 의결할 때까지 직무가 정지된다. 2000년 이후 16명의 하원의원에 대한 직무 정지가 내려졌다. 의장이 의원을 호명하는 즉시 '해당 의원을 직무 정지에 처한다'라는 동의가 표결에 부쳐진다(영국하원의사규칙 제44조): 국회사무처 홈페이지, https://nas.na.go.kr/nas/info/diplomacy_active03.do?mode=view&articleNo=660219 (2021. 12. 13. 최종 확인); 전진영, "미국과 영국 하원의 의원윤리 심사현황", 이슈와 논점 제1851호, 국회입법조사처 (2021). 3-4.

30 국회사무처 홈페이지, https://nas.na.go.kr/nas/info/diplomacy_active03.do?mode=view&articleNo=660219 (2021. 12. 13. 최종 확인).

31 주간조선, "국민소환 당한 영국 의원들의 죄, 우리 국회에 영국 기준 적용하면 몇 명이나?" (2571호, 2019. 8. 19.), http://weekly.chosun.com/client/news/viw.asp?ctcd=C01&nNewsNumb=002571100001 (2021. 12. 13. 최종 확인).

32 국회도서관, 세계의 헌법(제3판) 제1권 (2018), 628-641.

33 투표율: 42.32%(역대 투표율 중 가장 낮음), 찬성: 76.73%, 반대: 17.24%, 기타 기권: 6.03%, 무효처리 0.86%: 주 스페인 대한민국 대사관 홈페이지 참조, https://overseas.mofa.go.kr/es-ko/brd/m_8097/view.do?seq=550398&srchFr=&srchTo=&srchWord=&srchTp=&multi_itm_seq=0&itm_seq_1=0&itm_seq_2=0&company_cd=&company_nm= (2021. 12. 13. 최종 확인).

34 BBC News Korea, "카탈루냐 국민투표: 정말로 스페인으로부터 독립할 수 있을까?" (2017. 10. 2.), https://www.bbc.com/korean/news-41465271 (2021. 12. 13. 최종 확인).

35 1954년 헌법 제98조 ① 헌법개정의 제안은 대통령, 민의원 또는 참의원의 재적의원 3분지 1 이상 또는 민의원선거권자 50만 인 이상의 찬성으로써 한다.

36 헌법 개정안(2018년 대통령 제출) 제56조 국민은 법률안을 발의할 수 있다. 발의의 요건과 절차 등 구체적인 사항은 법률로 정한다.

37 한국당 등 야 4당은 불참했고, 한국당을 제외한 야 3당 헌정특위 간사들은 의사 발언을 통해 개헌안은 지방선거를 위한 면피용이라고 주장했다: MBC 뉴스, "대통령 개헌안 결국 부결…야당 '본회의 불참'" (2020. 5. 24.), https://imnews.imbc.com/replay/2018/nw1200/article/4617616_30135.html (2021. 12. 13. 최종 확인).

38 2020년 4월 15일 기준 인구수 51,843,268명, 유권자 수 43,968,199명(100만 명은 유권자의 2.3%).

39 헌법 개정안(2020년 3월 의원발의) 第128條 ① 헌법개정은 국회 재적의원 과반수나 국회의원 선거권자 100만 인 이상 또는 대통령의 발의로 제안된다: 국회의안정보시스템, http://likms.assembly.go.kr/bill/billDetail.do?billId=PRC_U2J0I0H3Q0E6O2T0C3T0O0K4K2T2Y8 (2021. 12. 13. 최종 확인).

40 경제정의실천시민연합, 대한민국헌정회, 민주노총, 참여연대 등 25개 시민단체가 모인 '국민발안개헌연대'(개헌연대)가 추진한 개헌안 투표에는 더불어민주당과 정의당 등 118명이 참여했고, 미래통합당 의원들은 불참했다. 문희상 국회의장은 이날 오후 본회의에서 의결정족수 부족을 이유로 해당 '원 포인트 개헌안'의 투표 불성립을 선언했다: 연합뉴스 "국회 본회의서 '국민발안제 개헌안' 투표 불성립…자동폐기" (2020. 5. 8.) https://www.yna.co.kr/view/AKR20200508137400001?input=1195m (2021. 12. 13. 최종 확인).

41 2004년 주민투표제가 도입된 지 현재까지 실시된 주민투표는 12건이다. 12건의 주민투표 청구자는 중앙행정기관장이 6건, 지자체장이 3건, 주민 3건이다. 주민의 연서로 청구된 3건은 서울시 무상급식지원('11. 8. 24)과 영주시 면사무소 이전('11. 12. 7), 평창군 폐기물처리장 지원기금 배분('19. 2. 1)이다. 서울시 무상급식 지원 주민투표는 투표율이 25.7%로써 법정개표 요건인 33.3%를 넘지 못해 결과가 공개되지 못했다: 하혜영, "주민투표제도 운영 현황 및 향후 과제", 이슈와 논점 제1628호, 국회입법조사처 (2019), 2; 최용훈, "국민투표의 나라 스위스", 국회보 2016년 12월호, 국회사무처 (2016), 61.

42 주민투표제는 2004년, 주민소환제는 2007년에 각각 도입됐다. 정부가 제출한 「주민투표법 개정안」의 주요 내용은 주민투표 대상을 확대해 과도한 부담을 주거나 중대한 영향을 미치는 지자체의 주요 결정 사항은 모두 주민투표를 할 수 있도록 했다. 주민투표 실시구역 제한은 없앴다. 주민투표를 지자체 전역이 아닌 특정 지역에서만 실시하는 경우 지자체장이 지방의회의 동의를 얻으면 실시구역을 행정구역 단위(시 · 군 · 구 또는 읍 · 면 · 동)뿐 아니라 생활구역 단위로도 정할 수 있게 했다. 주민투표에 한해 전자투표를 실시할 수 있는 근거를 마련했다.

「주민소환에 관한 법률 개정안」의 주요 내용은 주민소환투표의 청구요건을 종전 광역 · 기초지자체 · 지방의회 등 3단계에서 주민소환 청구권자 총수에 따라 6단계로 세분화했다(현재 시 · 도지사는 청구권자 총수의 10%, 시 · 군 · 구청장은 15%, 지방의원은 20%의 서명을 받아야만 주민소환 절차가 시작된다. 개정안은 5만 명 이하 지역은 청구권자 15%의 동의를 얻어야 하지만 그 이상 도시들은 규모가 커질수록 청구요건이 완화된다). 또한 주민(소환)투표 확정 요건을 투표권자 총수의 1/3 이상에서 1/4 이상 및 유효투표 과반수 득표로 완화했다. 주민의 알 권리를 보장하기 위해 주민투표 개표요건을 폐지했고, 주민소환 투표의 경우 개표요건을 1/3에서 1/4로 완화했다. 또한 공직선거법 개정에 따라 주민(소환)투표 연령을 현행 19세에서 18세로 하향 조정했다: 파이낸셜뉴스, "주민투표결과 무조건 공개…'3분의 1 참여'

요건 없앤다"(2020. 10. 22.), https://www.fnnews.com/news/202010221409538462 (2021. 12. 13. 최종 확인); 연합뉴스, "충남도 · 지방분권협 '주민참여 3법 조속히 통과돼야'"(2021. 7. 7.), https://www.yna.co.kr/view/AKR20210707128100063?input=1195m (2021. 12. 13. 최종 확인); 허라윤(국회 행정안전위원회 입법조사관) 이메일 수신(2021. 12. 13.).

43 의무적 국민투표
독일어로 Obligatorisches Referendum
프랑스어로 Référendum obligatoire
영어로 Compulsory referendum, Mandatory referendum
한국어로 필요적 국민투표, 필수적 국민투표 등으로 번역된다.

44 선택적 국민투표
독일어로 Fakultatives Referendum
프랑스어로 Référendum facultatif
영어로 Non-compulsory referendum, Optional referendum
한국어로 임의적 국민투표 등으로 번역된다.

45 국민발안
독일어로 Volksinitiative
프랑스어로 Initiative populaire
영어로 Popular Initiative
한국어로 국민제안, 국민제의, 국민발의 등으로 번역된다.

46 연방헌법
법령번호(SR) 101.1 (1999. 4. 18. 전부 개정, 2000.1.1. 시행, 2020.1.1. 현재)
독일어 명칭은 「Bundesverfassung der Schweizerischen Eidgenossenschaft」
프랑스어 명칭은 「Constitution fédérale de la Confédération suisse」
영어 명칭은 「Federal Constitution of the Swiss Confederation」.

47 연방헌법 조문은 국회도서관에서 번역한 자료와 법제처 세계법제정보센터의 연방헌법 번역본을 각각 참조했다: 국회도서관, 국회도서관, 세계의 헌법(제3판) 제2권 (2018), 597; 법제처 세계법제정보센터 홈페이지, http://world.moleg.go.kr/web/wli/lgslInfoReadPage.do?CTS_SEQ=38858&AST_SEQ=1289 (2021. 12. 13. 최종 확인).

48 정치적 권리에 관한 연방법
법령번호(SR) 161.1
독일어 명칭은 「Bundesgesetz über die politischen Rechte」
프랑스어 명칭은 「Loi fédérale sur les droits politiques (LDP)」
영어 명칭은 「Federal Act on Political Rights (PRA)」.

49 의회법
법령번호(SR) 171.10 독일어 명칭은 「Bundesgesetz über die Bundesversammlung(Parlamentsgesetz, ParlG)」 프랑스어 명칭은 「Loi sur l'ssemblée fédérale(Loi sur le Parlement, LParl)」
영어 명칭은 「Federal Act on the Federal Assembly(Parliament Act, ParlA)」.

50 정치적 권리에 관한 연방법 조문은 중앙선거관리위원회에서 번역한 자료와 국회도서관에서 번역한 자료

를 종합해 참조했다: 중앙선거관리위원회 선거연수원, 스위스 연방선거법 (2018). 의회법 등 그 밖의 조문은 국회도서관에서 번역한 자료를 참조했다: 국회도서관, 연방의회에 관한 법률 (2017), http://dl.nanet.go.kr/SearchDetailView.do (2021. 12. 13. 최종 확인). 국회도서관에서 번역된 의회법 등 스위스 법령은 일반인도 국회 전자도서관 홈페이지(http://dl.nanet.go.kr/index.do)를 통해 쉽게 접근할 수 있다.

51 Wolf Linder/Mitarbeit von Rolf Wirz, Direkte Demokratie, in: Peter Knoepfel et al. (Hrsg.), Handbuch der Schweizer Politik: Manuel de la politique suisse, 5. Aufl., Verlag Neue Zürcher Zeitung (2014), 154.

52 연방헌법, 연방법령에는 고유한 법령번호(SR)가 부여된다. 법령번호는 연방법령 등을 주제별로 편집한 '연방현행법령집'(Systematische Sammlung des Bundesrechts, SR)에 수록된 법령에 부기되는 번호이다. 인터넷 검색사이트에서 'SR 법령번호'를 입력하면 쉽게 해당 법령을 찾을 수 있다. 스위스 공용어인 독일어, 프랑스어, 이탈리아어로 된 법령이 공식적인 효력을 가진다. 중요한 법령 등은 영어로도 번역되지만, 법적 효력이 없고, 정보제공 차원에서 제공될 뿐이다.

53 반칸톤

독일어로 Halbkanton

프랑스어로 demi-canton

영어로 half-canton

한국어로 반주 등으로 번역된다. 1848년 연방헌법 제1조에는 22개 칸톤이 연방을 구성한다고 돼 있었다. 옵발덴과 니트발덴을 '운터발덴' 칸톤으로, 바젤슈타트와 바젤란트를 '바젤' 칸톤으로, 아펜첼아우서로덴과 아펜첼이너로덴을 '아펜첼' 칸톤으로 각각 포함시켰다(쥐라 칸톤은 1979년 분리창설). 3개의 칸톤(운터발덴, 바젤, 아펜첼 칸톤)은 역사적, 지리적, 정치적 이유로 각각 둘로 분리되면서 6개의 반 칸톤으로 나뉘었다.

54 헨드릭 빌렘 반 룬(임경민 역), 반 룬의 지리학, 아이필드 (2011), 192.

55 아펜첼아우서로덴 칸톤은 기독교(신교), 아펜첼이너로덴 칸톤은 가톨릭(구교)을 지지했다. '로덴(Rhoden)'이란 명칭은 '원시림이나 황무지를 개간하다'라는 의미를 지니고 있어, 이 지역이 울창한 숲지대나 거친 산악의 들판이었다는 사실을 말해준다. 두 지역을 합친 면적은 416㎢로써 26개 칸톤 중 가장 규모가 작다. 아펜첼 칸톤은 스위스 연맹의 정회원이 된 지 12년 만에 '성 바르톨로메우스 축일의 학살'(Massacre de la Saint-Barthélemy, 1572년 8월 24일부터 10월까지 프랑스 파리에서 가톨릭 세력이 개신교 신자인 위그노인(Huguenot)에게 행한 대학살을 말한다. 학살이 시작된 8월 24일 밤이 가톨릭에서 예수의 12사도였던 바르톨로메우스의 축일이었다)을 포함해 극심한 종교적 갈등을 겪었다. 당시 스위스에서는 가톨릭은 산악지대, 기독교(신교)는 농촌지역이라는 산업 구도를 일찍이 형성했다. 아펜첼 칸톤은 1525년 란츠게마인데를 열고 모든 코뮌이 종전 신앙에 머물 것인지, 새로운 신앙을 받아들일지 주민 스스로 결정할 수 있는 기회를 가졌다. 토이펜이 제일 먼저 제단과 성상을 제거하며 교회개혁에 나섬에 따라 아펜첼도 분열되기 시작했고, 결국엔 1597년 2개 칸톤으로 나뉘게 됐다: The Swiss Confederation: a brief guide 2008, Federal Chancellery (2008), 28; 조두환, 하이 알프스: 작은 스위스, 아펜첼로 떠나는 문화기행, 청년정신 (2009), 48.

56 1830년 바젤 칸톤의 농촌지역은 인구 규모에 상응하는 칸톤의회의 의석을 배분받기 위해 비례대표제의 도입을 요구했다. 그러나 비례대표제 도입으로 농촌지역에 대한 정치적 통제권을 빼앗길 것을 우려한 바젤 칸톤의 도시지역은 농촌지역의 요구를 거부했다. 이처럼 바젤 칸톤의 도시지역은 농촌지역에 동등한 권한의 부여를 거부한 것이다. 농촌지역은 자체의 헌법을 가지고 독립을 선언했다. 1832년 바젤 칸톤 내

에서 폭력사태가 발생했고, 도시지역은 무력을 이용해 종전의 질서를 유지하려고 했지만 두 번이나 패배했다. 결국 1831년 바젤 칸톤이 분리됐다: 안성호, 스위스연방 민주주의 연구, 대영문화사 (2001), 56.

57 연방통계청 홈페이지 참조, 코뮌 숫자는 https://www.atlas.bfs.admin.ch/maps/13/fr/15739_229_228_227/24617.html (2021. 12. 13. 최종 확인); 칸톤별 인구는 https://www.bfs.admin.ch/bfs/en/home/statistics/population/effectif-change.assetdetail.18344320.html (2021. 12. 13. 최종 확인).

58 코뮌

독일어로 Gemeinde(게마인데)

프랑스어로 Commune(코뮌)

영어로 Municipalities 이다.

59 1994~1995년에 38개의 코뮌이 폐지돼 2,975개가 남아 3,000개 선이 무너졌다. 2004~2005년에 52개 코뮌, 2008~2009년에 79개 코뮌, 2012~2013년에 87개 코뮌이 각각 폐지돼 코뮌의 수는 2015년 2,324개, 2017년 2,255개, 2020년 2,222개, 2021년 12월 현재 2,172개이다: 스위스 연방통계청 홈페이지, https://www.agvchapp.bfs.admin.ch/fr/home (2021. 12. 13. 최종 확인); https://www.bfs.admin.ch/bfs/fr/home/statistiques/catalogues-banques-donnees/cartes.assetdetail.4104235.html (2021. 12. 13. 최종 확인)

60 岡本三彦, "住民総会の可能性と課題ーースイスの住民総会を中心にーー", 「経済学論纂」 第58巻 第 3 · 4 合併号(2018. 3), 65.

61 연방내각

독일어로 Bundesrat

프랑스어로 Conseil fédéral

영어로 Federal Council

한국어로 연방각료회의, 연방 각의 등으로 번역된다.

연방내각은 양원합동회의에서 선출된 7명의 연방각료로 구성된다(연방헌법 제157조 제1항 제a호). 연방내각의 임기는 4년이며, 임기 중 해임되지 않는다. 연방각료는 상호 대등하며, 연방각료 중에서 임기 1년의 연방대통령과 부통령을 각각 선출한다(연방헌법 제176조 제2항). 연방내각은 연방헌법에 따라 연방의회에 법률안을 제출하고(연방헌법 제181조), 연방헌법과 연방법률의 위임에 따라 법규명령 형식의 법규범을 제정할 권한이 있다(연방헌법 제182조 제1항). 연방내각의 결정은 집합체(합의체)로 이루어지고(연방헌법 제177조 제1항, 정부조직법 제12조 제1항), 그 책임은 연방내각 전체가 진다.

연방내각의 부담경감과 행정집행을 위해 7개의 연방 부처를 두고, 연방각료가 7개 연방 부처를 관장한다. 현재 연방 부처는 외교부, 내무부, 법무 · 경찰부, 국방 · 안보 · 체육부, 재무부, 경제 · 교육 · 연구부, 환경 · 교통 · 에너지 · 통신부로 구성한다. 연방내각의 일반행정은 연방내각사무처가 관장하고, 연방내각사무처장이 지휘한다(연방헌법 제179조).

62 안성호, 스위스연방 민주주의 연구, 대영문화사 (2001), 152.

63 구니마쓰 다카지(이덕숙 번역), 다부진 나라 스위스에 가다, 기파랑 (2008), 205.

64 안성호, 스위스연방 민주주의 연구, 대영문화사 (2001), 188.

65 Uwe Serdült, "Referendums in Switzerland", in: Qvortrup M., Referendums Around the World, Palgrave Macmillan (2014), 67.

66 란츠게마인데(Landesgemeinde)

칸톤의 유권자 전원이 참여하는 전통적인 집회형 주민총회이다. 선거권이 있는 모든 주민들로 구성된 의결기구로 주요 정책을 결정하고, 주요 인사를 선출한다. 독일어권 칸톤에서 주로 개최되고, 1,000~10,000명 이상이 참여하는 등 그 규모가 다양하다. 종전에는 8개 칸톤에서 란츠게마인데를 운영했으나 공간문제, 비밀투표 위반문제 등을 이유로 4개 칸톤에서 폐지됐다. 현재는 아펜첼이너로덴 칸톤(매년 4월 마지막 일요일)과 글라루스 칸톤(매년 5월 첫째 일요일)에서 개최된다.

67 Kris W. Kobach, The Referendum: Direct Democracy in Switzerland, Dartmouth Publishing (1993), 2.

68 김영기, 뉴잉글랜드 타운정부론, 대영문화사 (2014), 59.

69 동맹서약서

독일어로 Bundesbrief

영어로 The Federal Charter or Letter of Alliance

동맹서약서에 관해서는 동맹서약 박물관 홈페이지 참조, https://www.bundesbrief.ch/en.html/4 (2021. 12. 13. 최종 확인).

70 헬베티아 공화국

독일어로 Helvetische Republik

영어로 Helvetic Republic.

71 Uwe Serdült, "Referendums in Switzerland", in: Qvortrup M., Referendums Around the World, Palgrave Macmillan (2014), 71.

72 Kris W. Kobach, The Referendum: Direct Democracy in Switzerland, Dartmouth Publishing (1993), 5.

73 자코뱅 헌법은 1793년 6월 24일 프랑스의 국민공회(國民公會)에 의해 체결된 '혁명력 제1년의 헌법' 이다. 그 특성상 '자코뱅 헌법' 또는 '몽타뉴 헌법'이라고도 불린다(몽타뉴는 산악파를 의미). 파리 자코뱅 수도원을 본거지로 한 데 기원한 자코뱅파(Jacobins)는 자유주의 귀족과 진보적 부르주아 등이 중심이 됐고, 막시밀리앙 로베스피에르가 중심이 돼 급진적인 혁명을 추진했다. '자코뱅 헌법'의 주안점은 인민 주권, 남성 보통선거 제도, 인민의 생활 노동 권리 등이 주창됐고, 인민의 봉기권(蜂起權)이 승인돼 '정부가 인민의 재판권을 침해할 경우 이에 대한 봉기는 신성한 인민의 의무에 속한다'라고 돼 있다. 1793년 8월 10일 선언됐으나 실시되지 않았는데, 평화가 올 때까지 유보됐기 때문이다: 네이버 지식백과 참조, https://terms.naver.com/entry.naver?docId=1137923&cid=40942&categoryId=33462 (2021. 12. 13. 최종 확인).

74 이기우, 모든 권력은 국민에게 속한다: 이제는 직접민주주의다, 미래를 소유한 사람들 (2016), 74. 188.

75 Uwe Serdült, "Referendums in Switzerland", in: Qvortrup M., Referendums Around the World, Palgrave Macmillan (2014), 70.

76 1984~2009년 사이에 스위스 유권자는 연방 차원에서 연간 9건에 대해 국민투표를 실시했다. 칸톤 차원에서는 연간 5건에 대해 주민투표를 실시했다: Uwe Serdült, "Referendums in Switzerland", in: Qvortrup M., Referendums Around the World, Palgrave Macmillan (2014), 66.

77 자유주의파

독일어로 Liberal, Radikal, Freisinnigen

영어로 Liberals 또는 Radical Democrats

한국어로 급진파, 자유주의자, 자유당, 급진당, 급진민주당 등으로 번역된다. 이 글에서는 정당이 형성되기까지 자유주의파로 통칭하되, 급진파, 자유당 등의 용어도 사용한다. 1847년에 스위스국민연합(Schweizerische Volksverein, Swiss People's Association)이 만들어졌지만 1848년 연방창설 이후 활동하지 않았다. 이후 정당이 형성되기까지 스위스국민연합과 동일한 의미를 담아 급진파, 자유주의자 등의 용어가 독일어권 지역에서 널리 사용됐다: 위키피디아 검색, https://de.wikipedia.org/wiki/Freisinnig-Demokratische_Partei (2021. 12. 13. 최종 확인).

78 Uwe Serdült, "Referendums in Switzerland", in: Qvortrup M., Referendums Around the World, Palgrave Macmillan (2014), 71.

79 Wolf Linder/Mitarbeit von Rolf Wirz, Direkte Demokratie, in: Peter Knoepfel et al. (Hrsg.), Handbuch der Schweizer Politik: Manuel de la politique suisse, 5. Aufl., Verlag Neue Zürcher Zeitung (2014), 147.

80 Kris W. Kobach, The Referendum: Direct Democracy in Switzerland, Dartmouth Publishing (1993), 7.

81 1830년 프랑스의 7월 혁명의 영향을 받아 스위스에서 자유주의파의 적극적 움직임이 시작됐다. 교권 반대주의(anticlericalism)가 자유주의 급진파 사이에 확산됐다. 이를 갱생 운동(Regeneration)이라고 한다. 각 칸톤에서 역량이 강화된 자유주의파는 도시와 농촌 시민들의 완전한 민주적 권리와 평등을 주장했다. 또한 아동노동을 금지하고 공공교육을 확대하는 등 19세기의 개혁을 단행하기 시작했다. 1년 사이에 12개 칸톤이 칸톤헌법을 개정하고, 귀족주의적 통치체제와 언론검열을 폐지했다. 신문사와 잡지의 숫자가 1830년 29개에서 1834년 54개로 늘어났다. 초등교육이 재조직되고, 임시직인 교사직을 대체해 전문적인 교사를 양성하는 학교가 등장했다. 1833년 취리히 대학과 1834 베른 대학이 창설됐다. 이 당시 제정된 새로운 칸톤헌법들은 평등보다는 자유와 우애를 더 강조했다: 찰스 틸리(이승협, 이주영 번역), 위기의 민주주의, 전략과 문화 (2010), 113 참조.

82 칸톤 주민의 거부권 규정을 제안한 헨네(Anton Henne)는 1793년 6월 24일의 프랑스 헌법을 모델로 삼았다: 이기우, 모든 권력은 국민에게 속한다: 이제는 직접민주주의다, 미래를 소유한 사람들 (2016), 190.

83 Uwe Serdült, "Referendums in Switzerland", in: Qvortrup M., Referendums Around the World, Palgrave Macmillan (2014), 67-70.

84 Wolf Linder/Mitarbeit von Rolf Wirz, Direkte Demokratie, in: Peter Knoepfel et al. (Hrsg.), Handbuch der Schweizer Politik: Manuel de la politique suisse, 5. Aufl., Verlag Neue Zürcher Zeitung (2014), 147, 151.

85 William E. Rappard, "The initiative, referendum and recall in Switzerland" (1912), https://ia801700.us.archive.org/7/items/jstor-1012542/1012542.pdf (2021. 12. 13. 최종 확인), 142-143.

86 니콜라 드 콩도르세(Nicolas de Condorcet, 1743~1794)는 18세기 프랑스 수학자 겸 사상가이다. 프랑스 혁명기 온건파인 지롱드의 입법 의원이었고, 지롱드 헌법(Girondine constitution)의 초안을 작성했다.

87 1845년 보 칸톤 혁명의 두 지도자인 드루이(Druey)와 델라라게아즈(Delarageaz)는 독일의 공산주의자 바이틀링(Weitling) 및 마르(Marr)와 긴밀히 연락을 주고받는 사이였다. 1848년 이후 스위스 동부와 북부 여러 칸톤에서 직접민주주의제도가 도입되는 데 큰 기여를 한 트라이클러(Treichler)는 "정치적 원칙"이라는 제목의 선언문에서 노동법, 공공 작업장, 노동계층에 대한 무료 혜택과 함께 법률 국민투표와 국민소환제를 요구했다. 주민의 정치참여를 지지하는 운동세력과 급진적 사회경제 개혁을 지지하는 운동세력이 주장한 결과였던 것이다: William E. Rappard, "The initiative, referendum and recall in

Switzerland" (1912), https://ia801700.us.archive.org/7/items/jstor-1012542/1012542.pdf (2021. 12. 13. 최종 확인), 145.

88 이기우, 모든 권력은 국민에게 속한다: 이제는 직접민주주의다, 미래를 소유한 사람들 (2016), 192.

89 이기우, 분권적 국가개조론, 한국학술정보 (2014), 83.

90 민주화운동은 1860년대에 집권세력이자 급진적 정파인 자유주의파에 대항해 칸톤을 중심으로 직접민주주의를 확대하자는 정치적 움직임을 말한다. 민주화운동의 결과로 1874년 헌법 개정을 통해 연방 차원에서 직접민주주의가 확대됐다. 민주화운동은 전통적인 칸톤 총회보다는 지롱드파, 자코뱅파 등 프랑스 혁명의 영향을 많이 받았다

91 William E. Rappard, "The initiative, referendum and recall in Switzerland" (1912), https://ia801700.us.archive.org/7/items/jstor-1012542/1012542.pdf (2021. 12. 13. 최종 확인), 142.

92 Uwe Serdült, "Referendums in Switzerland", in: Qvortrup M., Referendums Around the World, Palgrave Macmillan (2014), 72.

93 안성호, 스위스연방 민주주의 연구, 대영문화사 (2001), 191-192.

94 Pascal Sciarini/Anke Tresch, Votations populaires, in: Peter Knoepfel et al. (Hrsg.), Handbuch der Schweizer Politik: Manuel de la politique suisse, 5. Aufl., Verlag Neue Zürcher Zeitung (2014), 504.

95 임도빈, 개발협력 시대의 비교행정학, 박영사 (2016), 390.

96 코뮌 수준에서 공공부채에 대한 비교조사를 보면, 공공부채를 주민투표 안건으로 포함한 코뮌은 그렇지 않은 코뮌에 비해, 공공부채가 15% 적은 것으로 나타났다: Lars P. Feld & Marcel R. Savioz, "Direct democracy matters for economic performance: an empircal investigation", Kylos Vol 50, no 4 (1997), 529.

97 정재각, "직접민주제도의 확산과 정책적 영향-스위스를 중심으로", 한독사회과학논총 제18권 제1호, 한독사회과학회 (2008), 35.

98 Kris W. Kobach, The Referendum: Direct Democracy in Switzerland, Dartmouth Publishing (1993), 11.

99 Venelin Tsachevsky, The Swiss Model-The Power of Democracy, Peter Lang AG (2014), 116; 위키피디아 홈페이지 참조, https://en.wikipedia.org/wiki/Max_Weber_(Swiss_politician) (2021. 12. 13. 최종 확인).

100 Pascal Sciarini/Anke Tresch, Votations populaires, in: Peter Knoepfel et al. (Hrsg.), Handbuch der Schweizer Politik: Manuel de la politique suisse, 5. Aufl., Verlag Neue Zürcher Zeitung (2014), 501.

101 José M. Magone, The Statecraft of Consensus Democracies in a Turbulent World: A Comparative Study of Austria, Belgium, Luxembourg, the Netherlands and Switzerland, Routledge (2017), 103; Venelin Tsachevsky, The Swiss Model-The Power of Democracy, Peter Lang AG (2014), 106.

102 Venelin Tsachevsky, The Swiss Model-The Power of Democracy, Peter Lang AG (2014), 106.

103 Kris W. Kobach, The Referendum: Direct Democracy in Switzerland, Dartmouth Publishing (1993), 24.

104 임도빈, 개발협력 시대의 비교행정학, 박영사 (2016), 388

105 안성호, 분권과 참여: 스위스의 교훈, 다운샘 (2005), 322.

106 국제연맹(1920) 가입, 유럽 공동체(EC)와 자유무역협정(1972), 유엔 회원가입(1986) 관련 투표들은 연방헌법 개정으로 분류했다: Kris W. Kobach, The Referendum: Direct Democracy in Switzerland, Dartmouth Publishing (1993), 35.

제2장 의무적 국민투표

1 1848년에 칸톤의 찬반결정 방식은 각 칸톤이 스스로 결정할 수 있도록 했다. 예컨대 티치노 칸톤의 경우 칸톤의회에서 결정한 내용을 칸톤의 결정으로 보았다.

2 Kris W. Kobach, The Referendum: Direct Democracy in Switzerland, Dartmouth Publishing (1993), 9.

3 Uwe Serdült, "Referendums in Switzerland", in: Qvortrup M., Referendums Around the World, Palgrave Macmillan (2014), 74.

4 안성호, 스위스연방 민주주의 연구, 대영문화사 (2001), 177

5 Venelin Tsachevsky, The Swiss Model-The Power of Democracy, Peter Lang AG (2014), 114.

6 이기우, 모든 권력은 국민에게 속한다: 이제는 직접민주주의다, 미래를 소유한 사람들 (2016), 98.

7 국민행동

국민행동은 1961년부터 1977년까지

독일어로 Nationale Aktion gegen Überfremdung von Volk und Heimat (NA)

영어로 National Action against the Alienation of the People and the Home으로 불렸다.

1977년부터 1990년까지는

독일어로 Nationale Aktion für Volk und Heimat

영어로 National Action for People and Home으로 불렸다.

한국어로 국민행동, 외국인에 대한 행동 등으로 번역된다. 국민행동은 1990년 이후 스위스민주당으로 개칭했다: 위키피디아 홈페이지 참조, https://en.wikipedia.org/wiki/Swiss_Democrats (2021. 12. 13. 최종 확인).

8 Uwe Serdült, "Referendums in Switzerland", in: Qvortrup M., Referendums Around the World, Palgrave Macmillan (2014), 74.

9 Clive H. Church, The Politics and Government of Switzerland, Palgrave Macmillan UK (2004), 165.

10 Johannes Reich, "An International Model of Direct Democracy: Lessons from the Swiss Experience", SSRN Electronic Journal (2008), 15.

11 UN 가입과 관련한 조약을 집단적 안전보장과 관련된 국제기구로 보는 견해도 있다: Venelin Tsachevsky, The Swiss Model-The Power of Democracy, Peter Lang AG (2014), 102.

12 유럽경제지역(European Economic Area, EEA)

유럽경제지역은 EC(유럽공동체) 시장통합의 틀을 유럽자유무역연합(European Free Trade Association, EFTA)으로 확대하고, EC 가입 12개국과 EFTA 가입 7개국을 합한 19개국, 총인구 3억 8,000만 명, 세계무역의 약 40%를 차지하는 자유무역 지역을 설립하는 구상이다. 1984년 4월 룩셈부르크 선언으로 공식화됐고, EC 시장통합계획의 진전과 동서냉전 종식 후의 유럽 재편 과정에서 1990년 6월부터 정식협상을 시작했다. 1992년 5월 2일 유럽경제지역협정이 조인됐다. 스위스가 국민투표(1992. 12. 6 실시)에서 동 협정의 비준을 거부했기 때문에 스위스 및 스위스와 관세동맹을 체결하고 있는 리히텐슈타인을 제외한 17개국에 의해 1994년 1월 1일부터 정식으로 발족했다. '사람, 물건, 자본, 서비스의 4개의 자유 이동'의 확립, 연구 · 개발, 환경, 교육, 소비자 보호 등의 주변 분야에서의 협력을 목적으로 한다: 네이버 지식백과 참조, https://terms.naver.com/entry.nhn?docId=728861&cid=42140&categoryId=42140 (2021. 12. 13. 최종 확인).

13 Wolf Linder/Mitarbeit von Rolf Wirz, Direkte Demokratie, in: Peter Knoepfel et al. (Hrsg.), Handbuch

der Schweizer Politik: Manuel de la politique suisse, 5. Aufl., Verlag Neue Zürcher Zeitung (2014), 148.

14 긴급연방법률은 연방헌법에 근거를 가지는 헌법합치적 긴급연방법률과 연방헌법에 근거가 없는 헌법개정적 긴급연방법률로 구분된다. 1949년 이후 현재까지 헌법합치적 긴급연방법률은 92건이고, 이 중 18건이 유효기간이 1년 미만이었고, 나머지 74건은 1년 이상의 유효기간을 가졌다. 헌법개정적 긴급연방법률은 17건 제정됐고, 이 중 4건이 유효기간 1년 미만, 나머지 13건은 1년 이상의 유효기간을 가졌다. 2000년 이후 헌법개정적 긴급연방법률은 유효기간 1년 여부와 상관없이 1건도 제정되지 않았다. 2000년 이후 2020년 11월까지 헌법합치적 긴급연방법률은 36건이 제정됐다. 이 중 1건은 유효기간이 1년 미만이었고, 나머지 35건은 유효기간이 1년 이상이었다: 연방내각 홈페이지 참조, https://www.bk.admin.ch/ch/f/pore/vr/vor_2_2_6_5_08.html (2021. 12. 13. 최종 확인); https://www.bk.admin.ch/ch/f/pore/vr/vor_2_2_6_5.html (2021. 12. 13. 최종 확인).

15 Wolf Linder/Mitarbeit von Rolf Wirz, Direkte Demokratie, in: Peter Knoepfel et al. (Hrsg.), Handbuch der Schweizer Politik: Manuel de la politique suisse, 5. Aufl., Verlag Neue Zürcher Zeitung (2014), 149

16 이중다수결 원칙
독일어로 doppelte Mehrheit
프랑스어로 double majorité
영어로 Double Majority
한국어로 이중과반수 원칙 등으로 번역된다.

17 Pascal Sciarini, Processus législatif, in: Peter Knoepfel et al. (Hrsg.), Handbuch der Schweizer Politik: Manuel de la politique suisse, 5. Aufl., Verlag Neue Zürcher Zeitung (2014), 527.

18 1845년 12월 7개의 보수적 가톨릭 칸톤(루체른, 우리, 슈비츠, 니트발덴, 추크, 프리부르, 발레)이 비밀군사동맹(sonderbund)을 결성했다. 군사동맹 결성 사실은 1846년 6월 알려졌다. 1847년 비밀군사동맹의 반대자인 개신교 세력은 1847년 비밀군사동맹의 해체에 관한 투표를 실시하고, 연맹조약을 위배한 비밀군사동맹이 무효라고 선언했다. 보수주의적 가톨릭 칸톤은 비밀군사동맹의 해체를 거부했다. 1847년 10월 프로테스탄트 칸톤이 장악한 동맹회의는 비밀군사동맹을 해산하기 위해 무력을 사용하기로 결정했다. 동맹회의 측은 1847년 11월 4일 앙리 뒤프르(Henri Dufour) 장군의 지휘로 기습공격을 했고, 1847년 11월 29일 보수주의적 7개 칸톤은 항복했다. 이러한 내전인 존더분터 전쟁(Sonderbundskrieg)으로 100명이 넘는 사상자가 발생했다: Patricia Egli, Introduction to Swiss Constitutional Law, Dike Publishers (2016), 9.

19 Johannes Reich, "An International Model of Direct Democracy: Lessons from the Swiss Experience", SSRN Electronic Journal (2008), 15.

20 국민투표에서 아펜첼이너로덴 칸톤 유권자 1명은 취리히 칸톤 유권자 44명의 표와 동일한 가치를 갖는다: Uwe Serdült, "Referendums in Switzerland", in: Qvortrup M., Referendums Around the World, Palgrave Macmillan (2014), 71.

21 이론적으로는 국민투표에서 거부권을 행사할 수 있는 최소 인구는 전체 인구의 9%에 불과하다. 이는 연방헌법 개정을 위한 국민투표에서 9%의 소수가 91%의 다수 의사를 무력화시킬 수 있음을 의미한다: 안성호, 스위스연방 민주주의 연구, 대영문화사 (2001), 136.

22 안성호, 스위스연방 민주주의 연구, 대영문화사 (2001), 136.

23 www.swissvotes.ch (2021. 12. 13. 최종 확인); 안성호, 왜 분권 국가인가: 리바이어던에서 자치공동체로,

박영사 (2016), 222.

24 Patricia Egli, Introduction to Swiss Constitutional Law, Dike Publishers (2016), 74.

25 스위스 무역협회
독일어로 Schweizerischer Gewerbeverband (SGV)
프랑스어로 Union suisse des arts et métiers (USAM)
스위스 무역협회 홈페이지 참조, https://www.sgv-usam.ch/ (2021. 12. 13. 최종 확인).

26 스위스 상공회의소
독일어로 Schweizer Industrie- und Handelskammern (SIHK)
프랑스어로 Chambres de commerce et d'industrie suisses (CCIS)
영어로 Chamber of Commerce and Industry of Switzerland (CCIS)
스위스 상공회의소 홈페이지 참조, https://www.sihk.ch/ (2021. 12. 13. 최종 확인); Swiss info.ch, "Chambers of commerce" (2017. 6. 6), https://www.swissinfo.ch/eng/chambers-of-commerce/29264464.

27 Kris W. Kobach, The Referendum: Direct Democracy in Switzerland, Dartmouth Publishing (1993), 18.

28 Clive H. Church, The Politics and Government of Switzerland, Palgrave Macmillan UK (2004), 151.

29 Kris W. Kobach, The Referendum: Direct Democracy in Switzerland, Dartmouth Publishing (1993), 25.

30 Pascal Sciarini/Anke Tresch, Votations populaires, in: Peter Knoepfel et al. (Hrsg.), Handbuch der Schweizer Politik: Manuel de la politique suisse, 5. Aufl., Verlag Neue Zürcher Zeitung (2014), 516.

제3장 선택적 국민투표

1 지롱드파(Girondins)는 온건파로 혁명의 와중에서도 폭력은 허용되지 않는다는 입장이다. 자코뱅파(Jacobins)는 급진적으로 혁명을 하기 위해서는 폭력도 필요하다는 급진파이다. 1789년 프랑스대혁명 이후 프랑스를 근본적으로 변화시키자는 공화파가 좌편에 앉았고 왕립체제를 유지하자는 왕당파가 우편에 앉았다. 이후 루이 16세가 처형된 뒤 국민의회에서 의장석을 중심으로 오른쪽에는 보수적이고 점진적인 변화를 선호했던 부유한 부르주아 중심의 지롱드파가 앉고, 왼쪽에는 급진적인 변화를 주장하는 서민 중심의 자코뱅파가 앉은 후 왼쪽(좌파) 하면 진보, 오른쪽(우파) 하면 보수로 보편화 됐다: 영남일보, "좌파-우파" (2018. 6. 19.), https://www.yeongnam.com/web/view.php?key=20180619.010310820490001 (2021. 12. 13. 최종 확인).

2 Uwe Serdült, "Referendums in Switzerland", in: Qvortrup M., Referendums Around the World, Palgrave Macmillan (2014), 72.

3 Kris W. Kobach, The Referendum: Direct Democracy in Switzerland, Dartmouth Publishing (1993), 11.

4 1873년 연방헌법 전부 개정안은 결혼자유권, 존엄한 장례 권리 등 반가톨릭 조항이 강화됐는데, 이는 문화투쟁 절정기인 1870년대 가톨릭교회의 역할을 제한하는 내용이었다: 안성호, 왜 분권 국가인가: 리바이어던에서 자치공동체로, 박영사 (2016), 219.

5 연방결의(일반구속적 연방결의)
독일어로 Bundesbeschlüsse
프랑스어로 les arrêtés fédéraux

영어로 federal decree
한국어로 연방명령, 연방 포고 등으로 번역된다. 연방결의란 국민의 권리 · 의무를 규율하는 법규의 성질이 없는 연방의회의 결정방식으로 일반구속적 연방결의와 단순 연방결의로 구분된다(의회법 제29조 제2항). 일반구속적 연방결의는 일반적 · 추상적 성격을 가지는 규범으로 국민투표의 대상이 되고, 단순 연방결의는 개별적 · 구체적 국가 행위로서 국민투표의 대상이 되지 않는다.

6 Patricia Egli, Introduction to Swiss Constitutional Law, Dike Publishers (2016), 10.

7 Kris W. Kobach, The Referendum: Direct Democracy in Switzerland, Dartmouth Publishing (1993), 25, 35.

8 제1차 세계대전 이후 전쟁특수가 사라져 불황을 초래했고, 1918년에 총파업이 끊이지 않았다. 1918년 노동자들의 사회주의 소요와 취리히의 시민 소요는 울리히 빌레 장군이 군대를 파견하게 만들었다. 이는 취리히에서 1일 항의 파업을 촉발했고, 11월 11일에 시작된 전국적인 총파업으로 이어졌다. 11월 13일에 파업 참가자들을 대표하는 '올텐 행동위(Olten Action Committee)'는 연방대통령이 전달한 최후통첩에 항복했다. 혁명적 폭력의 두려움을 심어주었기 때문에 그 위기는 차기 의원선거를 앞당기는 계기가 됐다: Kris W. Kobach, The Referendum: Direct Democracy in Switzerland, Dartmouth Publishing (1993), 15.

9 1921년 1월 실시된 국민투표에서 71.4%의 찬성과 20개 칸톤의 찬성을 얻어 가결됐다

10 Uwe Serdült, "Referendums in Switzerland", in: Qvortrup M., Referendums Around the World, Palgrave Macmillan (2014), 73-74.

11 Uwe Serdült, "Referendums in Switzerland", in: Qvortrup M., Referendums Around the World, Palgrave Macmillan (2014), 74.

12 안성호, 스위스연방 민주주의 연구, 대영문화사 (2001), 293.

13 1999년 4월 18일 국민투표에 회부 · 의결돼, 2000년 1월부터 효력을 발생한 연방헌법을 '신연방헌법' 또는 '신헌법'이라고 한다. 신헌법에 대한 요구는 1960년대부터 시작됐다. 연방정부는 1967년과 1974년에 헌법 개정을 위한 준비위원회를 구성했고, 1985년 11월 6일 상세한 연방헌법 전면개정 보고서를 제출했다. 연방의회는 1987년 6월 3일 전면적인 헌법 개정을 추진하기로 의결했지만, 유럽경제지역(EEA) 가입문제로 헌법 개정 추진이 지연됐다. 다시금 1995년에 헌법 개정 시안이 작성되고 의견수렴을 거쳐 연방의회에 제출됐다. 연방의회는 연방헌법 제정 150년이 되는 1998년 12월 18일에 헌법개정안을 의결했다(연방하원은 134대 14, 연방상원은 44대 0). 1999년 4월 18일 국민투표에 회부된 신헌법은 국민의 59.2%가 찬성하고, 13개 칸톤이 찬성해 채택됐다: 이기우, 분권적 국가개조론, 한국학술정보 (2014), 148-149; 박영도, 스위스 연방의 헌법개혁과 향후 전망, 한국법제연구원 (2004), 14-26. 이하에서는 2000년 1월부터 효력을 발생한 헌법을 '신연방헌법' 또는 '신헌법'이라 하고, 그 이전의 헌법을 '종전 헌법'으로 구분하고자 한다.

14 박영도, 스위스 연방의 헌법개혁과 향후 전망, 한국법제연구원 (2004), 69.

15 1949년 이후 1999년까지 헌법합치적 긴급연방법률은 92건이고, 이 중 18건이 유효기간이 1년 미만이었고, 나머지 74건은 1년 이상의 유효기간을 가졌다. 2000년 이후 2021년 8월까지 헌법합치적 긴급연방법률은 40건이 제정됐다. 이 중 1건(지속적인 교육지원에 관한 연방법, 법령번호(SR) 412.11)은 유효기간이 1년 미만이었고(유효기간 2012. 3. 17.~2013. 2. 15.), 나머지 39건은 유효기간이 1년 이상이었다. 연방내각 홈페이지 참조, https://www.bk.admin.ch/ch/f/pore/vr/vor_2_2_6_5.html (2021. 12. 13. 최종 확인).

16 山岡規雄, "諸外国の国民投票法制及び実施例(第3版)", 調査と情報 ISSUE BRIEF 939号, 国立国会図書館 (2017), 6.

17 원자력 에너지법
법령번호(SR) 732.1
독일어 명칭은 「Kernenergiegesetz(KEG)」
프랑스어 명칭은 「Loi sur l'énergie nucléaire(LENu)」
영어 명칭은 「Nuclear Energy Act(NEA)」.
원자력 에너지법 규정에 따르면, 연방 내각이 찬성한 원자력발전소에 대한 일반면허는 연방의회의 승인을 받아야 한다. 따라서 원자력발전소에 대한 연방의회의 승인 결정은 선택적 국민투표의 대상이다(원자력 에너지법 제48조 제4항).

18 일반구속적 연방결의는 그 근거가 연방헌법에 있으면 독립적 · 일반구속적 연방결의로, 그 근거가 연방법률에 있으면 종속적 · 일반구속적 연방결의로 분류한다.

19 단순 연방결의
독일어로 einfache Bundes-beschlüsse
프랑스어로 arrêté fédéral simple
영어로 simple federal decree
한국어로 단순 연방명령, 단순 연방 포고 등으로 번역된다.
단순 연방결의는 의회의 처분, 사법 및 기타 개별 사안과 같은 법적 효력이 없는 사안이 주요 내용을 이룬다(의회법 제29조 제1항). 예를 들면, 베른에 소재한 연방의회를 다른 곳으로 이전하는 결정(연방헌법 제173조 제2항, 의회법 제32조 제2항), 칸톤헌법 보장에 대한 연방의회의 결정(연방헌법 제51조 제2항, 제172조 제2항) 등이 있다. 연방의회는 정치적으로 중요한 연방의회의 결정을 국민투표 대상으로 지정할 수 있어 연방결의의 범위와 직접민주주의의 적용 대상을 확장할 수 있다: Andreas Kley/Reto Feller, "Die Erlassformen der Bundesversammlung im Lichte des neuen Parlamentsgesetzes", Schweizerisches Zentralblatt für Staats-und Verwaltungsrecht Jg. 105, 2004, 15.

20 박영도, 스위스 연방의 헌법개혁과 향후 전망, 한국법제연구원 (2004), 64.

21 박영도, 선진 4개 국가의 법제 기구 및 법안심사 (국외 출장보고서), 한국법제연구원 (2001), 29.

22 연방하원의 법률안 통과 비율, 의무적 국민투표 안건 및 국민발안에 대한 국민투표 가결률 사이에는 상당한 연관성이 존재한다. 특히 국민투표 안건에 대한 국민투표추진위원회의 의견이 제시된 이후 정당의 입장표명을 통해 정책의 변화를 초래한다. 그러나 이런 연관성은 선택적 국민투표에는 적용되지 않아 연방의회의 결정이 선택적 국민투표결과에 미치는 영향은 적은 것으로 이해된다: Pascal Sciarini/Anke Tresch, Votations populaires, in: Peter Knoepfel et al. (Hrsg.), Handbuch der Schweizer Politik: Manuel de la politique suisse, 5. Aufl., Verlag Neue Zürcher Zeitung (2014), 514, 529.

23 연방공보는 연방내각이 연방의회에 제출하는 각종 보고서(법률안 제안설명서), 연방의회의 보고서(특히 법안과 법규명령에 관한 연방의회의 의견서, 설명 등이 포함된 보고서), 국민투표의 대상이 되는 연방의회의 의결법령, 국민발안에 대한 연방내각사무처의 결정, 국민투표결과에 대한 연방의회의 확인 결정, 연방의회의 선거에 관한 보고, 연방정부와 연방법원의 보고 등이 담겨있다(연방법령공표법 제13조).

24 William E. Rappard, "The initiative, referendum and recall in Switzerland" (1912), 139, https://ia801700.us.archive.org/7/items/jstor-1012542/1012542.pdf (2021. 12. 13. 최종 확인).

25 Marcin Rachwal, "Citizens' initiatives in Switzerland", Przeglad Politologiczny (2014), 38; Felix Uhlmann, "Legislation and evaluation in Switzerland", 입법평가연구 제3호 (2010), 37.

26 1995~1999년에 연방의회가 의결한 법률안(국민투표 회부안건 1,271건, 하원동의 안건(의무적 국민투표 132건, 선택적 국민투표 75건, 국민발안 82건)을 대상으로 한 연구결과에 따르면 국민발안 예측률(R: 상관관계)은 0.27, 의무적 국민투표 예측률(R)은 0.26, 선택적 국민투표 예측률(R)은 0.00이었다: Pascal Sciarini, Processus législatif, in: Peter Knoepfel et al. (Hrsg.), Handbuch der Schweizer Politik: Manuel de la politique suisse, 5. Aufl., Verlag Neue Zürcher Zeitung (2014), 528.

27 독일어로 Bundeskanzlei
프랑스어로 Chancellerie fédérale
영어로 The Federal Chancellery
한국어로 연방총리실, 연방사무처, 연방내각사무처, 연방사무국, 연방내각처, 내각사무처 등으로 번역된다. 연방내각의 사무처리를 위해 연방내각사무처를 둔다(연방헌법 제179조). 연방내각사무처는 연방내각의 전반적인 행정사무를 처리하는 참모부서이다. 1803년에 설치된 연방내각사무처는 설립 당시에 연방내각과 연방의회의 업무를 연락하는 기관에 머물렀다. 그러나 1960년에 시행된 행정개혁으로 연방내각사무처는 연방내각의 참모 역할을 하는 기관으로 변모됐다. 따라서 연방내각사무처는 연방의 7개 부처들에 소속되는 것이 아니라 연방내각에 직속된다: 한국법제연구원, 선진 각국의 정부 입법계획제도 운영실태 분석, 법제처 정책연구용역 보고서 (2011), 49; 최용훈, 스위스 연방의회 제도에 관한 연구-입법과정 등을 중심으로-, 사법정책연구원 (2020), 45.

28 정치적 권리에 관한 연방법 시행령
법령번호(SR) 161.11
독일어 명칭은「Verordnung über die politischen Rechte (VPR)」
프랑스어 명칭은「Ordonnance sur les droits politiques (ODP)」.

29 Venelin Tsachevsky, The Swiss Model-The Power of Democracy, Peter Lang AG (2014), 110.

30 칸톤정부 동맹
독일어로 Konferenz der Kantonsregierungen
칸톤정부 동맹은 칸톤을 위한 로비 그룹이고, 연방정부의 주요한 대화 파트너이다. 칸톤정부 동맹이 칸톤의 발언권을 강화했지만 이는 칸톤 공통 관심사에 한해, 한 목소리를 내겠다는 합의가 충분히 이루어진 경우에만 힘을 얻을 수 있다.

31 Wolf Linder & Isabelle Steffen, Swiss Confederation, Forum of Federations (2006), 13.

32 Kris W. Kobach, The Referendum: Direct Democracy in Switzerland, Dartmouth Publishing (1993), 24.

33 Wolf Linder/Mitarbeit von Rolf Wirz, Direkte Demokratie, in: Peter Knoepfel et al. (Hrsg.), Handbuch der Schweizer Politik: Manuel de la politique suisse, 5. Aufl., Verlag Neue Zürcher Zeitung (2014), 155.

34 William E. Rappard, "The initiative, referendum and recall in Switzerland" (1912), 146, https://ia801700.us.archive.org/7/items/jstor-1012542/1012542.pdf (2021. 12. 13. 최종 확인).

35 연방내각사무처 홈페이지 참조, https://www.bk.admin.ch/ch/d/pore/rf/ref_2_2_3_4.html (2021. 12. 13. 최종 확인). 1874년부터 2016년 1월까지 171건이 선택적 국민투표에 회부됐고, 회부된 안건의 42%인 80건이 부결됐다. 이 중 127건은 연방법률에 대한 국민투표, 34건은 연방결의에 대한 국민투표, 8건은 국제조약에 대한 국민투표, 2건은 긴급연방법률에 대한 국민투표였다: 안성호, 왜 분권 국가인가:리바이어던에서 자치공동체로, 박영사 (2016), 223.

36 많은 이들이 선택적 국민투표의 제동 효과를 비유적으로 언급했다. 예컨대, 다이시(Dicey) 교수는 이것

을 "견제(check)"로, 브라이스(Bryce) 대사는 "재갈과 굴레(bit and bridle)"로, 커먼스(Commons) 교수는 "헤라클레스의 몽둥이(club of Hercules)", 커즌(Curzon) 경은 "빗자루(broom)"에 비유했다: William E. Rappard, "The initiative, referendum and recall in Switzerland" (1912), 147, https://ia801700.us.archive.org/7/items/jstor-1012542/1012542.pdf (2021. 12. 13. 최종 확인)

37 Johannes Reich, "An International Model of Direct Democracy: Lessons from the Swiss Experience", SSRN Electronic Journal (2008), 17.

38 Wolf Linder/Mitarbeit von Rolf Wirz, Direkte Demokratie, in: Peter Knoepfel et al. (Hrsg.), Handbuch der Schweizer Politik: Manuel de la politique suisse, 5. Aufl., Verlag Neue Zürcher Zeitung (2014), 157.

39 노령 · 유족 · 장애인 연금법(법령번호 SR 831.40) 개정안
독일어로 「Änderung vom 19.12.2008 des Bundesgesetzes über die berufliche Alters-, Hinterlassenen- und Invalidenvorsorge (BVG) (Mindestumwandlungssatz)」: 연방내각사무처 국민투표 홈페이지, https://www.bk.admin.ch/ch/d/pore/va/20100307/index.html (2021. 12. 13. 최종 확인).

40 Pascal Sciarini/Anke Tresch, Votations populaires, in: Peter Knoepfel et al. (Hrsg.), Handbuch der Schweizer Politik: Manuel de la politique suisse, 5. Aufl., Verlag Neue Zürcher Zeitung (2014), 503.

41 스위스는 유로화가 아닌 자국 화폐인 스위스 프랑(CHF)을 사용한다. 스위스 프랑을 CHF라고 표기하는 것은 라틴어인 Confoederatio Helvetica Franc에서 따온 것이다: 장철균, 스위스에서 배운다: 21세기 대한민국 선진화 전략, 살림 (2013), 56. 2021년 12월 13일 현재 환율은 1 프랑(CHF) 기준 1,277.08원이다: 네이버 환율 홈페이지, https://finance.naver.com/marketindex/exchangeDetail.nhn?marketindexCd=FX_CHFKRW (2021. 12. 13. 최종 확인). 이하에서 프랑으로 표기하는 것은 스위스 프랑(CHF)을 뜻하고, 원화 표시 환율은 2021. 12. 13. 기준 환율이다.

42 Kris W. Kobach, The Referendum: Direct Democracy in Switzerland, Dartmouth Publishing (1993), 25.

43 이창규, "우리나라의 에너지 전환 정책을 위한 스위스 에너지법의 시사", 최신외국법제정보 제4호, 한국법제연구원 (2018), 73-77.

44 에너지법
법령번호(SR) 730.0
독일어 명칭은 「Energiegesetz (EnG)」
프랑스어 명칭은 「Loi sur l'énergie (LEne)」.
에너지법은 에너지 절약의 촉진을 목표로 에너지 소비량과 이산화탄소 배출량 감소를 위해 모두 14장, 77개 조문으로 구성됐다. 제1장(법의 제정목적 및 원칙), 제2장(에너지의 공급), 제3장(지역에너지 공급과 자체소비), 제4장(재생가능 에너지의 공급으로 인한 전기의 보상), 제5장(태양광 시설, 수력발전시설 및 바이오매스 시설에 관한 투자), 제6장(특별지원조치), 제7장(지역의 추가 사용 요금), 제8장(경제적이고 효율적인 에너지 사용), 제9장(인센티브), 제10장(국제협약), 제11장(영향분석 및 개인정보 처리), 제12장(집행, 권한 및 절차), 제13장(벌칙), 제14장(처분조항).
제19조부터 제34조까지(제4장~제6장) 재생에너지 사업에 따른 자본투자 및 신재생에너지를 통한 전력 공급에 있어서 경제적 지원방안을 규정했다: 이창규, "우리나라의 에너지 전환 정책을 위한 스위스 에너지법의 시사", 최신외국법제정보 제4호, 한국법제연구원 (2018), 78-86.

45 스위스 내 5개 원전의 가동수명은 기본적으로 40년이다. 1호 원전은 2019년에 가동수명이 종료되고 5호 원전은 2034년에 가동수명이 종료될 예정으로 스위스 내 원전은 2034년경 모두 폐기된다: 이창규, "우

리나라의 에너지 전환 정책을 위한 스위스 에너지법의 시사", 최신외국법제정보 제4호, 한국법제연구원 (2018), 74.

46 영어로 daylight saving time, 한국어로 일광절약시간제 등으로 번역된다.

47 Kris W. Kobach, The Referendum: Direct Democracy in Switzerland, Dartmouth Publishing (1993), 26.

48 연합뉴스, "다시 시작은 했는데…유럽은 또 서머타임 논쟁" (2018. 3. 26.), https://www.yna.co.kr/view/AKR20180326153500088?input=1195m (2021. 12. 13. 최종 확인).

제4장 국민발안

1 William E. Rappard, "The initiative, referendum and recall in Switzerland" (1912), 142, https://ia801700.us.archive.org/7/items/jstor-1012542/1012542.pdf (2021. 12. 13. 최종 확인).

2 Kris W. Kobach, The Referendum: Direct Democracy in Switzerland, Dartmouth Publishing (1993), 12.

3 알버트 고배트 하원의원은 연방헌법 개정을 위한 국민발안은 연방정부가 그러한 사안에서 패할 경우 '평화적 쿠데타(friedlichen Staatsstreich)'의 가능성을 초래할 것이라고 경고했다. 그는 중요한 사안에 대한 패배는 연방정부의 즉각적인 사퇴와 연방의회의 해산을 초래할 것이라는 주장이 확대될 것을 가정했다. 그러나 연방정부가 반대한 국민발안이 통과되더라도 연방정부의 사퇴나 사퇴제안이 거의 초래되지 않았다: Kris W. Kobach, The Referendum: Direct Democracy in Switzerland, Dartmouth Publishing (1993), 12.

4 Kris W. Kobach, The Referendum: Direct Democracy in Switzerland, Dartmouth Publishing (1993), 24.

5 박영도, 스위스 연방의 헌법개혁과 향후 전망, 한국법제연구원 (2004), 67.

6 Kris W. Kobach, The Referendum: Direct Democracy in Switzerland, Dartmouth Publishing (1993), 24.

7 Venelin Tsachevsky, The Swiss Model-The Power of Democracy, Peter Lang AG (2014), 98.

8 제안서 형식

독일어로 Form der allgemeinen Anregung

프랑스어로 forme termes généraux

영어로 form of a general proposal, General Suggestion

한국어로 일반문서 등으로 번역된다.

9 안성호, 스위스연방 민주주의 연구, 대영문화사 (2001), 298.

10 이기우, 모든 권력은 국민에게 속한다: 이제는 직접민주주의다, 미래를 소유한 사람들 (2016), 200.

11 Uwe Serdült, "Referendums in Switzerland", in: Qvortrup M., Referendums Around the World, Palgrave Macmillan (2014), 94. 103.

12 정재각, "직접민주제도의 확산과 정책적 영향-스위스를 중심으로", 한독사회과학논총 제18권 제1호, 한독사회과학회 (2008), 29.

13 Uwe Serdült, "Referendums in Switzerland", in: Qvortrup M., Referendums Around the World, Palgrave Macmillan (2014), 71.

14 Kris W. Kobach, The Referendum: Direct Democracy in Switzerland, Dartmouth Publishing (1993), 23.

15 Venelin Tsachevsky, The Swiss Model-The Power of Democracy, Peter Lang AG (2014), 113

16 마법의 공식(Magic Formula)

마법의 공식이란 1959년부터 현재까지 안정적으로 유지되는 정당별 연방내각 구성비율을 말한다. 7명의 연방각료는 1959년부터 2003년까지 자유민주당(FDP) 출신 2명, 사회민주당(SP) 출신 2명, 기독교민주당(CVP) 출신 2명, 스위스국민당(SVP) 출신 1명으로, 즉 정당별로 2:2:2:1의 비율로 연방각료를 배출했다. 1999년과 2003년 선거에서 스위스국민당(SVP)이 가장 지지도가 높은 정당이 돼 4대 정당 중 최소 정당에서 최대 정당으로 성장했다. 이에 스위스국민당(SVP)이 연방내각 구성에 있어 기존의 1석에서 2석을 요구했고, 결국 2003년 기독교민주당(CVP)에 배정되던 연방각료 의석을 1개로 축소하고, 이를 스위스국민당(SVP)에 배정했다. 2003년 이후 자유민주당(FDP) 2명, 사회민주당(SP) 2명, 스위스국민당(SVP) 2명, 기독교민주당(CVP) 1명으로 변경됐다. 2008년에는 스위스국민당(SVP)을 탈당한 보수민주당(Conservative Democratic Party, BDP)이 스위스국민당(SVP) 몫의 각료 1명을 얻게 돼 5개 정당이 2:2:1:1:1로 각료직을 나누어 연방내각을 구성했다. 2015년 총선에서 스위스국민당(SVP)이 제1당의 자리를 굳혔고 보수민주당(BDP)의 세가 약해진 결과, 2015년 이후 연방각료 7명은 자유민주당(FDP) 2명, 사회민주당(SP) 2명, 스위스국민당(SVP) 2명, 기독교민주당(CVP) 1명으로 변경돼 현재에 이르고 있다: 이기우, 분권적 국가개조론, 한국학술정보 (2014), 359; 안성호, 왜 분권 국가인가:리바이어던에서 자치공동체로, 박영사 (2016), 57-58.

17 Venelin Tsachevsky, The Swiss Model-The Power of Democracy, Peter Lang AG (2014), 108.

18 Pascal Sciarini, Processus législatif, in: Peter Knoepfel et al. (Hrsg.), Handbuch der Schweizer Politik: Manuel de la politique suisse, 5. Aufl., Verlag Neue Zürcher Zeitung (2014), 550.

19 이기우, 분권적 국가개조론, 한국학술정보 (2014), 112.

20 Patricia Egli, Introduction to Swiss Constitutional Law, Dike Publishers (2016), 69.

21 Uwe Serdült, "Referendums in Switzerland", in: Qvortrup M., Referendums Around the World, Palgrave Macmillan (2014), 86.

22 Venelin Tsachevsky, The Swiss Model-The Power of Democracy, Peter Lang AG (2014), 101.

23 2015년에 유권자는 528만 명(전체 인구 810만 명)으로 유권자 대비 서명인구 비율은 1.89% 였다: Clive H. Church, The Politics and Government of Switzerland, Palgrave Macmillan UK (2004), 149, 166.

24 Marcin Rachwal, "Citizens' initiatives in Switzerland", Przeglad Politologiczny (2014), 38.

25 Pascal Sciarini/Anke Tresch, Votations populaires, in: Peter Knoepfel et al. (Hrsg.), Handbuch der Schweizer Politik: Manuel de la politique suisse, 5. Aufl., Verlag Neue Zürcher Zeitung (2014), 500.

26 박영도, 스위스 연방의 헌법개혁과 향후 전망, 한국법제연구원 (2004), 69.

27 융커(이주성 번역), 스위스 직접민주주의, 법문사 (1996), 210.

28 독주법 개혁안: Eidgenössische Volksinitiative 'zur Neuordnung des Alkoholwesens', https://www.bk.admin.ch/ch/d/pore/va/19410309/index.html (2021. 12. 13. 최종 확인).

공기업 과세안: Eidgenössische Volksinitiative 'zur Heranziehung der öffentlichen Unternehmungen zu einem Beitrag an die Kosten der Landesverteidigung', https://www.bk.admin.ch/ch/d/pore/va/19510708/index.html (2021. 12. 13. 최종 확인).

알코올 중독과의 전쟁안: Volksbegehren zur Bekämpfung des Alkoholismus, https://www.bk.admin.ch/ch/d/pore/va/19661016/index.html (2021. 12. 13. 최종 확인).

공정한 세제안: Volksbegehren für gerechtere Besteuerung und die Abschaffung der Steuerprivilegien, https://www.bk.admin.ch/ch/d/pore/va/19760321/index.html (2021. 12. 13. 최종 확인).

조세 안건: Volksinitiative vom 06.05.2008 'Für faire Steuern. Stopp dem Missbrauch beim Steuerwettbewerb (Steuergerechtigkeits-Initiative)', https://www.bk.admin.ch/ch/d/pore/va/20101128/index.html (2021. 12. 13. 최종 확인).

29 Patricia Egli, Introduction to Swiss Constitutional Law, Dike Publishers (2016), 72.

30 Marcin Rachwal, "Citizens' initiatives in Switzerland", Przeglad Politologiczny (2014), 39.

31 뉴시스, "스위스 이슬람 첨탑 건설 금지 국민투표 가결" (2009. 11. 30.), https://news.naver.com/main/read.nhn?mode=LSD&mid=sec&sid1=104&oid=003&aid=0002977256 (2021. 12. 13. 최종 확인).

32 Patricia Egli, Introduction to Swiss Constitutional Law, Dike Publishers (2016), 70.

33 Marcin Rachwal, "Citizens' initiatives in Switzerland", Przeglad Politologiczny (2014), 40.

34 국민발안위원회

독일어로 Initiativkomitee

프랑스어로 comité d'initiative

영어로 initiative committee.

35 국민발안에 참여하는 유권자 비율은 평균 45%이고, 최저 23%에서 최고 65%까지 이른다: José M. Magone, The Statecraft of Consensus Democracies in a Turbulent World: A Comparative Study of Austria, Belgium, Luxembourg, the Netherlands and Switzerland, Routledge (2017), 226

36 Venelin Tsachevsky, The Swiss Model-The Power of Democracy, Peter Lang AG (2014), 100.

37 연방의회에서 제안서 형식으로 제출된 국민발안이 예비적 국민투표에서 가결된 경우 연방내각은 1년 이내에 국민발안 제안설명서, 국민발안 관련 연방결의를 연방의회에 제출한다. 예를 들어 연방내각은 제출된 국민발안에 대해 「연방의회의 지출 결정에 대한 국민발안에 관한 연방령(프랑스어로 「Arrêté fédéral sur l'initiative populaire concernant le vote des dépenses par l'Assemblée fédérale」, 영어로 「Federal decree on the popular initiative concerning the vote of expenditure by the FederalAssembly」)처럼 연방결의 형식으로 연방의회에 제출한다.

38 Votation fédérale, explication et prises de position, 25 novembre 2018 (2018),

39 Uwe Serdült, "Referendums in Switzerland", in: Qvortrup M., Referendums Around the World, Palgrave Macmillan (2014), 73.

40 비용의 절감 및 정치적 평화의 증진에 관한 국민발안에 대한 연방결의

프랑스어로 「Arrêté fédéral concernant l'initiative populaire ≪pour moins de dépenses militaires et davantage de politique de paix≫ du 20 juin 1995」: https://www.amtsdruckschriften.bar.admin.ch/viewOrigDoc.do?id=10108284 (2021. 12. 13. 최종 확인).

41 연방의 직접적인 대안

독일어로 direkter Gegenentwurf

프랑스어로 Le contre-projet direct

영어로 direct counter proposal

한국어로 직접 대안, 역제안 등으로 불린다.

42 연방의 간접적인 대안

독일어로 indirekter Gegenvorschlag

프랑스어로 Le contre-projet indirect

영어로 The indirect counter-proposal
한국어로 간접 대안, 역제안 등으로 불린다.

43 스위스 정치시스템 홈페이지, https://www.ch.ch/fr/democratie/droits-politiques/initiative-populaire/quest-ce-quun-contre-projet-direct-et-un-contre-projet-indir/ (2021. 12. 13. 최종 확인); 스위스 연방의회 홈페이지, https://www.parlament.ch/en/%C3%BCber-das-parlament/parlamentsw%C3%B6rterbuch/parlamentsw%C3%B6rterbuch-detail?WordId=268 (2021. 12. 13. 최종 확인)

44 1987년 4월 '이중찬성'이 허용된 이후 유권자는 국민발안과 대안 모두를 찬성할 수 있게 됐다. 국민발안과 대안 모두를 찬성하는 경우 세 번째 질문으로 어떤 안건을 더 선호하는지를 표시한다(연방헌법 제139조의 b 제2항 · 제3항). '이중찬성'에 따라 국민발안과 대안의 통계가 국민투표 실시 횟수와 맞지 않는 것처럼 보인다.

45 Kris W. Kobach, The Referendum: Direct Democracy in Switzerland, Dartmouth Publishing (1993), 23.

46 1976년 법 개정을 통해 국민발안을 철회할 가능성이 규정됐다. 1976년 이전까지 국민발안을 제기한 유권자는 국민발안을 철회할 수 있는 선택권이 있었다. 국민발안위원회는 1959년, 1963년, 1969년, 1972년, 1973년에 국민발안을 결코 철회하지 않겠다고 공표할 정도였다. 1976년 국민발안을 철회할 가능성을 반드시 규정하는 내용이 신설된 것이다: Venelin Tsachevsky, The Swiss Model-The Power of Democracy, Peter Lang AG (2014), 100.

47 스위스 연방의회 홈페이지 참조, https://www.parlament.ch/en/%C3%BCber-das-parlament/parlamentsw%C3%B6rterbuch/parlamentsw%C3%B6rterbuch-detail?WordId=190 (2021. 12. 13. 최종 확인).

48 Kris W. Kobach, The Referendum: Direct Democracy in Switzerland, Dartmouth Publishing (1993), 13.

49 Johannes Reich, "An International Model of Direct Democracy: Lessons from the Swiss Experience", SSRN Electronic Journal (2008), 20.

50 Uwe Serdült, "Referendums in Switzerland", in: Qvortrup M., Referendums Around the World, Palgrave Macmillan (2014). 90; 스위스 연방내각사무처 홈페이지, https://www.bk.admin.ch/ch/f/pore/vi/vis_2_2_5_5.html (2021. 12. 13. 최종 확인).

51 1998년 12월 연방헌법 개정에 관한 연방결의
독일어로 「Bundesbeschluss über eine neue Bundesverfassung vom 18. Dezember 1998」
프랑스어로 「Arrêté fédéral relatif à une remise à jour de la Constitution fédérale du 18 décembre 1998」.

52 스위스 연방내각사무처 홈페이지 참조, https://www.bk.admin.ch/ch/f/pore/rf/cr/1999/19990025, https://www.admin.ch/opc/fr/official-compilation/1999/2556.pdf (2021. 12. 13. 최종 확인).

53 안성호, 스위스연방 민주주의 연구, 대영문화사 (2001), 164.

54 Wolf Linder/Mitarbeit von Rolf Wirz, Direkte Demokratie, in: Peter Knoepfel et al. (Hrsg.), Handbuch der Schweizer Politik: Manuel de la politique suisse, 5. Aufl., Verlag Neue Zürcher Zeitung (2014), 154.

55 Venelin Tsachevsky, The Swiss Model-The Power of Democracy, Peter Lang AG (2014), 108.

56 1891~2020년 2월까지는 201건의 국민발안이 국민투표에 부쳐져 19건이 가결돼 9.4%의 찬성률을 보였고, 나머지 182건은 부결됐다(부결률 90.6%): 스위스 연방내각사무처 홈페이지, https://www.bk.admin.ch/ch/d/pore/vi/vis_2_2_5_9.html (2021. 12. 13. 최종 확인).

57 Uwe Serdült, "Referendums in Switzerland", in: Qvortrup M., Referendums Around the World, Palgrave

Macmillan (2014), 86.

58 윤범기 · 박창기 · 남충현, 블랙오션(그들은 어떻게 이권의 성벽을 쌓는가), 필로소픽 (2013), 275.

59 Wolf Linder/Mitarbeit von Rolf Wirz, Direkte Demokratie, in: Peter Knoepfel et al. (Hrsg.), Handbuch der Schweizer Politik: Manuel de la politique suisse, 5. Aufl., Verlag Neue Zürcher Zeitung (2014), 157.

60 Marcin Rachwal, "Citizens' initiatives in Switzerland", Przeglad Politologiczny (2014), 40.

61 Kris W. Kobach, The Referendum: Direct Democracy in Switzerland, Dartmouth Publishing (1993), 13.

62 Johannes Reich, "An International Model of Direct Democracy: Lessons from the Swiss Experience", SSRN Electronic Journal (2008), 21.

63 이 법은 1995년 이후 효력을 상실했다: https://www.admin.ch/opc/fr/classified-compilation/19100014/index.html (2021. 12. 13. 최종 확인).

64 자동차당

독일어로 Autopartei (AP)

영어로 Automobile Party.

65 Kris W. Kobach, The Referendum: Direct Democracy in Switzerland, Dartmouth Publishing (1993), 22, 29.

66 조건 없는 기본소득을 위한 국민발안

독일어로 Eidgenössische Volksinitiative 'Für ein bedingungsloses Grundeinkommen'

프랑스어로 Initiative populaire fédérale 'Pour un revenu de base inconditionnel'), https://www.admin.ch/ch/f/pore/vi/vis423.html (2021. 12. 13. 최종 확인).

67 하원은 반대 157표, 찬성 19표, 기권 16표로, 상원은 반대 40표, 찬성 1표, 기권 3표로 국민발안을 부결시켰다: 국회도서관, 스위스의 기본소득 도입(내부 자료) (2012), 3.

68 '조건 없는 기본소득을 위한 국민발안'에 관한 연방결의(2015. 12. 18.)

(Arrêté fédéral concernant l'initiative populaire ≪Pour un revenu de base inconditionnel≫ du 18 décembre 2015」).

스위스 연방의회는 헌법 제139조 제5항에 따라 2013.10.4. 제출된 '조건 없는 기본소득을 위한 국민발안' 및 연방정부의 의견을 토대로 2014. 8. 27. 다음과 같이 정한다.

제1조

1. 2013. 10. 4. '조건 없는 기본소득을 위한 국민발안'은 유효하며, 이는 국민과 칸톤 투표에 부쳐질 것이다.
2. 그 내용은 다음과 같다.

헌법은 다음과 같이 개정된다.

제110a조 조건 없는 기본소득(Revenu de base inconditionnel)

1. 연방은 조건 없는 기본소득을 도입하도록 보장한다
   (La Confédération veille à l'instauration d'un revenu de base inconditionnel).
2. 기본소득은 모든 사람이 존엄한 삶을 영위하고 공적 생활에 참여할 수 있도록 하여야 한다.
   (Le revenu de base doit permettre à l'ensemble de la population de mener une existence digne et de participer à la vie publique).
3. 기본소득의 재원조달 방식과 금액은 법률로 정한다.
   (La loi règle notamment le financement et le montant du revenu de base).

제2조 스위스 연방의회는 국민과 각 칸톤에 이 국민발안을 거부할 것을 권고한다.

69 1892년 티치노 칸톤의 정치투쟁과 2번의 연방개입은 티치노 칸톤에서 비례대표제를 도입하게 만들었다. 뇌샤텔 칸톤과 추크 칸톤은 1894년, 졸로투른은 1895년, 바젤슈타트 칸톤은 1905년, 슈비츠 칸톤은 1907년, 루체른 칸톤은 1909년, 장크트갈렌 칸톤은 1911년, 취리히 칸톤은 1916년에 각각 비례대표제 선거제를 도입했다: George Arthur Codding, The Federal Government of Switzerland, Houghton Mifflin (1961), 76.

70 Kris W. Kobach, The Referendum: Direct Democracy in Switzerland, Dartmouth Publishing (1993), 15.

71 연합뉴스, "스위스, 핵폐기장 건설 10년째 표류"(2003. 9. 20), https://news.naver.com/main/read.naver?mode=LSD&mid=sec&sid1=104&oid=001&aid=0000462208 (2021. 12. 13. 최종 확인).

72 조선일보, "스위스, 원전 완전 퇴출키로…국민투표 통과"(2017. 5. 22.), https://www.chosun.com/site/data/html_dir/2017/05/22/2017052201796.html (2021. 12. 13. 최종 확인).

73 청년사회민주당
독일어로 JungsozialistInnen Schweiz (JUSO)
프랑스어로 Jeunesse socialiste suisse (JS)
영어로 Young Socialists Switzerland, Young Social Democrats
청년사회민주당은 사민당과 모자 정당으로 관련이 있으나 법적으로는 상호 독립적이고, 다른 정치 경로를 가진다: 위키피디아 검색, https://en.wikipedia.org/wiki/Young_Socialists_Switzerland (2021. 12. 13. 최종 확인).

74 Venelin Tsachevsky, The Swiss Model-The Power of Democracy, Peter Lang AG (2014), 113.

75 Kris W. Kobach, The Referendum: Direct Democracy in Switzerland, Dartmouth Publishing (1993), 19-20.

76 만약 졸로투른 칸톤과 베른 칸톤을 발레 칸톤으로 바꾸면 정확히 1847년의 존더분트 동맹과 동일하다: Kris W. Kobach, The Referendum: Direct Democracy in Switzerland, Dartmouth Publishing (1993), 20.

77 Kris W. Kobach, The Referendum: Direct Democracy in Switzerland, Dartmouth Publishing (1993), 21.

제5장 법률 주민발안, 주민소환, 란츠게마인데

1 국민발안이 연방헌법 개정을 목표로 하는 것과 달리 칸톤법률에 대한 국민발안은 칸톤 차원에서 이루어지는 바, 양자를 구분하기 위해 칸톤 차원의 국민발안을 이하에서는 '주민발안'으로 한다.

2. Wolf Linder/Mitarbeit von Rolf Wirz, Direkte Demokratie, in: Peter Knoepfel et al. (Hrsg.), Handbuch der Schweizer Politik: Manuel de la politique suisse, 5. Aufl., Verlag Neue Zürcher Zeitung (2014), 151-152.

3 Clive H. Church, The Politics and Government of Switzerland, Palgrave Macmillan UK (2004), 149.

4 제네바 칸톤헌법
법령번호 131.234
프랑스어로 「Constitution de la République et canton de Genève (Cst-GE)」

5 제네바 칸톤헌법 제48조(유권자)

1. 칸톤에 거주하는 만 18세 이상 스위스 국적을 가진 사람과 칸톤에서 연방 참정권을 행사하는 외국에 거주하는 사람은 칸톤의 유권자이다.
2. 코뮌에 거주하는 만 18세 이상의 스위스 국적의 사람은 코뮌의 유권자이다.
3. 8년 이상 스위스에 합법적으로 거주하고 있는 만 18세 이상의 외국 국적을 가진 사람은 코뮌의 주민발안과 주민투표 요청에 투표하고 서명할 수 있는 유권자이다.
4. 행방불명자의 참정권은 사법당국의 결정에 따라 정지될 수 있다.

6 정치적 권리 행사에 관한 제네바 칸톤법
제네바 칸톤법률 번호 A 5 05
프랑스어로「Loi sur l'exercice des droits politiques (LEDP)」.

7 Nombre de signatures pour une initiative populaire ou un référendum pour l'année 2021, https://www.ge.ch/document/4383/telecharger (2021. 12. 13. 최종 확인); 하혜영, "「주민조례발안에 관한 법률」주요 내용과 향후 과제, 현안분석 제225호, 국회입법조사처(2021), 3.

8 1999년 가결된 취리히 칸톤의 '상속세 폐지 주민발안'의 사례는 다음과 같다.
1997년 9월 15일부터 10월 14일까지 취리히 칸톤 납세자 연맹 대표는 '상속 및 자본이전세 폐지 주민발안'을 제기하는 데 필요한 1만 명의 서명을 받아 취리히 칸톤정부에 제출했다. 또한 주택소유자의 이익을 대변하는 단체는 '합리적 상속세를 위한 취리히 칸톤의 주민발안'이라는 주민발안을 제출했다. 이 주민발안은 납세자 연맹의 주민발안보다는 온건한 것이었다. 1998년 2월 취리히 칸톤의회는 납세자연맹이 제기한 '상속 및 자본이전세 폐지 주민발안'을 다소 완화한 대안을 마련했다. 칸톤의회의 대안은 기업을 상속할 경우 80%의 세금을 면제하고 세금의 누진율도 낮추자는 것이었다. 주택소유자의 이익을 대변하는 단체는 칸톤 의회가 자신들의 발안보다 강력한 내용의 대안을 제출하자 이미 제기한 주민발안을 철회했다. 주민발안과 취리히 칸톤 의회의 대안이 함께 주민투표에 부쳐지자 칸톤 정부는 주민발안과 칸톤 의회의 대안 모두를 반대할 것을 권고했다. 칸톤 정부는 어느 안이 채택되더라도 취리히 칸톤의 경제를 어렵게 만들 것이라고 주장했다. 1999년 11월 실시된 주민투표 결과 취리히 칸톤의회의 대안은 찬성 52%, 주민발안은 반대 53%로 나타나 취리히 칸톤의회의 대안이 채택됐다: 안성호, 분권과 참여: 스위스의 교훈, 다운샘 (2005), 230-233; 윤인숙, "주민발안제의 쟁점과 전망", 헌정제도 연구사업 Issue Paper 2018-02-05, 한국법제연구원, 2018, 25-26.

9 Marcin Rachwal, "Citizens' initiatives in Switzerland", Przeglad Politologiczny (2014), 36.

10 미국식 주민소환 제도는 1903년 로스앤젤레스의 시 헌장에 최초로 도입됐다: Uwe Serdült, "The history of a dormant institution: Legal norms and the practice of recall in Switzerland" (2015), Journal of Representation Democracy, 51:2 (2015), 162.

11 Swiss info. ch, "'Revocation right as democracy's security valve'" https://www.swissinfo.ch/eng/directdemocracy/people-power_-revocation-right-as-democracy-s-security-valve-/41952072 (2021. 12. 13. 최종 확인).

12 Swiss info. ch, "'Revocation right as democracy's security valve'" https://www.swissinfo.ch/eng/directdemocracy/people-power_-revocation-right-as-democracy-s-security-valve-/41952072 (2021. 12. 13. 최종 확인).

13 William E. Rappard, "The initiative, referendum and recall in Switzerland", American Academy of Political and Social Science, 43:1 (1912), 145.

14 Uwe Serdült, "The history of a dormant institution: Legal norms and the practice of recall in Switzerland" (2015), Journal of Representation Democracy, 51:2 (2015), 163.

15 Uwe Serdült, "The history of a dormant institution: Legal norms and the practice of recall in Switzerland" (2015), Journal of Representation Democracy, 51:2 (2015), 163.

16 Uwe Serdült & Yanina Welp, "The leveling up of a political institution: Perspectives on the recall referendum", in Ruth, S. P.,et al. Let the People Rule? Direct Democracy in the Twenty-First Century, Colchester: ECPR Press (2017), 6.

17 보물 사건(Schatzgelderaffäre)

1800년대 프랑스 침략 당시 분실된 베른칸톤 주보(州寶)를 부정 축재했다는 혐의로 진보 진영이 보수 정권을 비난했다. 이러한 비난은 전혀 근거가 없는 것으로 법원에서 해결됐다. 이 사건은 본질적으로 칸톤에서 동등한 힘을 가진 두 개의 강력한 세력(한편에는 자유주의 진영의 근대화 세력, 다른 한편에는 봉건제를 수호하려는 보수 진영)이 정치적 우위를 점하기 위해 벌인 싸움이었다: Uwe Serdült, "The history of a dormant institution: Legal norms and the practice of recall in Switzerland" (2015), Journal of Representation Democracy, 51:2 (2015), 163.

18 Uwe Serdült, "The history of a dormant institution: Legal norms and the practice of recall in Switzerland" (2015), Journal of Representation Democracy, 51:2 (2015), 163.

19 수년간 4억 프랑 이상의 손실을 본 칸톤 은행과 관련해 칸톤 당국의 부실한 재정 관리에 대한 보고서가 소환 시도의 발단이었다. 대부분의 칸톤은 자체적으로 공공 은행을 보유하고 있다. 칸톤 은행 중 상당수는 신용 등급에 긍정적인 효과가 있는 보증기능을 갖고 있고, 이로 인해 좀 더 낮은 금리로 금융시장에서 돈을 빌릴 수 있다. 칸톤 은행이 손실을 보거나 파산할 경우, 납세자는 이들 은행을 구제해야 할 책임을 진다. 1990년대 몇몇 칸톤 은행들이 경제 호황기 동안의 통제력 부족과 위험한 투기로 인해 심각한 어려움을 겪게 됐다. 결국 졸로투른의 칸톤 은행은 주민 세금으로 구제받았고, 이후에 민영화됐다. 칸톤의회는 이 문제에 연루된 개인에 대해 징계 조치를 하기로 결정했다. 또한 선거를 불과 몇 달 앞두고 있었기에 소환 투표를 통해 새로운 선거를 실시하는 것이 효율적이지 않다고 본 것이다: : Uwe Serdült, "The history of a dormant institution: Legal norms and the practice of recall in Switzerland" (2015), Journal of Representation Democracy, 51:2 (2015), 165.

20 티치노 칸톤에도 유사한 조항이 존재한다: Uwe Serdült, "The history of a dormant institution: Legal norms and the practice of recall in Switzerland" (2015), Journal of Representation Democracy, 51:2 (2015), 165.

21 게롤트 마이어(Gerold Meier) 칸톤의원은 주민소환제도를 마지막으로 이용했다. 그는 칸톤 당국이 재정 국민투표를 회피하고 있다고 의심했다. 재정 국민투표는 스위스의 많은 칸톤과 코뮌에서 단일 또는 반복되는 재정지출을 합법화하기 위해 시행되고, 법적 구속력을 가진다. 그러나 칸톤법원은 그의 주장을 받아들이지 않았고, 소속 정당인 자유당도 칸톤의회에서 그를 지지하지 않았다: Uwe Serdült, "The history of a dormant institution: Legal norms and the practice of recall in Switzerland" (2015), Journal of Representation Democracy, 51:2 (2015), 164.

22 티치노동맹

독일어로 Liga der Tessiner

프랑스어로 Ligue des Tessinois

이탈리아어로 Lega dei Ticinesi

영어로 Ticino League.

티치노동맹(LdT)은 이탈리아어권인 티치노 칸톤의 이익을 도모하는 지역 정당으로 티치노 칸톤에서만 활동한다. 티치노동맹은 반유럽적 정책을 정치적 좌표로 삼고, 스위스의 독립성과 중립성을 지지한다.

23 녹색당원들은 코뮌 집행부가 큰 규모의 축구장 건설을 계획한 점, 지방경찰과의 문제를 처리하지 못한 점, 코뮌 집행부 직원들을 부당하게 해고한 점을 들어 주민소환의 필요성을 제기했다. 그러나 발의자들은 다가오는 선거를 염두에 두고 세를 확산하기 위해 주민소환 제도를 악용한다고 비난을 받았다: Uwe Serdült, "The history of a dormant institution: Legal norms and the practice of recall in Switzerland" (2015), Journal of Representation Democracy, 51:2 (2015), 165.

24 상원의원을 소환할 수 있는 부분은 법적 논란의 여지가 있다. 보 칸톤에서는 1931년까지, 뇌샤텔 칸톤에서는 1944년까지 상원의원을 소환할 수 있었다. 한편, 칸톤의 최고법원을 소환하는 것은 법원의 독립성을 침해할 위험이 있고, 유럽 인권헌장과 양립하지 못할 가능성이 크다. 당시 연방의회는 이러한 문제를 깨닫지 못하고, 우리 칸톤헌법을 허가했다. 구체적인 사안에 들어가면 연방법원이 위헌결정을 내릴 수도 있다: Uwe Serdült, "The history of a dormant institution: Legal norms and the practice of recall in Switzerland" (2015), Journal of Representation Democracy, 51:2 (2015), 166.

25 Uwe Serdült, "The history of a dormant institution: Legal norms and the practice of recall in Switzerland" (2015), Journal of Representation Democracy, 51:2 (2015), 165.

26 1848년 연방헌법 이전에는 유대인들에 대한 차별은 아르가우 칸톤에만 국한된 것이 아니라 일반적인 현상이었다. 베른 칸톤은 1847년 유대인에 대한 특별법을 최초로 폐지한 칸톤이었다: Uwe Serdült, "The history of a dormant institution: Legal norms and the practice of recall in Switzerland" (2015), Journal of Representation Democracy, 51:2 (2015), 166.

27 아르가우 칸톤의 세법과 빈곤법 및 완전한 시민권을 부여하는 해방법은 미국, 프랑스, 네덜란드의 외교적 압박에 대한 대응이기도 했다: Uwe Serdült, "The history of a dormant institution: Legal norms and the practice of recall in Switzerland" (2015), Journal of Representation Democracy, 51:2 (2015), 166.

28 작은 이들의 폭풍(Mannli Sturm)

1860년대 아르가우 칸톤의 가톨릭 지도자들이 주도하고 개신교계 일부가 지원한 이 운동의 이름은 반대파인 자유당 지지자들이 대중 앞에서 그들을 무시하기 위해 붙인 별칭이었다. 이 명칭은 이후 선거운동 전략으로서, 권력을 가진 사람들의 오만함을 보여주기 위해 사용됐다: Uwe Serdült, "The history of a dormant institution: Legal norms and the practice of recall in Switzerland" (2015), Journal of Representation Democracy, 51:2 (2015), 166.

29 대부분의 서명은 해외에서 이주한 사람들이 많이 거주하고, 자원이 부족하며, 가난한 시골의 가톨릭 지역에서 이루어졌다. 시민사회가 아직 조직되지 않았고 정당은 정치적 운동에 더 가까웠던 때임을 고려하면 놀라운 수치였다: Uwe Serdült, "The history of a dormant institution: Legal norms and the practice of recall in Switzerland" (2015), Journal of Representation Democracy, 51:2 (2015), 166.

30 Uwe Serdült, "The history of a dormant institution: Legal norms and the practice of recall in Switzerland" (2015), Journal of Representation Democracy, 51:2 (2015), 168.

31 김영기, 뉴잉글랜드 타운정부론, 대영문화사 (2014), 59; 아펜첼이너로덴 칸톤의 란츠게마인데는 이를 기록한 관련 문서가 없지만 1378년에 처음 시작한 것으로 추정된다. 공식기록은 1403년 문서부터 존재한

다: 스위스 아펜첼이너로덴 칸톤 홈페이지 참조, https://www.ai.ch/politik/landsgemeinde (2021. 12. 13. 최종 확인).

32 Kris W. Kobach, The Referendum: Direct Democracy in Switzerland, Dartmouth Publishing (1993), 2.

33 Uwe Serdült, "Referendums in Switzerland", in: Qvortrup M., Referendums Around the World, Palgrave Macmillan (2014), 68

34 시민적 및 정치적 권리에 관한 국제규약
영어로 International Covenant on Civil and Political Rights (ICCPR)
B 규약 또는 자유권 규약이라고 부른다. 자유권 규약에서는 생명존중, 18세 미만자에 대한 사형과 임산부에 대한 사형 금지(6조), 고문, 비인도적 처우와 형벌의 금지(7조), 노예, 강제노동 금지(8조), 자의적 구금 금지(9조), 억류자의 인도적 처우(10조), 계약불이행을 이유로 하는 구류 금지(11조), 이주 · 출국 · 귀국의 자유(12조), 외국인 추방의 조건과 심사(13조), 공정한 재판의 보장(14조), 형사법 불소급(15조), 법 앞의 사람으로서의 승인(16조), 사적 생활에 대한 개입금지(17조), 사상 · 양심 · 종교의 자유(18조), 표현 · 정보입수의 자유(19조), 적의 선동 금지(20조), 평화적 집회의 권리(21조), 결사의 자유(22조), 가정 · 결혼의 보호(23조), 아동보호(24조), 정치에 관여할 권리(25조), 법 앞의 평등(26조), 소수자의 보호(27조) 등을 규정한다. 자유권 규약의 내용을 확보하기 위해 인권위원회(Human Rights Committee)를 설치했다: 네이버 지식백과 참조, https://terms.naver.com/entry.nhn?docId=728363&cid=42140&categoryId=42140 (2021. 12. 13. 최종 확인).

35 Urs Gasser & James M. Thurman & Richard Stäuber & Jan Gerlach, E-Democracy in Switzerland: Practice and Perspective, Dike publishing house (2010), 73.

36 Walter Haller, The Swiss Constitution, DIKE (2016), 114; 판결문 BGE 121 I 138(1995) 참조.

37 아펜첼이너로덴 칸톤은 아펜첼, 슈벤데(Schwende), 뤼테(Rüte), 쉴랏하슬렌(Schlatt-Haslen), 곤텐(Gonten), 오버렉(Oberegg)을 합해 6개의 코뮌으로 구성된다.

38 2020년 아펜첼이너로덴 칸톤의 란츠게마인데는 4월 26일 개최될 예정이었으나, 코로나 19 영향으로 2020년 8월 23일로 연기됐다. 지역 당국과 협의해 위원회 결정(2020. 5. 12.)을 통해 2020년에 란츠게마인데는 개최하지 않고, 란츠게마인데에서 선출하려던 사항을 지역 선거를 통해 해결한 것으로 보인다: 스위스 아펜첼이너로덴 칸톤 홈페이지 참조, https://www.ai.ch/politik/landsgemeinde; https://www.ai.ch/politik/standeskommission/mitteilungen/aktuelles/organisation-der-ausserordentlichen-urnenabstimmungen (2021. 12. 13. 최종 확인).

39 박윤정, 스위스 스케치, 컬처그라피 (2015), 298.

40 이하의 아펜첼이너로덴 칸톤의 란츠게마인데에 관한 내용은 岡本三彦, "住民総会の可能性と課題――スイスの住民総会を中心に――", 「経済学論纂」 第58巻 第 3 · 4 合併号(2018. 3), 60-62 참조.

41 글라루스 칸톤의회는 칸톤정부(Regierungsrat), 칸톤의 행정과 사법을 감시하고, 예산 · 결산을 의결한다. 스위스국민당(SVP), 자민당(FDP), 보수민주당(BDP)의 3개 정당에서 과반수를 차지하고, 칸톤정부도 3개 정당이 5명 중 4명을 차지한다. 기본적으로 보수적인 성격이 강한 칸톤이다.

42 2020년 글라루스 칸톤의 란츠게마인데는 5월 3일에 개최될 예정이었으나, 코로나 19 영향으로 2020년 9월 6일로 연기됐다(글라루스 칸톤헌법 제63조 제2항에 따른 2020년 3월 17일의 칸톤정부 결정). 이후 코로나 19가 계속되자 2020년 8월 25일 칸톤정부 결정으로 2020년에 란츠게마인데를 개최하

지 않기로 결정했다. 2021년에는 코로나 19로 인해 5월 2일 개최될 예정인 란츠게마인데를 연기하여 9월 5일 개최하기로 결정했다: 스위스 글라루스 칸톤 홈페이지 참조, https://www.landsgemeinde.gl.ch/landsgemeinde/2020 (2021. 12. 13. 최종 확인).

43 이하의 글라루스 칸톤의 란츠게마인데에 관한 내용은 岡本三彦, "住民総会の可能性と課題ーースイスの住民総会を中心にーー",「経済学論纂」第58巻 第3・4 合併号(2018. 3), 63-64 참조.

44 글라루스 칸톤은 2007년부터 칸톤 선거와 코뮌 선거에 참여할 수 있는 연령을 16세로 낮추었다.

45 이하의 코뮌 주민총회에 관한 내용은 岡本三彦, "住民総会の可能性と課題ーースイスの住民総会を中心にーー",「経済学論纂」第58巻 第3・4 合併号(2018. 3), 65-73 참조.

46 Uwe Serdült, "Referendums in Switzerland", in: Qvortrup M., Referendums Around the World, Palgrave Macmillan (2014), 68.

47 기본조례
독일어로 Verfassung der Gemeinde, Gemeindeordnung
한국어로 코뮌헌법 등으로 번역된다.

48 취리히 칸톤의 코뮌법(취리히 칸톤법령 번호 131.1)
독일어로 Gesetz über das Gemeindewesen (Gemeindegesetz). 칸톤에서 제정한 코뮌법은 칸톤에 설치된 코뮌의 주민투표 사항 등 주요 사항을 규정한 기본법적 성격을 가진 것으로 이해된다: 취리히 칸톤 홈페이지 참조, https://www.zh.ch/de/politik-staat/gesetze-beschluesse/gesetzessammlung/zhlex-ls/erlass-131_1-2015_04_20-2018_01_01-105.html (2021. 12. 13. 최종 확인).

49 투표결과 농장 안건은 투표율 53.9%, 찬성 1,240표, 반대 1,221표로 가결됐다. 그리고 학교 시설 개보수 안건은 투표율 54.1%에 찬성 1,877표, 반대 592표로 가결됐다.

제6장 직접민주주의 운동

1 연구에 따르면 유권자들은 좀 더 안정적이고 효율적인 방법에 따라 다양한 방법으로 국민투표를 한다. 첫째, 유권자들은 현재 상태를 유지하길 원한다. 둘째, 유권자들은 연방정부나 연방의회의 권고에 따라 투표한다. 셋째, 유권자가 지지하는 정당이나 이익단체의 입장에 따라 투표한다. 넷째, 유권자는 기권하거나 투표하지 않을 수 있다: Johannes Reich, "An International Model of Direct Democracy: Lessons from the Swiss Experience", SSRN Electronic Journal (2008), 23.

2 Clive H. Church, The Politics and Government of Switzerland, Palgrave Macmillan UK (2004), 150.

3 Pascal Sciarini, Processus législatif, in: Peter Knoepfel et al. (Hrsg.), Handbuch der Schweizer Politik: Manuel de la politique suisse, 5. Aufl., Verlag Neue Zürcher Zeitung (2014), 527.

4 성령강림절(Pfingstsonntag)은 그리스도교에서 부활절 후 50일 되는 날, 즉 제7주일인 오순절(伍旬節) 날에 성령이 강림한 일(사도 2장)을 기념하는 날이다. 오순절이라고도 한다.
속죄의 날(욤 키푸르)은 유대 달력으로 새해의 열 번째 되는 날로 유대인들은 금식을 하고, 죄를 회개하는 등 용서와 화해를 실천한다. 유대교 최대의 명절이다. 독일의 작센주는 11월 세 번째 주 수요일이 '속죄의 날'로 공휴일이다: 네이버 백과, https://terms.naver.com/entry.naver?docId=1112532&cid=40942&categoryId=31589 (2021. 12. 13. 최종 확인).

5 2021년 연방 차원의 국민투표일은 3월 7일, 6월 13일, 9월 26일, 11월 28일이다. 2022년 연방 차원의 국민투표일은 2월 13일, 5월 15일, 9월 25일, 11월 27일이다. 2023년 연방 차원의 국민투표일은 3월 12일, 6월 18일, 11월 26일이다. 2023년 4월 30일은 아펜첼이너로덴 칸톤의 란츠게마인데에서 상원의원을 선출하고, 10월 22일은 연방의원 선거일이다: 스위스 연방의회 홈페이지 https://www.parlament.ch/en/ratsbetrieb/sessions/schedule (2021. 12. 13. 최종 확인).

6 Uwe Serdült, "Referendums in Switzerland", in: Qvortrup M., Referendums Around the World, Palgrave Macmillan (2014), 83.

7 이혜승, "스위스 선거공영제", 선거공영제: 제도 및 운영실태를 중심으로, 중앙선거관리위원회 선거연수원 (2018), 10.

8 라디오 및 텔레비전에 관한 연방법
법령번호(SR) 784.40
독일어로 「Bundesgesetz über Radio und Fernsehen (RTVG)」
프랑스어로 「Loi fédérale sur la radio et la télévision (LRTV)」
영어로 「Federal Act on Radio and Television (RTVA)」.

9 정보 매체에 대한 질문은 1990년 9월 VOXit 분석에 사용됐다. 원래 질문 문항은 9개의 정보 매체에 관한 것이었다(국민투표 이후 유권자를 대상으로 한 국민투표 여론조사인 VOXit 자료를 기초로 산정된 자료:1990~2010). 다른 정보 매체는 차후에 추가됐다(1992년에 다이렉트 메일링 및 직장 내 정보, 1998년에 인터넷 정보, 2004년에 여론조사 추가됨): Pascal Sciarini/Anke Tresch, Votations populaires, in: Peter Knoepfel et al. (Hrsg.), Handbuch der Schweizer Politik: Manuel de la politique suisse, 5. Aufl., Verlag Neue Zürcher Zeitung (2014), 505-506.

10 Pascal Sciarini/Anke Tresch, Votations populaires, in: Peter Knoepfel et al. (Hrsg.), Handbuch der Schweizer Politik: Manuel de la politique suisse, 5. Aufl., Verlag Neue Zürcher Zeitung (2014), 530.

11 스위스국민당이 프랑스어권에서 사용하는 정당명: 프랑스어로 Union démocratique du centre (UDC)

12 나머지 1/4에 해당하는 의무적 국민투표 안건은 철회되거나 중요도가 다소 떨어지는 부차적 안건이었다.

13 Pascal Sciarini/Anke Tresch, Votations populaires, in: Peter Knoepfel et al. (Hrsg.), Handbuch der Schweizer Politik: Manuel de la politique suisse, 5. Aufl., Verlag Neue Zürcher Zeitung (2014), 507.

14 연방내각사무처 조사에 따르면 2005년 11월 27일 연방 차원의 국민투표에서 우편투표의 활용비율은 81.5%, 글라루스 칸톤은 15.8%, 루체른 칸톤은 97.3%를 보여 칸톤마다 큰 차이를 보였다: Urs Gasser & James M. Thurman & Richard Stäuber & Jan Gerlach, E-Democracy in Switzerland: Practice and Perspective, Dike publishing house (2010), 4.

15 Urs Gasser & James M. Thurman & Richard Stäuber & Jan Gerlach, E-Democracy in Switzerland: Practice and Perspective, Dike publishing house (2010), 7-8.

16 OSCE, "Swiss Confederation, Federal Assembly Elections, 20 October 2019", ODIHER Needs Assessment Mission Report (2019), 6-7: Swissinfo, "C'est un coup porté à la réputation du vote électronique" (2018. 11. 28.), https://www.swissinfo.ch/fre/abandon-du-e-voting-genevois_-c-est-un-coup-port%C3%A9-%C3%A0-la-r%C3%A9putation-du-vote-%C3%A9lectronique-/44578808 (2021. 12. 13. 최종 확인).

17 전자투표의 대상은 국내 유권자였지만, 연방내각과 연방의회가 2006년 전자투표 시범사업 대상을 전체

유권자의 약 10%를 차지하는 재외국민 등록유권자(13만 명)로 삼으면서 변화됐다. 2008년 말 해외에 거주하는 스위스 국민은 약 68만 명이고, 이 가운데 12만 5천 명이 유권자명부에 등록돼있다: 연합뉴스, "스위스 재외국민 전자투표 첫 실시" (2009. 9. 5.), https://news.naver.com/main/read.nhn?mode=LSD&mid=sec&sid1=104&oid=001&aid=0002848820 (2021. 12. 13. 최종 확인).

18 안성호, 분권과 참여: 스위스의 교훈, 다운샘 (2005), 318.

19 Venelin Tsachevsky, The Swiss Model-The Power of Democracy, Peter Lang AG (2014), 106.

20 Clive H. Church, The Politics and Government of Switzerland, Palgrave Macmillan UK (2004), 151.

21 이기우, 분권적 국가개조론, 한국학술정보 (2014), 87.

22 Venelin Tsachevsky, The Swiss Model-The Power of Democracy, Peter Lang AG (2014), 112.

23 연방 차원의 국민투표 이후 약 1,000명의 유권자를 대상으로 인터뷰를 진행하는 종합적인 연방투표 여론조사(VOX) 결과를 토대로 1977년 이후 시행된 투표층에 대한 연구조사가 있었다: Uwe Serdült, "Referendums in Switzerland", in: Qvortrup M., Referendums Around the World, Palgrave Macmillan (2014), 81.

24 Clive H. Church, The Politics and Government of Switzerland, Palgrave Macmillan UK (2004), 150-151.

25 1981~1999년에 이루어진 연방 차원의 국민투표와 여론조사를 근거로 실시한 연구결과: Pascal Sciarini/Anke Tresch, Votations populaires, in: Peter Knoepfel et al. (Hrsg.), Handbuch der Schweizer Politik: Manuel de la politique suisse, 5. Aufl., Verlag Neue Zürcher Zeitung (2014), 512.

26 Clive H. Church, The Politics and Government of Switzerland, Palgrave Macmillan UK (2004), 151.

27 Pascal Sciarini/Anke Tresch, Votations populaires, in: Peter Knoepfel et al. (Hrsg.), Handbuch der Schweizer Politik: Manuel de la politique suisse, 5. Aufl., Verlag Neue Zürcher Zeitung (2014), 512.

28 유권자는 전체 인구의 약 60~70%이고, 전체 유권자 중 평균 40%가 국민투표에 참여한다. 유권자들이 가지는 찬성과 반대의견이 대략 50대 50으로 나뉜다고 전제하면, 의사결정권을 행사하는 비율은 전체 인구의 12%(100%×0.6×0.4×0.5)에 불과하다. 지난 20년 동안 의사결정권을 행사한 국민은 전체의 12~18%였다: Clive H. Church, The Politics and Government of Switzerland, Palgrave Macmillan UK (2004), 151; 안성호, 스위스연방 민주주의 연구, 대영문화사 (2001), 155; Johannes Reich, "An International Model of Direct Democracy: Lessons from the Swiss Experience", SSRN Electronic Journal (2008), 14.

29 스위스경제인연합

언어와 상관없이 Économiesuisse

한국어로 스위스기업인연합, 스위스경제인연합회 등으로 번역된다.

스위스경제인연합은 스위스상공회의소(Chamber of Commerce and Industry of Switzerland)와 스위스경제발전회(society for development of Swiss economy)가 통합한 조직이다. 10만 개 이상의 기업과 200만 명 이상의 종사자를 대변하는 기구이다. 스위스경제인연합 홈페이지 참조, https://www.economiesuisse.ch/en/organization (2021. 12. 13. 최종 확인).

30 Pascal Sciarini/Anke Tresch, Votations populaires, in: Peter Knoepfel et al. (Hrsg.), Handbuch der Schweizer Politik: Manuel de la politique suisse, 5. Aufl., Verlag Neue Zürcher Zeitung (2014), 508.

31 스위스 국립라디오와 텔레비전 방송, "The cheap price of direct democracy" (2016. 5. 22.), https://www.srf.ch/news/schweiz/der-guenstige-preis-der-direkten-demokratie (2021. 12. 13. 최종 확인).

32 가장 큰 비용이 지출된 10건의 국민투표 운동비용이 전체 비용의 69%를 차지했다. 이 분석은 약 400개

언론기관에 게재된 광고물과 길거리 벽보 전체를 대상으로 미디어 포커스(Media Focus)가 수집한 자료를 근거로 이루어졌다: Pascal Sciarini/Anke Tresch, Votations populaires, in: Peter Knoepfel et al. (Hrsg.), Handbuch der Schweizer Politik: Manuel de la politique suisse, 5. Aufl., Verlag Neue Zürcher Zeitung (2014), 507.

33 윤범기 · 박창기 · 남충현, 블랙오션(그들은 어떻게 이권의 성벽을 쌓는가), 필로소픽 (2013), 277.

34 Uwe Serdült, "Referendums in Switzerland", in: Qvortrup M., Referendums Around the World, Palgrave Macmillan (2014), 84.

35 이 연구가 취약한 경험론적 근거와 다른 잠재적 요인을 고려하지 않은 단순한 방법론(이 변량 분석)을 기반으로 이루어졌기 때문에 그 신뢰도를 보장할 수 없다는 주장이 있다: Pascal Sciarini/Anke Tresch, Votations populaires, in: Peter Knoepfel et al. (Hrsg.), Handbuch der Schweizer Politik: Manuel de la politique suisse, 5. Aufl., Verlag Neue Zürcher Zeitung (2014), 530; 안성호, 스위스연방 민주주의 연구, 대영문화사 (2001), 172.

36 연구자는 스위스 라디오-텔레비전(SFR-RTS)의 의뢰로 여론조사기관(GfS)이 실시한 첫 번째 사전 여론조사(1998~2011년에 이루어진 65건의 투표 대상) 결과를 사용했고, 이 결과를 국민투표결과와 비교했다. 2004~2011년의 투표(65건의 투표 중 39건)는 미디어 포커스 자료를 활용했다. 국민투표의 유형(국민발안 또는 국민투표), 정당의 투표 권고, 여론조사기관(GfS)의 첫 번째 여론조사 시 법률안에 대한 지지도의 영향력으로 국민투표 운동 방향(법률안 찬반을 유도하기 위해 사용된 국민투표 운동자금 간의 차이)은 정부 제출법률안의 지지율에 상당한 영향을 미쳤다: Pascal Sciarini/Anke Tresch, Votations populaires, in: Peter Knoepfel et al. (Hrsg.), Handbuch der Schweizer Politik: Manuel de la politique suisse, 5. Aufl., Verlag Neue Zürcher Zeitung (2014), 530-531.

37 Pascal Sciarini/Anke Tresch, Votations populaires, in: Peter Knoepfel et al. (Hrsg.), Handbuch der Schweizer Politik: Manuel de la politique suisse, 5. Aufl., Verlag Neue Zürcher Zeitung (2014), 530-531.

별첨

1 연번 565번까지는 Uwe Serdült, "Referendums in Switzerland", in: Qvortrup M., Referendums Around the World, Palgrave Macmillan (2014), 94~121 참조. 566~607번까지는 山岡規雄, "諸外国の国民投票法制及び実施例(第3版)", 調査と情報 ISSUE BRIEF 939号, 国立国会図書館 (2017), 4; 608번 이하부터는 www.c2d.ch; www.swissvotes.ch (2021. 12. 13. 최종 확인), 연방내각사무처 국민투표(Chronologie Volksabstimmungen) 홈페이지; http://www.admin.ch/ch/d/pore/va/vab_2_2_4_1.html (2021. 12. 13. 최종 확인), https://www.bfs.admin.ch/bfs/de/home/statistiken/politik/abstimmungen.assetdetail.20324033.html (2021. 12. 13. 최종 확인) 등을 참조해 필자가 재구성.

2 2019년 6월 21일 연방내각 결의로 연방내각은 '부부의 불이익 해소에 관한 국민발안'에 대한 국민투표결과를 폐지하기로 결정했다(BBl 2016 3715). 또한 국민발안위원회는 2020년 2월 4일 국민발안을 철회했다(BBl 2020 1284), https://www.bk.admin.ch/ch/d/pore/va/20160228/det596.html (2021. 12. 13. 최종 확인).

찾아보기

【ㄱ】
거부권 33, 131
국민발안 16, 82, 101
국민발안 철회 108
국민투표 14, 47, 58
국민투표 운동 159, 168
국제조약 67, 77
군대 폐지 116, 121
긴급연방명령 48, 62
긴급입법 44, 47
기본조례 147, 223
국민발안위원회 100, 215
국민소환 16, 198
국민투표일 154
국민행동 122, 206
국제조약 국민투표 67
기본소득 국민발안 118
긴급연방법률 66, 207

【ㄴ】
난민 42, 93
녹색당 38, 115, 221
내용적 일관성 92, 93, 104

【ㄷ】
단순 다수결 34, 95
대의민주주의 14, 15
단순 연방결의 66, 67, 210
동맹서약서 30, 203

【ㄹ】
란다만 142, 145
란츠게마인데 30, 140, 144

【ㅁ】
마법의 공식 89, 213, 214
민주화운동 36, 205

【ㅂ】
반칸톤 26, 201
법조문 형식 84, 105
부가가치세 56, 178, 181
법률 주민발안 126
보물 사건 135, 220
비례대표제 119

【ㅅ】
서머타임제 78, 79
서명인원 63
선거전략 115
선택적 법률국민투표 59
신연방헌법 64, 209
소득세 55
스위스 무역협회 55, 208
스위스중소기업협회 167
서명명부 101, 102
서명요건 102, 132
선택적 국민투표 25, 58, 200
시민총회 30, 140
실행 가능성 92, 94
스위스경제인연합 167, 225
스위스상공회의소 225

【ㅇ】
연방각료 119, 202, 214
연방공보 68, 71, 102
연방내각 48, 64
연방정부 40, 154
이중다수결 52
일반구속적 연방결의 65, 208, 209
입법사항 87, 129
우편투표 160
유럽경제지역(EEA) 38, 56, 209
원자력 발전 113, 120
의무적 칸톤법률 주민투표 36, 59
연방결의 66, 208
연방 권한 47, 52
연방내각사무처 71, 102, 193
예비적 국민투표 88, 95, 106
이중찬성 42, 85, 110
일인 일표 52
외교정책 49, 62
유권자 총회 35, 126
유신헌법 23, 24
의무적 국민투표 46, 54
의회 대안 85, 106, 107

【ㅈ】
자동차당 116, 217
자유주의파 32, 82, 203
자코뱅파 59, 203, 208
장 자크 루소 14
전자투표 161
제안서 형식 87, 95, 105, 213
주민소환 130, 147
주민총회 147, 150
중요 정책에 관한 국민투표 16
지롱드파 59, 205, 208
자유주의적 갱생 운동 33
자코뱅 헌법 31, 203
작은 이들의 폭풍 138
전권 48
존더분트 전쟁 52
주민발안 126
주민투표 36, 149, 151, 199
준 직접민주주의 29
지롱드 헌법 126, 204
집단적 안전보장 49, 50, 206

【ㅊ】
초국가적 공동체 가입 49, 50
취소적 국민투표 46, 48, 58, 196
최소 투표율 67, 162

【ㅋ】
칸톤 27, 31, 167
칸톤헌법 34, 128
코뮌집행부 150
콩도르세 35, 204
칸톤정부 43, 132, 222
코뮌 202
코뮌 주민총회 147

【ㅌ】
티치노동맹 136, 220
투표율 162, 198
투표소 투표 159
특별 국민투표 18, 20

【ㅎ】

해방법 139
헌법개정적 긴급연방법률 48, 50, 207
헤보카시옹 131
형식적 통일성 92, 93, 104
헌법 국민투표 46
헌법합치적 긴급연방법률 62, 66, 207
헬베티아 공화국 헌법 31, 37

감사의 말

뜻하지 않게 스위스에서 직접민주주의 현장을 목격하고 관련 내용을 수집하고 정리한 지 5년이 흘렀습니다. 예상보다 오랜 시간 속에 언제 끝날까 하는 아득함과 그만두고 싶다는 생각이 겹쳤지만 매년 일기장에 써놓은 책 발간 약속을 지키려고 했습니다. 아마 직접민주주의를 알아야겠다고 다짐하지 않았다면 한국에 와서도 3년이라는 시간을 버티지 못했을 것입니다.

코로나 19가 지속된 2020년 12월, 30여 개 출판사에 「스위스 직접민주주의의 이해」 초안을 보냈습니다. 500페이지가 넘는 분량과 내용이 어렵다는 평가를 받았고 수정작업을 시작했습니다. 출판 경험이 있는 세환형으로부터 조언을 받고, 많은 고민 끝에 「스위스 직접민주주의의 이해」에서 함께 다룬 스위스 선거 · 정당제도는 별도로 분리했고, 스위스 직접민주주의를 최신 내용으로 보완했습니다. 스위스 직접민주주의에 몇 명이나 관심을 가질까 하는 생각과 잘 알지 못하는 분야인데 제대로 서술할 수 있을지에 대한 두려움을 모두 뒤로 한 채 이 책을 발간합니다.

필자의 부족함과 게으름에도 불구하고 이 책이 나오게 된 것은 많은 분들의 도움에 기인합니다. 그분들께 감사의 말씀을 드리고자 합니다(이하 존칭 생략). 1995년 입사 동기(강윤진, 김건오, 박장호, 박재유, 송병철, 송주아, 이형주, 유상조, 유세환, 정성희, 정연호, 채수근, 천우정, 홍형선, 박상진)로부터 그지 없는 도움을 받았습니다. 스위스에 발 디딜 수 있도록 손을 건넨 김대현, 김일권, 김현숙, 김희재, 이승재, 이혜승, 오웅, 장지원에게 머리 숙여 감사드립니다.

스위스 자료를 이해하는 데 도움의 손길을 건넨 강대훈, 강만원, 강희영, 권순진, 김광묵, 김리사, 김상수, 김성화, 김은영, 김주연, 김태규, 김태균, 김현중, 김형완, 김혜리, 김홍규, 김효진, 류동하, 박도은, 백수연, 서용성, 오창석, 유미숙, 유연주, 윤영준, 이신재, 이재명, 이주연, 이주홍, 이창림, 장성민, 장지용, 정유진, 정혜인, 정환철, 조중덕, 조형근, 주성훈, 지동하, 표승연, 허라윤, 허병조, 황선호에게 진심 어린 감사의 마음을 전합니다.

또한 초안의 오탈자와 오류를 잡아 준 기준하, 김국찬, 김신유, 김승현, 김예성, 김용훈, 김진수, 김준기, 김효진, 구세주, 노희준, 박인숙, 박정현, 박준환, 이동현, 장경석, 하상우, 초안을 편집한 강은숙, 책 표지 초안을 만들어준 장혜지, 책 출간과 편집을 독려한 신수빈, 양동훈, 김연자님에게 감사드립니다. 주말 중 하루 사무실로 향하는 필자를 격려한 아내(고경흔), 자녀(희재, 민성, 은성, 희수), 양가 부모님에게도 다시 한번 감사드립니다. 이 책을 보고 '내 이름이 왜 없지'하는 생각이 든다면 바로 당신에게 더욱 미안하고 감사할 따름입니다.

20년 동안 시골에서 벗어나지 못했는데, 고향을 떠나온 지 벌써 30년이 됐습니다. 대학입학을 위해 서울에 올라왔던 그 어색한 기억과 머리가 안 되면 엉덩이로 버티자며 대학교 도서관에서 바라본 창밖의 흐릿한 풍경, 그리고 간절하고 절박한 마음은 지금도 기억납니다. 국회사무처에 들어와 시작한 직장생활은 교재도 없고, 정답도 없었기에 더욱 어려웠던 것 같습니다. 특히 26년이 넘는 직장생활을 하면서 저로 인해 상처받은 분들께 진심으로 죄송스럽다는 말씀을 드립니다. 마음 그릇이 너무 작았던 것 같습니다. 앞으로는 직장 동료, 부처 공무원, 주변의 선후배, 지인들에게 좀 더 넓은 마음으로 따뜻하고, 열린 자세로 대하도록 노력하겠습니다.

능력 부족으로 100점짜리 직장생활은 아니었지만, 국회사무처라는 직장을 통해 결혼하고, 네 자녀를 두며, 가족이 함께 할 공간과 자가용이 있다는 것은 흙수저 출신으로서 감사할 따름입니다.

여러 가지로 부족한 필자를 지금까지 응원하고 지지한 분들께 머리 숙여 감사드리면서 이 글을 마칩니다. 고맙습니다.

최용훈(崔容熏)

1972년 전북 완주(구이)에서 태어나 모악산을 바라보며 초등학교, 중학교를 다녔다. 전주 영생고를 거쳐 성균관대 행정학과를 졸업한 1995년 제13회 입법고시에 합격했다. 국회사무처에서 행정사무관(5급)으로 1년여 근무하다 카자흐스탄 크질오르다국립대학의 한국어 교수로 국방의 의무를 다했다(KOICA 국제협력요원 3기). 2000년 1월부터 행정자치위원회, 보건복지위원회, 교육문화체육관광위원회에서 많은 안건을 검토했고, 회의 진행을 보좌했다. 다양한 문헌을 읽고, 독서록과 일기를 쓰면서 설득력 있는 보고서를 쓰고자 노력했다. 주경야독으로 서울대 행정대학원과 서울시립대 법학과를 다녔고, 미국 미주리주립대학교 행정대학원에서 공부했다.

아주과장 · 구주과장, 국토해양팀장(국회입법조사처), 의정지원센터장, 의회외교정책 심의관, 문화체육관광위원회 입법심의관을 지냈다. 오랜 꿈이었던 러시아 입법관 탈락의 아픔을 뒤로 한 채 2016년 8월부터 IPU(국제의회연맹)에서 2년 동안 근무했다. 2019년 1월 이사관(2급) 승진후 파견된 대법원(사법정책연구원)에서 중도 복귀를 마다한 채 스위스 연방의회에 관한 보고서를 작성했다.

2020년 1월부터 2년간 국회 외교통일위원회 전문위원(이사관)을 지낸 후 현재는 국회 의정연수원 교수로 재직하고 있다. 저서로는 「달라진 정치 관계법」(공저), 「스위스 연방의회론」, 「스위스 선거제도의 이해」(근간)가 있다.